教育部 2016 年度高校思政课教学方法改革项目择优推广计划——以"七个结合"为核心的"毛泽东思想和中国特色社会主义理论体系概论"课综合改革模式研究（项目批准号：16JDSZK115）阶段性成果

浙江大学竺可桢学院荣誉课程建设阶段性成果

一体化推进
专题教学与实践教学

浙江大学"概论"课的改革探索

- 傅夏仙　主　编
- 杨冀辰　林小芳　副主编

ZHEJIANG UNIVERSITY PRESS
浙江大学出版社

图书在版编目（CIP）数据

一体化推进专题教学与实践教学:浙江大学"概论"课的改革探索/傅夏仙主编. —杭州:浙江大学出版社,2019.10
ISBN 978-7-308-19591-1

Ⅰ.①一… Ⅱ.①傅… Ⅲ.①毛泽东思想－教学研究－高等学校 ②中国特色社会主义理论体系－教学研究－高等学校 Ⅳ.①A84②D610

中国版本图书馆 CIP 数据核字（2019）第 215714 号

一体化推进专题教学与实践教学
——浙江大学"概论"课的改革探索

傅夏仙　主编
杨冀辰　林小芳　副主编

策划编辑　徐　霞
责任编辑　陈　翩
责任校对　丁沛岚
封面设计　春天书装
出版发行　浙江大学出版社
　　　　　（杭州市天目山路 148 号　邮政编码 310007）
　　　　　（网址:http://www.zjupress.com）
排　　版　浙江时代出版服务有限公司
印　　刷　浙江省良渚印刷厂
开　　本　710mm×1000mm　1/16
印　　张　19.5
字　　数　340 千
版 印 次　2019 年 10 月第 1 版　2019 年 10 月第 1 次印刷
书　　号　ISBN 978-7-308-19591-1
定　　价　56.00 元

前　言

　　培养什么人,是教育的首要问题。习近平总书记在全国教育大会上指出,"培养什么人,是教育的首要问题。我国是中国共产党领导的社会主义国家,这就决定了我们的教育必须把培养社会主义建设者和接班人作为根本任务,培养一代又一代拥护中国共产党领导和我国社会主义制度、立志为中国特色社会主义奋斗终身的有用人才"①。这是教育工作的根本任务,也是教育现代化的方向目标。

　　高校是立德树人的地方,思想政治理论课是落实立德树人根本任务的关键课程。如何发挥思想政治理论课在育人中的作用,习近平总书记在学校思想政治理论课教师座谈会上指明了方向——"推动思想政治理论课改革创新,要不断增强思政课的思想性、理论性和亲和力、针对性",深刻把握"八个相统一":坚持政治性和学理性相统一,坚持价值性和知识性相统一,坚持建设性和批判性相统一,坚持理论性和实践性相统一,坚持统一性和多样性相统一,坚持主导性和主体性相统一,坚持灌输性和启发性相统一,坚持显性教育和隐性教育相统一。② 这"八个相统一",是思想政治理论课建设长期以来形成的一系列规律性认识和成功经验的科学概括,是推动思想政治理论课改革创新的重要原则。

　　多年来,浙江大学"毛泽东思想和中国特色社会主义理论体系概论"(以下简称"概论")课始终坚持问题导向,不断改革创新。一方面,我们采取问卷调查和组织召开座谈会的方式,广泛听取学生的意见和建议,了解学生对教师和课程的要求,听取学生对现行思政课改革的想法和意见;另一方面,我们采取"走出去""请进来"的方式不断扩大学习交流的范围,通过面对面座谈的方式交流学习其他高校的做法和经验,在交流中互鉴,在学习中不断提升。此外,还借助

　　① 　张烁.习近平在全国教育大会上强调:坚持中国特色社会主义教育发展道路,培养德智体美劳全面发展的社会主义建设者和接班人[N].人民日报,2018-09-11.

　　② 　习近平主持召开学校思想政治理论课教师座谈会[EB/OL].(2019-03-18)[2019-08-01].http://news.cctv.com/2019/03/18/ARTIQfuAgYriqdIP8wfUszCe190318.shtml.

互联网的信息共享机制,利用微信群,和全国许多高校的同行建立了常态性的联系,交流改革心得,分享改革经验,突出自身的改革优势,不断完善以"七个结合"为核心的"概论"课综合改革模式。

在推进其他改革举措的同时,现阶段重点抓好教师的课堂专题教学和学生课外的案例教学。通过定期开展集体说课备课,组织教师就专题的主要框架、基本问题、主要材料及讲课技巧等分享教学经验,在交流中取长补短,共同进步。在实践教学方面,充分发挥浙江的"三地"优势(中国革命红船起航地、改革开放先行地、习近平新时代中国特色社会主义思想重要萌发地),以"习近平新时代中国特色社会主义思想在浙江的实践"为主题,以"八八战略"在浙江的践行成果为研究内容,要求学生从经济、政治、文化、社会、生态、党建等不同领域,将"概论"课的理论专题与实践主题有机结合,充分发挥学生的主体作用,以完成一个个鲜活的案例为目标,引导学生走出课堂,行走在浙江大地,去看"五水共治"后的万千美丽乡村,去听"最多跑一次"改革实施后的获得感,去感受浙江百姓发自内心的幸福感、安全感;同时,也让他们在走进社区、养老机构、特色小镇、产业园区,在与社区干部、居民、养老机构负责人、志愿者、政府职能部门负责人、创业者、农民等不同群体的访谈中关注社会、了解民情,培养他们的责任意识和担当意识。

本书由"教师论文"和"学生案例"构成。"教师论文"一共选了本教研中心6位老师的教学研究成果,他们从不同的研究视角提出了改进和提高思政课教学的具体举措,也从教学设计的角度对一些专题教学总结了自己的教学经验。学生案例一共选取了近40个,由不同任课教师从各自班级中初选,集中到教研中心以后再度进行筛选,并经编者进行一定程度的修改。在内容上,绝大多数案例都集中在社会热点、百姓痛点、政府工作重点、改革难点领域,比如"最多跑一次"改革、社区治理、养老、医疗、特殊儿童教育、垃圾分类、农村文化礼堂建设、美丽乡村建设、农村电子商务、民宿、特色小镇等。所有案例都由学生自由组成的小组合作完成,他们在共同完成案例的过程中,学会了沟通与交流、分工与合作,在完成案例以外,同学之间、师生之间的感情进一步加深,这是教育者深感欣慰之处。

本书是教育部2016年度高校思政课教学方法改革项目择优推广计划——以"七个结合"为核心的"毛泽东思想和中国特色社会主义理论体系概论"课综合改革模式研究(项目批准号:16JDSZK115)的阶段性成果,也是浙江大学竺可桢学院荣誉课程建设的阶段性成果。

傅夏仙

2019 年 9 月 7 日

目　录

教师论文

学生案例

教师论文

把握"00后"心理特点,改进高校思想政治教育

傅夏仙*

当前,在校大学生已是"00后"。"00后"大学生有其相对独特的心理特点。那么,高校思想政治教育该如何针对这一代大学生开展工作,以提高其实效性呢? 习近平总书记在全国高校思想政治工作会议上指出,"做好高校思想政治工作,要因事而化、因时而进、因势而新。要遵循思想政治工作规律,遵循教书育人规律,遵循学生成长规律,不断提高工作能力和水平"[①]。把握大学生的心理特点,就是遵循学生的成长规律。

一、"00后"大学生的基本心理特点

关于"00后"大学生的心理特点,学界已有不少研究,特别是基于调研和实验基础上的研究,在其个体心理、认知心理、行为心理、群体(包括网络群体方面)和社会心理等诸多方面给我们提供了基本知识。

第一,"00后"大学生在个性心理方面表现多样,总体表现"正向",但也有少数存在突出的"负向"表现。绝大多数学生表现为独立、有主见,能和他人融洽相处,看重他人评价,表现欲强烈,但也存在与他人沟通存在困难甚至个性较为偏执的学生。在合群性方面,大多数学生与同学能够融洽相处,愿意交朋友,也愿意与家人共享天伦之乐,甚至积极主动参加各种公益活动,但互联网也培养了一批"宅"人,他们独来独往,认为自己就是世界的中心。

第二,在压力、理想、人生规划、生命观、爱情和婚姻家庭观等认知心理方

---

* 傅夏仙,女,副教授,任教于浙江大学马克思主义学院。

① 中国社会科学院习近平新时代中国特色社会主义思想研究中心. 高校思政工作如何"因事而化、因时而进、因势而新"[N]. 光明日报,2019-02-20.

面,"00后"大学生也有不同于其他时代大学生的特点。每代人有每代人的压力,研究发现,在压力认知方面,这一代大学生面临的主要压力是学业、就业、生活和人际关系。严峻的就业形势、外在的社会压力,以及独生子女家庭的成长环境,使他们额外承受着就业和人际关系的压力,使他们在读书期间就不仅要考虑读好书,还要考虑为进入社会做好各方面的充分准备。在理想认知方面,他们也认识到理想的重要性和必要性,明白理想对自己的成长有促进作用,使生活更有动力。但是,许多学生的理想是盲目的、脱离现实的;有的学生的理想也不是长久的,属于"常立志"的类型;有的学生对实现理想缺乏信心,甚至"不敢想"。之所以如此,既有个人的原因,也有社会的原因,后者的影响可能更大。在人生规划方面,大多数"00后"学生有规划,但往往难以做到明确规划,"走一步看一步"的人占相当比例。相对来说,他们对短期目标更为清晰,也更注重短期目标的设定与实现。从这一点来说,"00后"大学生更加"务实",关注近期目标。当然,也有的学生注重通过近期的积累为长期目标打基础、做准备。在生命认知方面,"00后"大学生生命观的主流是积极、正面的,但也不排除他们在巨大压力之下表现出来的脆弱,以及个别学生错误的生命观可能导致的极端行为。在情感认知方面,社会上一般认为他们这一代十分开放前卫,其实他们在婚姻家庭方面仍然遵循着传统的价值观,而且,可能是独生子女的缘故,这一代大学生特别看重亲情,甚至超过学业在其心目中的重要性。

第三,在行为心理方面,主要表现在解决事务时的态度、行为倾向和对待他人行为的态度等方面。在处事态度和行为倾向方面,"00后"大学生大多有担当,勇于承认自己的错误,尽管也有少部分学生在面对错误时采取逃避态度或固执己见。独生子女与非独生子女成长的家庭环境不同,从小所受的关注和承担的责任及其可能带来的结果也不同。明显的区别就是,非独生子女在家庭中往往需要承担较多的责任,尤其是处于年长地位(兄弟姐妹中的哥哥或姐姐)的非独生子女,从而影响其长大之后在面对错误和问题时的行为选择。而在面对棘手问题时,他们更倾向于自己想方设法解决或向同辈群体寻求帮助,表现出较为独立的人格和良好的人际关系,也反映了"00后"大学生的人格特点,以及对其成长产生重要影响的同辈群体因素。在对待他人行为的态度方面,"00后"大学生普遍有比较正确和相对客观的态度,不轻易怀疑他人的动机,心态较为坦然、开放、平和,对他人的个人行为也更加包容。

第四,在人际交往方面,同学是"00后"大学生最重要的交友圈,大部分学生都能与班级同学和睦相处,但是,值得关注的是,多数学生在班级交往中是以小团体的方式进行的。在与人交往中的被理解感方面,"00后"大学生有较高的要求,但结果往往不如其意,觉得自己不被理解或很少被理解。但这并不说明他们只生活在自己的世界中,绝大多数学生还是愿意与人交往的,愿意与人分享自己的兴趣、经历与心情。总体来说,"00后"大学生在人际交往方面主要表现为如下两个特征:其一,交友面较广。他们的人际关系网络不限于宿舍或班级这样的小群体,而是扩散至学院、学校乃至校外。其二,渴望被理解。虽然"00后"大学生有着较为广泛的交友圈,但其内心仍比较孤独,大多数学生表示自己不被理解就是证明。"00后"大学生基本上都是独生子女,在家庭中缺少成长伙伴,心理上感到孤独,表现之一就是他们进入大学后,虽然也广泛交友但仍有着强烈的孤独感(认为不被理解)。

第五,网络群体心理方面,"00后"大学生作为网络群体,已成为"虚拟社群"的主要成员。大学生网络社群是一种新型的大学生组织形式,也是当代大学生社会交往的一种重要形式和途径。他们在网络交往中动机多样,满足不同的需要。一部分学生并无明确的目的,一部分学生则是为了学习,但也有部分学生纯粹是"凑热闹",猎奇或从众心理明显。这些学生虽然数量不大,但参与率比较高,比较容易成为网络论坛和网络贴吧的积极参与者及各种复杂信息的接受者和传播者,这一现象应当引起重视。

二、思想政治教育改进的针对性思路和方案

根据前文所分析的当代大学生具有的心理特点,应主要从以下方面改进思想政治教育的思路和方法,以提高其实效性。

(一)注意观察,正确区分心理问题与思想问题

心理和思想的表现不同,对人的影响也不同。相对来说,心理的影响范围较小,作用时间较短,而思想的影响则较为深刻和持久,作用范围也较大。在人的精神领域中,心理处于较低层次,而思想则居于较高层次。但二者又同属意识范畴,都是以客观现实为源泉、以人脑为器官、以感知为基础、以实践为桥梁的。心理是思想的基础,思想则是心理的高级形式,思想的发展变化受到心理的影响和制约,而心理活动的方向又受思想的支配。

心理问题是指人们心理上出现的问题,如焦虑、忧郁、恐惧、情绪低落、意志消沉、人格障碍等消极的和不良的心理。心理问题按严重程度可分为心理失衡、心理障碍和心理疾病。思想问题则是指人们思想上出现了问题,表现为人们的世界观、人生观、价值观及思想道德品质等不符合一定的社会要求。人的

心理问题与思想问题既有联系,又有区别。

在现实中,"00后"大学生的思想问题与心理问题往往交织在一起,许多思想问题的背后有着复杂的心理因素,有些看起来是思想道德问题,其实是心理障碍所致,如多疑、敏感、妒忌、抑郁等。因此,有些思想问题可以通过心理咨询来改变,尤其是一般性的思想问题,心理咨询因其不带有政治立场、道德说教,中心任务是关注咨询者本身的心理发展,因而更容易被受教育者所接受,能够更有效地解决以往思想政治教育方法难以奏效的问题,如自信心建立、人际关系处理、恋爱与学习中遇到的问题等。但有的思想问题,仅靠心理咨询是无法解决的,还必须依靠思想政治教育来达到,如确立社会主义核心价值观等。

心理问题与思想问题从本质上讲又是有区别的。心理问题的决定因素既在于对客观事物的反映,更在于需要、情感、气质、性格等。而思想问题主要是受客观事物和意识影响而产生的,思想觉悟的高低常常决定着政治觉悟的高低和道德品质的好坏。所以不能把二者混为一谈,特别是不能把心理问题误当成思想问题,夸大其社会危害性,这样不仅不能对症下药,还容易把问题看得过于严重,不利于问题的解决。心理问题处理不好、解决不及时会演变为思想问题,而思想问题又可能加重心理问题。因此,高校思想政治教育工作者应具备一定的心理学知识,正确区分心理问题与思想问题,深刻理解和把握二者的关系,找准它们的结合点,充分运用心理学有关理论和方法提高思想政治教育的实效性。

(二)注意倾听,心理疏导与理论灌输相结合

心理疏导不同于品德培养和理论教育,是遵循人的心理活动规律,通过解释、说明、沟通等方式,疏通人的心理障碍。心理疏导更倾向于人文关怀和人性关注。高校思想政治教育过程中要充分考虑大学生的心理特点和个性特征,注意倾听学生的心理诉求,以人为本对待学生,实现心理疏导与理论灌输相结合,既教育人、引导人、鼓舞人,又尊重人、理解人、关心人,做到思想政治教育教师与大学生之间心灵的沟通、精神的契合,以便疏导和解决大学生的思想矛盾和心理困惑,建立和谐融洽的教育关系。

孟子主张:"以力服人者,非心服也,力不赡也;以德服人者,中心悦而诚服也。"外在的"力"可以控制人的外显言论和行动,但无法控制人们内隐的心理活动。尤其是"00后"大学生,他们具有强烈的个体意识和主体意识,使高校思想政治教育不可能再延续"我讲你听""我说你做""我压你动"的教育模式,而必须在心理上使教育者和受教育者达成心灵的默契,使二者在心理上能够双向互动

交流。高校思想政治教育也不可能采取"堵"和"压"的方法。对思想认识问题，对大学生的心理活动，越是压制，越是禁止，越容易激起逆反心理。因此，高校思想政治教育要根据大学生心理活动的规律，心理疏导与道德培养、理论教育相结合，倾听大学生的心声，关注大学生的需要，及时解决大学生的心理困惑，关心学生，爱护学生，才能取得理想的效果。

(三)满足需求,以行动缓解情绪、温暖人心

从行为科学上看，人的行为规律表现为"需求—动机—行为"，需求不仅决定人的行为的目标和方向，并且是维持具体行为的动力源泉。人的行为源于满足某种需要，能满足需要的事，人们总怀着强烈的冲动和愿望，而对于不需要或不愿意去做的事，即使人们在强力压迫之下勉强做了，也不可能有良好的效果。因此，高校思想政治教育要善于分析和研究，及时了解大学生的需求，从大学生的根本需求出发，把满足大学生的各种发展需求作为重要目标，逐步探索实施个性化的培养模式，进一步提高对大学生思想政治教育的实效性。

首先，要正确认识和了解大学生的愿望，尽力满足他们的合理需求。"00后"大学生的需求主要表现为求知需求、成才需求与民主、公正、自主、尊严等需求。对大学生合理合法的需求，思想政治教育工作者在开展教育过程中要给予充分尊重，设法给予满足。对那些暂时无法满足的需求，要做好思想工作，避免不必要的误解和矛盾。

其次，要透过表面需求洞察其深层心理需要。人的各种需求总是交织在一起，而且表面的需求会掩盖深层的心理。高校思想政治教育中要很好地分辨这些需求，尽力处理好大学生表面物质需求和深层精神和心理需要的关系，不能采取简单的处理方式，要走入大学生的内心深处，探寻他们心灵深处的需要。

再次，有效解决因需求落空而产生的心理和思想问题。需求和现实之间永远存在着矛盾，及时化解大学生需求落空引发的一系列心理和思想问题，对于大学生的健康成长非常重要。"00后"大学生基本上都是独生子女，普遍具有上进心强、自尊心强、求胜心强等特点，在学习、工作、生活中表现出极强的竞争意识，往往不达目的不罢休，不善于取舍和放弃。当需求不能满足的时候，他们往往会产生消极、悲观、怨恨、妒忌甚至仇恨情绪。因此，在开展思想政治教育时，要善于化解大学生需求上的矛盾。高校思想政治教育要有针对性地做好思想疏导工作，及时化解大学生因需求落空而引发的心理和思想问题，在大学生悲观失望的时候伸出援助之手，温暖他们的心，帮助他们建立合理的需要结构，树立正确的得失观念。

(四)注重差异,根据学生的个体心理因材施教

客观事物的发展总是不平衡的,人的心理发展也千差万别。大学生受遗传因素、教育背景、社会环境等各种不同的先天和后天条件的影响,个体差异十分明显。如果思想政治教育者忽视大学生的个体差异,采用"一刀切"的方法,将难以达到理想的教育效果。这就需要针对大学生的个体差异进行深入细致的个别教育,即"因材施教"。这里的"材",就是大学生心理的个体差异性,也就是他们不同的兴趣、爱好、需要、动机,以及不同的能力、气质、性格等心理特点。"因材施教"要求在高校思想政治教育中,承认并尊重大学生的个体差异,从学生个体实际出发,除了普遍性的教育之外,还要针对他们不同的特点,有的放矢,区别对待,采用不同的途径和方法,进行深入细致的、个别的教育,以达到预期的教育目标。

注重个体差异,因材施教,就是在思想政治教育中既要重视学生的共性,又要尊重个体差异;要全面细致地观察分析每个学生,注意发现每个学生的独特之处,开发其不同于他人的潜在特质;要充分发挥其独特个性,帮助其创造自由发展的空间,使其形成既具有自身特色又符合社会要求的独立的思想和品格。

(五)重视环节,知、情、信、意、行有机结合

知是情、信、意的基础,是行的先导;情是知、信、意的催化剂,是行的助推器;信是知、情、意的综合体,是行的力量支撑和精神动力;意是知、情、信的必然体现,是行的杠杆;行则是知、情、信、意辩证运动的外在表现和最终目标,是进一步强化巩固知、情、信、意的动力。高校思想政治教育工作者要熟悉这一心理规律,并能熟练运用于大学生思想品德培养过程。没有正确的品德认知,就不会有高尚的品德行为、品德情感、品德信念和品德意志;没有高尚的品德情感,品德认知就很难发展成坚定的品德信念,品德行为和品德意志便会失去推动力量;没有坚强的品德信念和品德意志,品德认知就容易动摇,品德情感就容易失控,品德行为就难以坚持;没有良好的品德行为,就无法检验品德认知、品德情感、品德信念和品德意志,更谈不上个体优良思想品德的形成与发展。在对"00后"大学生进行思想品德教育和培养的过程中,一定要充分把握这五种心理之间相互联系、相互制约、相互渗透、相互促进的辩证关系,注重每个环节及其联系,以促进学生优良思想政治素质和道德品质的健康发展和全面形成。

另外,良好的思想政治素质和道德品质的形成还必然经历一个内化与外化的交替过程,在此过程中,不能忽视的是,教师是教育者、主导者,而始终处于主体地位、发挥主体作用的则是大学生。这就要求在思想政治教育的每个阶段,

在知、情、信、意、行的每个环节都要把大学生置于主体地位。

(六)激发情感，运用多种途径感化教育

由以上可知，思想品德的教育与培养不仅是知识的传授，而且体现在知、情、信、意、行各环节、各方面，因此既要求具有合理性，也要求具有合情感性。大学生思想政治和道德品质的形成和发展必须要有情感的参与，通过情感上的认同、接纳而实现，否则，道德不会真正内化为人的品德，思想政治理论知识也不会切实为大学生所践行。道德情感不仅支撑着人的道德认知系统，而且在知、行的转化中也起着重要的推动和桥梁作用。在高校思想政治教育中，长期以来相当程度上存在着不太重视大学生的情感激发和情感体验的现象，把思想政治教育等同于知识教育，把思想素质、政治信念、道德品质等的教育和培养像传授一般知识一样灌输给学生，导致思想政治教育的实效性不强。因此，一定要以大学生的情感体验为中介，通过激发情感，把思想道德认知与大学生的生活情境相结合，与大学生的生活经验及其感受相联系，使他们不仅掌握知识、把握理论，而且体验情感、树立信念、培养意志，最终落实于行动。

对"00 后"大学生进行思想教育和品德培养，应特别重视培养和发展他们的思想道德情感。笔者认为，可以从以下四个方面着手：其一，充分运用模范人物的光辉形象、先进人物的生动事迹，引起学生情感上的共鸣，从而认同这种道德表现，践行这种道德行为；其二，鼓励和引导大学生积极参与社会实践活动，通过社会实践的直接体验，培养高尚的道德情感；其三，加强大学生的自我品德修养，形成对自己道德行为的正确评价，促进高尚道德情感的形成；其四，构建积极向上的校园文化，营造良好的道德氛围，形成优良班风、校风，建立真诚融洽的师生关系、诚实可信的同学关系。这些都有助于大学生道德情感的培养。

(七)正视问题，化消极因素为积极因素

市场经济对大学生的影响是多方面的。一方面，市场经济的发展，给大学生提供了前所未有的发展机遇和成长空间，有利于大学生竞争意识、市场意识、信息观念、法制观念等的培养，以及学习积极性、主动性、自觉性的提高；另一方面，伴随着市场经济的发展，社会上也出现了思想观念多元化、价值取向功利化倾向，这种倾向自然也渗透进校园。在此环境下，大学生自然也就特别关注自身价值和个人利益的实现，且价值目标取向呈现多元化趋势。这些影响，有的与思想政治教育的目标相悖，有的甚至与我国的社会规范和伦理道德相悖，也就成为所谓的问题。思想政治教育工作者必须面对这些问题。无视这些问题显然是驼鸟主义，而通过堵截来保持高校这个"象牙塔"的纯洁也不切实际。思

想政治教育要正视问题、解决问题,化消极因素为积极因素,引导大学生树立正确的世界观、人生观、价值观。这就要让他们正确认识市场经济,正确区分积极因素和消极因素,并自觉地接受积极影响、克服消极影响。

在此过程中,根据"00后"大学生的心理特点,思想政治教育工作者应注意以下几个问题:其一,要实事求是地分析负面事实,要用辩证的眼光和态度看待社会发展,引导大学生认识到负面现象在一定历史发展阶段的客观性和必然性,认识到矛盾和问题存在的普遍性;其二,在分析负面现象时,要指导学生对社会现象进行全面、综合、历史的认识,培养辨别真伪、善恶的能力,引导学生观察、思考社会,以形成对社会客观公正的认识;其三,要通过对负面现象的剖析,充分利用负面现象在教育影响上的正效应,提高学生的辨别力和判断力,使学生认识到社会现象的复杂性、社会发展过程的曲折性,打破其对事物发展和社会生活一帆风顺的不切实际的想象,增强其心理承受力,勇敢面对社会挑战,奋发向上。

(八)强健心灵,结合心理健康教育提高思想道德素质

中共中央、国务院在《关于进一步加强和改进大学生思想政治教育的意见》中指出:"开展深入细致的思想政治工作和心理健康教育。要结合大学生实际,广泛深入开展谈心活动,有针对性地帮助大学生处理好学习成才、择业交友、健康生活等方面的具体问题,提高思想认识和精神境界。"但长期以来,心理健康教育重视不够,大学生的心理障碍、心理疾病比率有所上升,极端事件频频发生。因此,加强高校思想政治教育与心理健康教育相结合,强健学生心灵,帮助他们提高心理素质,树立积极健康的生活态度势在必行。心理健康教育与思想政治教育的结合不仅有利于思想政治教育由经验型走向科学型,同时也有利于提升大学生的社会化水平和促进大学生思想道德素质的全面提高。

高校思想政治教育可以从教育目标和内容、教育方法和手段等方面的有机结合来实现心理健康教育与思想政治教育的紧密联系,强健学生心灵,提高其心理健康水平,最终改善高校思想政治教育的效果。

首先,教育目标、教育内容的有机结合。一方面,二者都是为了促进大学生的健康成长,为了中国特色社会主义事业培养合格建设者和可靠接班人;另一方面,学生的思想意识、道德品质问题与心理健康问题往往混杂在一起。帮助学生解决心理矛盾、战胜心理疾病、纠正心理偏差、维护心理平衡、促进心理健康,是提高思想政治教育针对性和实效性的重要途径。同样,良好的思想道德品质又会促进学生心理素质的进一步提高。因此,两者在工作内容上交叉互

补、互为前提。

其次，教育方法与教育手段的有机结合。心理健康教育可以借鉴思想政治教育的方法和手段，采用课堂教学、小组讨论等方式，普及心理健康知识和方法，从而改变过去那种坐等学生上门、个别保密交谈的单一方式。在思想政治教育中，加强思想引导，也可以运用心理健康教育的方式方法，把心理疏导和思想教育相结合，从而在提高学生心理健康水平的同时，也提高学生的思想道德素质，推进高校思想政治教育的改革与发展。

总之，高校思想政治教育的最终目标是通过有组织、有目的、有计划的教育帮助大学生树立正确的政治价值观念，形成良好的思想品德。而政治价值观念和思想品德的形成与发展是一个十分复杂的过程，需要通过课堂教学、社会实践、家庭教育、媒体舆论等各种途径有机结合共同完成，使之内化为学生的思想意识，并通过长期践行形成行为习惯。而这一过程始终与大学生的心理过程（即认知过程、情感过程、信念过程、意志过程、行为过程）及个性倾向性和个性心理特点（如需要、动机、信念及能力、气质、性格等）发生着紧密的内在联系。当务之急就是要遵循"00后"大学生的心理特点和思想政治教育的心理规律，科学运用心理学知识和方法开展高校思想政治教育活动，提高思想政治教育的实效性。

内外整合，提高思想政治教育教学的整体有效性

——基于"概论"课程教学改革实践的思考

林小芳[*]

大学生思想政治教育是一个整体工程，高校思想政治理论课是其主渠道和主阵地，但思政教育的有效性绝不仅仅取决于课堂本身，社会环境是极其重要的外部因素，其影响不可小觑。在这样一种整体性视野观照下，我们在思政教育实践中就要加强内外整合，优化、协同和创新课内外、校内外各种教育资源和积极因素，拓展思政教育的空间和渠道，从而提高其整体有效性。

任何一种教育活动的顺利进行都离不开资源，资源是达成教育效果、实现教育目标不可或缺的基本要素和必备条件。思想政治教育资源，是指在思想政治教育活动中，能够被教育者开发利用的、有利于实现思想政治教育目的的各种要素的总和。[①]它既指校内思想政治教育活动中实现教育目标的各种条件和资源，也包括校外一切可供利用的、能为教育目的服务的资源。[②]本文拟结合"毛泽东思想和中国特色社会主义理论体系概论"（以下简称"概论"）课程近年的教学改革实践，就如何优化和整合各种内外部教育资源、提高思想政治教育教学的整体有效性，谈一些粗浅看法。

一、优化配置内部教学力量与资源，提高思政课的课堂教学效果

从教师为主导、学生为主体、课堂为基础的视角，加强教师的专业素养和师

---

* 林小芳，女，博士，讲师，任教于浙江大学马克思主义学院。

① 陈华洲.思想政治教育资源论[M].北京:中国社会科学出版社,2007:34.

② 王晶.思想政治教育资源的要素结构及特性解读[J].学校党建与思想教育,2015(3):18-20.

德修养，增强学生的参与度和获得感，改进课堂的组织质量和组织水平，是提高高校思想政治课教育教学实效性的基本思路。近年来，在"概论"课程的教学改革实践中，实行教师的专题式教学和组织专题的集体备课与教学研究，加强学生的过程参与和组织课堂讨论与课堂展示，并予以常规化、制度化，此举有助于教师的术业专攻和资源共享，也有助于提高学生的学习自主性和获得感，显著地提高了课堂教学效果。

(一)实施课程的专题教学，优化教学力量配置和教学效果

教师资源是思想政治教育的主导性要素资源，教师在思政教育实施过程中居于主导地位。当前，在"概论"课程教学中一定程度上存在着教师资源配置失调的现象，这与课程自身的特点不无关系。"概论"课程内容丰富，涵盖面广，知识跨度大，且具有关注现实、面向时代而不断演进更新的特点。由此，在"概论"课的教与学过程中一直存在着两对矛盾，在很大程度上制约了教学效果：一是课程要求的时代性与课程内容的相对滞后性、理论创新之快与教材更新之慢之间的矛盾；二是课程内容的综合性与任课教师术业专攻之间的矛盾。

专题式教学在一定程度上缓解了这种矛盾。它打破了以往按照教材章节顺序、固定由一位教师完成全部教学内容的传统授课模式，我们将课程的教学内容设计为十四个相对独立的专题，由若干教师组成教学团队共同承担教学任务，每个专题分别由具有相关学科背景或学有专长的教师进行备课和授课。

专题式教学的效果是非常明显的，既能较好地满足"概论"课程时代性与综合性的教学要求，也能较好地实现教师和教学资源的优化配置。它使任课教师能够根据自己的专业背景和研究专长确定方向和选择专题，在某个专题上不断积累资源和成果，形成教学和研究优势，同时也使由学有所长的教师承担的专题在讲授时更有广度和深度，能够更好地向学生传授知识、解疑释惑，达成较好的教学效果，从而实现教研相长和教学相长。

(二)实施专题的集体备课，促进教学资源共享和教学研究

"概论"课由于其课程内容政治性的属性、教学活动统一性的要求、教师队伍专业背景多样性的特征，要求加强对教学过程的管理，集体备课可以说是这种教学管理的重要环节。而在"概论"课实行专题式教学改革后，由于专题相对比较集中，内容相对比较明确，使得集体备课更具必要性和可行性。

在"概论"课教改实践中，集体备课活动已然定期化和制度化。我们的通常做法是，首先由主备教师就某一专题，如"当代中国的基本国情和中国特色社会主义的总任务""当前我们总体经济形势与政策""中国特色社会主义民主政治

建设""当前中国的民族与宗教问题"等,进行说课活动。比如,在"台湾问题与祖国完全统一"专题的集体备课会上,先由两位主备老师各自进行 15 分钟的说课。其中一位老师较为系统地介绍了台湾问题的由来、台湾问题中的外部因素、当前两岸关系发展面临的挑战、两岸关系发展的前景等问题,从两岸实力消长、大陆对台政策等因素表达了"台湾与大陆的统一是时间的问题,这是任何国家无法阻挡的"(李光耀语)的立场。另一位老师则根据"一个中国、两个基本矛盾、三个整合、四个变量"的基本框架概述性地梳理了该专题所涉及的主要问题,探讨了时间因素到底有利于"统独"中的哪一方的问题,表达了对于台湾问题我们既要有信心又要有耐心的观点。在说课环节之后,与会老师就相关专题进行讨论,对说课老师各自的优点与疏漏、涉及的理论要点与知识要点、教学手段与教学方法等问题做深入细致的讨论探索。

集体备课作为一种教学准备方式,相对于个人备课,具有集思广益、激励创新、博采众长的特点,通过对教学对象、教学目标、教学内容、教学方法等要素的研讨,实现优质教学经验和教学资源的共享,对于提升教师教学水平和改进思政教育效果助益颇多。

(三)强化学生主体参与,增进学生的学习自主性和获得感

学生既是思想政治教育的对象性资源,同时也是主体性资源。作为受教育者,学生是思政教育教学过程关注的主要对象,他们在受教育的过程中将符合社会要求的思想观念、理论观点、行为规范等进行内化,然后再外化为行为并产生良好的行为结果。但长期以来思想政治教育的效果并不尽如人意,其中一个重要的原因就在于,我们往往只注意到学生作为教育客体的存在,却忽视了教育客体的主体性,忽视了学生学习过程的内生性和内在的获得感。"学生虽然是受教育者,但其受教育的过程不单纯是一个由外向内的传导过程,也是一个由内向外的主动吸收接纳与作用的过程,他一方面在教师的教导下认识客观世界,另一方面也在学习的实践过程中改造自己的主观世界。"①

那么,如何逐步改变学生在思政教学过程中主体缺失的问题呢?我们在"概论"课教改实践中总结了四条主要经验:其一,优化评价体系,为学生主体参与提供动力支持;其二,优化教学环节,为学生主体参与提供展示平台;其三,优化过程指导,为学生主体参与提供能力保障;其四,优化内容设计,为学生主体参与提供获得体验。通过营造激励性的教学环境,学生多方位地参与专题讨

---

① 胡德海.教育学原理[M].兰州:甘肃教育出版社,1998:429.

论、小组展示、案例研究、课堂评价等教学过程，他们不再是教学内容的被动接受者，而是教学活动的内在的积极参加者。

二、整合外部教育资源，提高高校思想政治教育教学的整体有效性

高校思想政治教育是一个紧密联系现实的系统工程，外部社会环境对其影响很大。社会的各种进步因素对思政教育具有积极效应，而现实生活中的各种消极方面，在很大程度上会抵消或削弱思政教育的效果。因此，需要组织和协调各方面教育力量，探寻和整合传统以教师为主导的课堂教学之外的教育资源，以提高思想政治教育教学的整体有效性。"概论"课就此进行了一些初步的尝试。

（一）"请进来"——党政干部进课堂

中组部、中宣部、教育部于2015年下发《关于领导干部上讲台开展思想政治教育的意见》，要求各地领导干部、各部门负责同志要深入高校为青年学生作报告或讲授形势与政策课，充分发挥领导干部在宣讲党的基本理论、基本路线、基本纲领、基本经验、基本要求和重大政策上的示范带动作用，进一步增强高校思想政治工作的针对性、实效性。

领导干部上讲台，是中央的明确要求，表明其对高校思想政治教育提质增效的高度重视，同时从高校来说，它也为思想政治教育教学创新提供了新契机，注入了新活力。"概论"课在党政干部进课堂这项工作上已进行了数个学期的尝试和探索，曾邀请浙江省发改委副主任、浙江省能源局局长吴胜丰，浦江县县长程天云，浙江省科技厅厅长周国辉等各级领导干部进课堂授课。这些领导干部一般视野开阔，阅历丰富，他们在讲课中对某一问题或领域的见闻、见解和见识，不仅丰富了思政课教学的形式和内容，更重要的是展现了领导干部和政府的正面形象，达到了较好的思想政治教育效果。在省发改委吴胜丰副主任关于"能源与环境问题"的讲座上，有数位学生从自身所学专业的角度，就核电、生物能源、新能源等问题做了深入细致的提问，吴主任毫不作难地进行了解答，有学生当场表示叹服，也有同学在课后的邮件交流中表示，讲座改变了其对领导干部的刻板印象。

"为政必先正名。"党的十八大以来，中央正风肃纪，深得民心，但社会上包括青年学生中也有嘈杂之音，有对党员干部队伍表示担忧的，甚至有污名化的。领导干部上讲台，其实是为广大党员干部正名，他们在讲台上亮亮相、亮亮嗓，

展示出正面形象和良好素质,其在思想政治上的宣教效果可能要比专职教师授课来得更为真实和直接。用《关于领导干部上讲台开展思想政治教育的意见》中的话来说,"领导干部上讲台,有利于青年学生从'顶层设计'的高度了解国情、党情、社情、民情,有利于青年学生全面正确地理解党的路线、方针、政策,有利于青年学生坚定信仰,增强社会责任感,成为中国特色社会主义建设者和接班人。领导干部上讲台,可发挥在政治、阅历方面的优势,展现领导干部良好形象,拉近青年学生与党和政府的距离,让高校学生不断增强对党和政府的信任"。

(二)"走出去"——教学实践到基层

思政课实践教育,是整个思想政治教育体系中不可分割的重要组成部分。教育部在 2015 年制定的《高等学校思想政治理论课建设标准》中明确提出"实践教学纳入教学计划,统筹思想政治理论课各门课的实践教学、落实学分(本科 2 学分,专科 1 学分)、教学内容、指导教师和专项经费。实践教学覆盖全体学生,建立相对稳定的校外实践教学基地"的要求。而实践教学之于"概论"课,更是具有不一般的意义。"概论"课是一门实践性很强的课程,毛泽东思想和中国特色社会主义理论体系本身就是马克思主义与当代中国实际和时代特征相结合的产物,其本质是理论联系实际,从实践中来,又指导着实践。脱离了实际,则鲜活的理论将成空洞的说教,自然难以实现思想政治教育的效果。

浙江大学"概论"课程一直非常重视加强实践教学,有针对性地组织学生开展社会实践活动。自 2012 年秋冬学期至今,每个学期都开展以"中国特色社会主义在浙江"为主题的案例研究,要求面对浙江城市或农村的基层,通过青年学生的眼睛去发现和挖掘出现在浙江大地上的具体事件、具体人物,并以"讲好中国故事、浙江故事"的方式撰写案例研究报告和进行课堂展示,将研究对象的经验和做法进一步总结和提升。

从事后反馈来看,实践教学的效果应该说是非常显著的,不仅产生了许多优秀的调研报告,更重要的是学生从中获得了锻炼和成长。以下摘录 2016—2017 学年春夏学期的同学对于实践环节的两则感想:"通过这次调研,一个重要收获是强化了自身作为大学生与社会之间的关系。时代的发展要求大学生不只是有所专长,在专业领域有所建树,而是通过大学学习、实践能对社会有更深的认识,对时事有所掌握,这样才能在毕业后将自己的所学运用到实践之中。""'读万卷书不如行万里路',实地调研让我们找到了理论与实践的最佳结合点。书上说的终究不是自己经历的,只能作为参考。王阳明曾说过'知行合一',即理论与实践的合一，两者缺一不可。在学校，我们学习知识；从资料中，我们了解概况；实践中，我们印证事实，最终完善认知，做到真正的知行合一。"

思想政治教育是一个系统工程，单凭一己之力是不够的，需要多方给力。而我们作为思政课专职教师，不仅需要加强自身的师德修养和专业素养，也需要引导和协调多方面教育力量，优化、创新和整合各种内外部教育资源，共同致力于提高思想政治教育教学的整体有效性。

略论"概论"课教学中对学生创新思维的培养

杨冀辰 *

作为高校思想政治理论课中理论与实践结合最为紧密的课程,"毛泽东思想和中国特色社会主义理论体系概论"(以下简称"概论")课程教学一直以来被寄予厚望,学校和教师们围绕着实现"帮助大学生系统掌握中国化马克思主义的形成发展、主要内容和精神实质,不断增强中国特色社会主义道路自信、理论自信、制度自信,坚定中国特色社会主义理想信念"①这一目标在教学内容、教学方法、教学手段方面进行了深入的改革和探索,学生的课堂参与积极性也有了极大的提升。"概论"课教学改革亮点频现,教学实效性不断提升,无疑是值得充分肯定的。然而,在如何实现习近平总书记2016年12月全国高校思想政治工作会议上提出的"要用好课堂教学这个主渠道""满足学生成长发展需求和期待"这一目标上,学校和教师无疑还有许多工作需要进一步探索和改进。

大学生为什么重视专业课学习,说到底就在于他们认为这些课程提供了自己未来生存和发展所必备的知识和技能。由此看来,落实习总书记的要求,在"概论"课教学改革中就应该摒弃某些只注重教学形式的倾向,更加重视教学内容上的提升和改进,充分关注学生的需求,多从"如何"和"从何处"可以有效提升学生能力、完善学生人格角度着眼,研究和改进教学内容。基于上述思考,笔者以为如何在"概论"课教学中有效渗透和培养学生的创新思维能力是一个值得探讨的重要课题。

---

* 杨冀辰,男,讲师,任教于浙江大学马克思主义学院。

① 本书编写组.毛泽东思想和中国特色社会主义理论体系概论[M].北京:高等教育出版社,2015:前言.

一、大学生创新思维培养在"概论"课教学中的地位

不可否认,近年来尽管学校和思政教师在思政理论课改革方面做了许多探索,但一些大学生由于缺乏对思政理论课学习与自身未来成长发展关联性的充分认识,因而对思想政治理论课学习的积极性仍不够高;一些大学生的世界观、人生观、价值观并没有真正定型,思想倾向偏左偏右或忽左忽右的均有之;还有一些大学生极易受网络世界中各种思潮的影响,缺乏客观认识当今热点难点问题的能力,甚至于戴着有色眼镜看待思想政治理论课,把为反对而反对、为质疑而质疑视为创新……上述情况想必很多同人都遇到过。之所以会出现此类问题,实际上与多年来思政课教学更多地停留在对现成基本理论、基本知识的传授和对现实问题分析结论、思考结果的灌输有着十分密切的关系。即便近年来加大了思政理论课改革力度,但形式大于内容的现象仍时有所见,重视现成结论的教学多于思维方法的指导还是有一定的常态性的。

必须看到,科学的理论之所以是科学的,固然与它在创立和发展过程中能够准确应对、总结、回答实践中遇到的新矛盾新情况新变化有着密切联系,但同时也与理论创立者的科学思维方式有十分密切的关联。如果只是教给大学生现成的结论而没有真正教会他们科学的思维方式,那么理论是很难充分打动学生和被学生掌握的。即便学生在短时间内掌握了某些理论,但与真正进入学生的头脑,成为他们的世界观和方法论还有相当大的距离。

基于以上认识,"概论"课教学要真正做到入耳入脑入心,必须注重对大学生科学思维方式的传授和培养,而其中创新思维方式的培养应该成为一个重点和突破口。

就思想政治理论的教学、研究和宣传角度而言,创新思维就是指马克思主义自身内含着的破除迷信、超越陈规,善于因时制宜、知难而进、开拓创新的科学思维。创新思维是马克思主义得以产生、发展及其具有持久生命力的基础,更是中国特色社会主义理论体系形成、发展并不断走向成熟的基础。

"概论"课教学中强化对学生创新思维的培养,是充分展现毛泽东思想和中国特色社会主义理论体系的理论魅力和理论价值的必然要求。一部马克思主义中国化的历史,就是中国共产党人在坚持马克思主义基本原理的基础上不断创新的历史,是在理论创新的基础上不断推动实践创新、使中华民族实现站起来、富起来并强起来的历史。鲜活的案例可以凸显出创新思维的重要性、创新思维的方法和要求,更能帮助学生形成道路自信、理论自信、制度自信、文化自

信。从这个角度来看,"概论"课当中强化创新思维的培养不仅有其必要性,也有其良好的条件。

"概论"课教学中强化对学生创新思维的培养,是培育符合中国特色社会主义事业发展要求的创新人才队伍的需要。习近平在《在欧美同学会成立一百周年庆祝大会上的讲话》中明确提出,"创新是一个民族进步的灵魂,是一个国家兴旺发达的不竭动力,也是中华民族最深沉的民族禀赋"[①]。实现中华民族伟大复兴,我们民族和国家对具有创新思维能力的卓越人才的渴求比以往任何时候都更加强烈,高校"概论"课教师责无旁贷,理应在教学中强化对学生创新思维的培养;同时,对大学生而言,强化创新思维的培养也能满足他们的成长发展需求和期待的要求。

二、"概论"课对大学生创新思维培养的着力点

"概论"课教学融入创新思维的培养有着良好的条件,从多年来的教学实践看,可以重点把握如下四个着力点。

(一)在准确解读、对比马克思主义经典作家的基本思想、基本理论与马克思主义中国化理论成果的基础上融入对大学生创新思维的培养

毛泽东思想和中国特色社会主义理论体系是对马克思主义的继承和发展创新,在"概论"课教学当中,无论是对创新理论还是对创新实践的讲授,无疑都不可能离开对马克思主义经典作家的基本思想、基本理论的介绍,否则对马克思主义中国化理论成果的教学就成为无源之水、无本之木了。在教学中对马克思主义经典作家的基本思想、基本理论的解读必须是准确的、科学的、具体的。对于已经被实践证明是科学的基本理论、基本原则,必须充分解读,以帮助大学生更好地形成理论自信。对于那些被实践证明需要进一步发展创新的思想,一方面,应该向学生讲清楚,在当时具体历史条件下这些思想所具有的真理性;另一方面,要充分阐明这些思想在新的历史条件下遇到了哪些新挑战,面对这些挑战,当代中国马克思主义者又是如何回应的、形成了哪些创新发展的新思维新理论新战略。在此过程中潜移默化地帮助大学生提升创新思维能力。上述做法可以使学生认识到创新必须立足科学理论、必须有科学的理论和方法引领,同时又必须破除迷信、超越陈规。

---

① 习近平.在欧美同学会成立一百周年庆祝大会上的讲话[N].人民日报,2013-10-22.

（二）从理论和历史相结合的角度做好对中国共产党在中国革命、建设和改革各个时期理论创新、实践创新及其成效的解读，在此基础上融入对大学生创新思维的培养

中国无论是革命和建设还是改革实践所遇到的具体问题，与其他国家都很不一样，中国社会发展的具体道路同其他国家也大不相同。中国共产党人之所以能够取得一个又一个的胜利，从根本上说正是在于一方面坚持了马克思主义基本原理，同时更重要的还在于充分把握中国国情、结合中国实际，从而提出适合中国国情的理论，实现了马克思中国化。因而，其中任何一次理论创新和实践创新，都可以用作培养学生创新思维的生动、典型案例。当然，这些案例要产生应有的效果，不能仅仅停留在传授这些创新理论和实践现有的内容，而是务必讲清这一创新产生的具体历史背景究竟是什么，是因什么具体问题引发这一创新的。同时还要通过必要的前后对比，清楚阐明这一创新在中国社会历史进程中所产生的深刻变化和深远意义。1886 年 1 月恩格斯在给爱德华·皮斯的信中谈到如何正确认识科学社会主义的实质和内容时说过，这一理论"是从历史事实和发展过程中得出的确切结论，不结合这些实际和过程去加以阐明，就没有任何理论价值和实际价值"①。换个角度看，这段表述实际上也给我们提供了创新思维的一个重要方法论原则，也就是创新必须要立足实际、因时制宜、因地制宜，坚持问题导向，注重实际成效。

（三）在运用中国特色社会主义理论体系新成果，准确把握和深刻分析我国改革开放和社会主义现代化建设伟大实践中遇到的新矛盾、新问题、新任务基础上融入对大学生创新思维的培养

40 年的改革开放，使中国迅速跃升为世界第二大经济体，综合国力显著提高，人民生活极大改善，中国特色社会主义充满生机与活力，全面小康社会建设进入决胜阶段，成绩巨大。然而，"发展起来有发展起来问题，而发展起来后出现的问题并不比发展起来前少，甚至更多更复杂"②。对当下遇到的新矛盾新问题，"概论"课教学无法回避，也不能回避。应该看到，在信息传播渠道多样化的今天，我们所面对的大学生普遍对这些问题有所关注甚至有一定了解，但又知

---

① 中共中央马克思恩格斯列宁斯大林著作编译局. 马克思恩格斯文集:第 10 卷[M]. 北京:人民出版社,2009:548.

② 中共中央宣传部. 习近平总书记系列重要讲话读本[M]. 北京:学习出版社,人民出版社,2016:64.

之不多、知之不深,甚至存在一定的认知偏差,这就要求"概论"课教师在教学中直面现实,运用理论对这些矛盾和问题做出透彻分析,对于由于条件制约暂时还不能有效化解的问题和矛盾要如实地向学生分析清楚。这样,一方面,可以拉近书本与现实、教与学的距离,提升"概论"课教学的效果;另一方面,教师在准确把握理论的基础上对这些问题和矛盾做出深刻分析的过程,也必然蕴含着创新思维的原则和方法,这对于提高学生的创新思维能力无疑会有引领作用。

(四)在强化马克思主义基本理论与中华优秀传统文化教学和研究,并运用于科学剖析西方社会科学理论、模型的基础上融入对大学生创新思维的培养

不可否认,在部分大学生中存在着这样一种现象,即不加分析思考地把西方的社会科学理论、模型奉为圭臬,简单地拿西方的理论、模型来评判今天中国的改革和发展实践,视照搬西方理论、模型为解决中国面临的矛盾和问题的良方,还将此误解为创新。出现这一现象的根源在于,一段时期里在一些高校、一些专业中一定程度上存在着弱化马克思主义理论和中华优秀传统文化的教学和研究,导致部分学生思维结构简单化、思考问题的理论依据和视角单一化。"概论"课教学对上述现象必须给予足够的重视。在教学实践中,不仅要充分重视对马克思主义基本理论、中国特色社会主义理论体系和中华优秀传统文化进行系统准确地教学,还必须高度重视运用马克思主义基本理论来剖析西方社会科学理论和模型,厘清西方理论和模型中哪些是可以为我所用的科学成分,哪些是不适应我国基本国情的方面,哪些甚至是早就被马克思主义批判过并为实践证明是谬误的因素,这不仅是提升"概论"课教学实效性的必然要求,也是帮助大学生提升创新思维能力的重要基础。

三、"概论"课对大学生创新思维培养的原则或方法

(一)"概论"课对大学生进行创新思维的培养,必须立足马克思主义世界观和方法论

"概论"课对大学生进行创新思维的培养,当然应该注意从中华优秀传统文化和国外优秀文化成果中吸取养分,但作为一门马克思主义政治理论课,必须立足马克思主义世界观和方法论,否则就会存在有违该课程属性、丧失该课程功能的问题。同时,实事求是、与时俱进、不断创新本身就是马克思主义及其中国化理论成果的理论品格和生命力的源泉。因此"概论"课的创新思维教育不能弃本求末、舍近求远,首先要引导大学生认真学习掌握马克思主义世界观和

方法论。在此基础上,鼓励和培养大学生形成不人云亦云、不盲从书本、不迷信权威,立足实际,独立思维、创新思维的品质。特别在当今这个互联网时代,大学生遭遇各种层次不一、良莠不齐的信息的冲击,"概论"课尤其要引导大学生运用马克思主义世界观和方法论对各种思潮、理论和现实问题进行深层次的思考,提升信息辨识力、选择力;鼓励他们对错误的观点、理论大胆质疑和否定,形成并坚持自己具有一定深度的正确认识,以此不断提高自己的创新思维能力。

(二)"概论"课对大学生进行创新思维的培养,必须坚持理论联系实际的原则

当今中国,面对纷繁复杂的信息、思潮的冲击,现实和理论之间也会存在着某些不尽一致的地方。这些状况难免使一些大学生丧失判断力,陷于迷茫和困惑,并对思想政治理论课学习丧失兴趣,甚至产生抵触心理。这一问题不解决,"概论"课教学的实效性就成为空谈,更遑论对大学生进行创新思维培养。所以"概论"课对大学生进行创新思维的培养,主要途径是理论与实际相结合。"概论"课教师不仅要有良好的理论素养,还要有能够在理论与实践的结合上准确发现社会热点问题和中外流行思潮的敏锐性,抓住学生的兴趣点,有的放矢地从思维方法入手讲授理论、分析问题,让学生在思考过程中接受这些理论和思维方法,为创新思维培养提供必备条件。在吸引学生的基础上,注意引导学生关注现实,深入基层,了解当今中国的实际和亟待解决的问题,形成理性思考;对学生的新思考新观点及时跟进剖析,帮助他们提升辨识力,进而不断提高学生的创新思维能力。理论只有与实践相结合,才能发现问题、解决问题,使理论保持鲜活的生命力;理论也只有与实践相结合,才能催生人们的创新思维和创新实践。

(三)"概论"课对大学生进行创新思维的培养,必须发挥学生的主体作用

在教学中,靠简单的灌输是无法让学生理解、把握并自觉运用创新思维的。"概论"课对大学生进行创新思维的培养,必须发挥学生的主体作用,只有让学生在整个课程学习过程中不断地、主动地反复运用,切身感受到理性思考和创新思维的魅力,才可能真正产生出应有的效果。"概论"课教学除了要重视理论联系实际、创新学习内容外,还必须考虑到学生在进入课堂学习时总是带有一系列的先导知识、思考习惯乃至某种信仰的,不同的生活地域和家庭背景也决定了学生们先前的社会经历会存在一定的差异,因此对相同的问题不同的学生会有不同的认知也就在所难免。为此,"概论"课教学中创新学习组织方式,发挥学生的主体作用,让学生在学习、探究中形成正确的观点、立场和科学的思维

方法就显得十分必要。从最近几年我校"概论"课教学改革的实践看,采取组建学生学习小组的方式,先让学生以小组为单位进行与课程相关的各类讨论和调研,在此基础上以小组为单位参与课堂层面的发言、展示和答辩,通过多层次同学间的平等讨论、分析和辩论,充分发挥学生的主体作用,加上任课教师全过程的点评、引导和总结,在提升大学生的思辨能力和培养他们的创新思维能力方面取得了明显的成效。

总之,在坚持大学思想政治理论课姓"马"的前提下,充分关注学生的需求,推进教学改革并落到实处,形成良好的创新学习、教学氛围,在教师有效及时的引导下发挥学生的主体作用,学生的创新思维能力一定会得到不断的提升,"概论"课本身也一定能够成为大学生真心喜爱、毕生难忘的课程之一。

"习近平新时代中国特色社会主义思想及其历史地位"专题教学中的"四个结合"

宇正香 *

"习近平新时代中国特色社会主义思想及其历史地位",是"习近平新时代中国特色社会主义思想"这个板块内容的开篇部分,也是"习近平新时代中国特色社会主义思想"的总论部分,更是教材承上启下的重要部分。讲好这一专题的内容,有助于从总体上系统把握习近平新时代中国特色社会主义思想的基本脉络,全面了解习近平新时代中国特色社会主义思想产生的背景、主要内容及其历史地位,从而为后面七章内容的教学奠定基础。

本专题的内容共有三个部分,即:中国特色社会主义进入新时代、习近平新时代中国特色社会主义思想的主要内容、习近平新时代中国特色社会主义思想的历史地位。笔者在这个专题内容的教学中,注重突出重点,着重坚持"四个结合"。

一、"史"与"论"相结合

教学中坚持"史"与"论"相结合,不仅可以让学生知道"是什么",而且可以让学生明白"为什么"及"怎么样"。比如在讲解教材第一节"中国特色社会主义进入新时代"这个内容时,必须说清楚"为什么说中国特色社会主义已经进入新时代"。如何讲解?

首先,从"史"的角度来讲,党的十八大以来,以习近平同志为核心的党中央以巨大的政治勇气和强烈的责任担当,提出一系列新理念新思想新战略,出台一系列重大方针政策,推出一系列重大举措,推进一系列重大工作,解决了许多

---

* 宇正香,女,副教授,任教于浙江大学马克思主义学院。

长期想解决而没有解决的难题,办成了许多过去想办而没有办成的大事,推动党和国家事业取得了全方位的、开创性的历史性成就,发生了深层次的、根本性的历史性变革。

历史性的成就主要体现在十个方面。第一,经济建设取得重大成就。第二,全面深化改革取得重大突破。第三,民主法治建设迈出重大步伐。第四,思想文化建设取得重大进展。第五,人民生活不断改善。第六,生态文明建设成效显著。第七,强军兴军开创新局面。第八,港澳台工作取得新进展。第九,全方位外交布局深入展开。第十,全面从严治党成效卓著。

历史性变革主要表现在九个方面的"明显改变"。第一,党的领导得到全面加强,党的领导被忽视、淡化、削弱的状况得到明显改变。第二,坚定不移贯彻新发展理念,发展观念不正确、发展方式粗放的状况得到明显改变。第三,坚定不移全面深化改革,各方面体制机制弊端阻碍发展活力和社会活力的状况得到明显改变。第四,坚定不移全面推进依法治国,有法不依、执法不严、司法不公问题严重的状况得到明显改变。第五,加强党对意识形态工作的领导,社会思想舆论环境的混乱状况得到明显改变。第六,坚定不移推进生态文明建设,忽视生态环境保护、生态环境恶化的状况得到明显改变。第七,坚定不移推进国防和军队现代化,人民军队中一度存在的不良政治状况得到明显改变。第八,坚定不移推进中国特色大国外交,我国在国际力量对比中面临的不利状况得到明显改变。第九,坚定不移推进全面从严治党,管党治党宽松软状况得到明显改变。

其次,从"论"的角度来讲,我国社会主要矛盾发生了变化。对中国社会主要矛盾的科学判断,是制定党的路线方针政策的基本依据。党对我国社会主要矛盾的认识根据社会发展变化而不断调整和深化。1956年社会主义改造基本完成后,党的八大指出:"我们国内的主要矛盾,已经是人民对于建立先进的工业国的要求同落后的农业国的现实之间的矛盾,已经是人民对于经济文化迅速发展的需要同当前经济文化不能满足人民需要的状况之间的矛盾。"然而,由于各种主客观原因,党的八大关于社会主要矛盾的正确认识,未能很好地坚持下去。1978年党的十一届三中全会决定把党和国家的工作重点转移到社会主义现代化建设上来。1981年党的十一届六中全会通过的《关于建国以来党的若干历史问题的决议》对我国社会主要矛盾作了科学表述:"在社会主义改造基本完成以后,我国所要解决的主要矛盾,是人民日益增长的物质文化需要同落后的社会生产之间的矛盾。"这个表述一直沿用了30多年。30多年来,伴随着改革开放的不断深入,党和国家的事业取得了"历史性成就"与"历史性变革"。因此,我国社会主要矛盾已经转化为人民日益增长的美好生活需要和不平衡不充分的发展之间的矛盾。

要讲清社会主要矛盾的变化,需要讲清以下三个方面的依据。一是经过改革开放40年的发展,我国社会生产力水平总体上显著提高,很多方面进入世界前列。这说明,我国进入社会主义初级阶段以来的"落后的社会生产"已经发生了新的阶段性变化。二是人民生活水平显著提高,对美好生活的向往更加强烈,不仅对物质文化生活提出了更高要求,而且在民主、法治、公平、正义、安全、环境等方面的要求日益提高。三是影响满足人们美好生活需要的因素很多,但主要是发展的不平衡不充分问题。发展不平衡,主要指各区域各领域各方面发展不平衡,制约了全国发展水平提升。发展不充分,主要指一些地区、一些领域、一些方面还存在发展不足的问题,发展的任务仍然很重。我国社会主要矛盾的变化,对党和国家的工作提出了许多新要求。我们要在继续推动发展的基础上,着力解决好发展不平衡不充分问题,大力提升发展质量和效益,更好满足人民在经济、政治、文化、社会、生态等方面日益增长的需要,更好推动人的全面发展、社会全面进步。

在讲清了"为什么说中国特色社会主义已经进入新时代"这个问题的基础上,再分析新时代的内涵及意义,就水到渠成了。

二、"繁"与"简"相结合

本专题内容是习近平新时代中国特色社会主义思想的总论,也是习近平新时代中国特色社会主义思想的一个缩影,其内容非常丰富。尤其是"习近平新时代中国特色社会主义思想的主要内容"这部分,几乎每一个要点展开来就是一个独立的专题。而这些内容,在后面各个相关专题的教学中,都会进行具体的分析讲解。因此,在对这一节内容的教学中,需要避繁就简,详略得当,突出重点,留有余地。

首先,要开宗明义点明习近平新时代中国特色社会主义思想的"核心要义"。坚持和发展中国特色社会主义,是改革开放以来我们党全部理论和实践的鲜明主题,也是习近平新时代中国特色社会主义思想的核心要义。教学中讲清楚这个"核心要义",有助于全面理解习近平新时代中国特色社会主义思想的主要内容。

其次,要简明扼要地介绍习近平新时代中国特色社会主义思想的丰富内涵。习近平新时代中国特色社会主义思想的内涵十分丰富,涵盖了经济、政治、法治、科技、文化、教育、民生、民族、宗教、社会、生态文明、国家安全、国防和军队、"一国两制"和祖国统一、统一战线、外交、党的建设等各方面。其中最重要、最核心的内容,就是要简要介绍党的十九大报告概括的"八个明确"。第一,明确坚持和发展中国特色社会主义,总任务是实现社会主义现代化和中华民族伟大复兴,在全面建成小康社会的基础上,分两步走在本世纪中叶建成富强民主文明和谐美丽的社会主义现代化强国。第二,明确新时代我国社会主要矛盾是人民日益增长的美好生活需要和不平衡不充分的发展之间的矛盾,必须坚持以人民为中心的发展思想,不断促进人的全面发展、全体人民共同富裕。第三,明确中国特色社会主义事业总体布局是"五位一体"、战略布局是"四个全面",强调坚定道路自信、理论自信、制度自信、文化自信。第四,明确全面深化改革总目标是完善和发展中国特色社会主义制度、推进国家治理体系和治理能力现代化。第五,明确全面推进依法治国总目标是建设中国特色社会主义法治体系、建设社会主义法治国家。第六,明确党在新时代的强军目标是建设一支听党指挥、能打胜仗、作风优良的人民军队,把人民军队建设成为世界一流军队。第七,明确中国特色大国外交要推动构建新型国际关系,推动构建人类命运共同体。第八,明确中国特色社会主义最本质的特征是中国共产党领导,中国特色社会主义制度的最大优势是中国共产党领导,党是最高政治领导力量,提出新时代党的建设总要求,突出政治建设在党的建设中的重要地位。这"八个明确",高度凝练、提纲挈领地点明了习近平新时代中国特色社会主义思想的主要内容,构成了系统完备、逻辑严密、内在统一的科学体系。

再次,要提纲挈领地概括习近平关于坚持和发展中国特色社会主义的基本方略,即党的十九大概括的"十四个坚持"。第一,坚持党对一切工作的领导。第二,坚持以人民为中心。第三,坚持全面深化改革。第四,坚持新发展理念。第五,坚持人民当家作主。第六,坚持全面依法治国。第七,坚持社会主义核心价值体系。第八,坚持在发展中保障和改善民生。第九,坚持人与自然和谐共生。第十,坚持总体国家安全观。第十一,坚持党对人民军队的绝对领导。第十二,坚持"一国两制"和推进祖国统一。第十三,坚持推动构建人类命运共同体。第十四,坚持全面从严治党。

在这个内容的教学中要特别注意的是,"八个明确"和"十四个坚持"方面的内容,一个都不能少,不能偷工减料,否则就不完整了。但是,这些内容都不需要展开分析,均是点到为止,要避繁就简,否则就喧宾夺主了。

最后,要厘清"八个明确"和"十四个坚持"的关系。细心的同学会发现,"八个明确"和"十四个坚持"中的内容基本都是重叠的,因此,在教学中如果不能阐明"明确"与"坚持"的区别,那么学生就会充满疑惑:前面明明已经讲过的问题,怎么又重新讲一遍?因此,在简要介绍了"八个明确"和"十四个坚持"的基础上,必须厘清"八个明确"和"十四个坚持"的关系:"八个明确"和"十四个坚持"体现了习近平新时代中国特色社会主义思想理论与实践的统一。"八个明确"是指导思想层面的表述,重点讲的是怎么看,回答的是新时代坚持和发展什么样的中国特色社会主义的问题;"十四个坚持"是行动纲领层面的表述,重点讲的是怎么办,回答的是新时代怎样坚持和发展中国特色社会主义的问题。

三、"教"与"导"相结合

课堂教学是一个师生互动的过程。教师应该根据课程中不同的教学内容,采取不同的教学方法,把"教"与"导"有机结合起来,这既调动了学生学习思考的积极性,又加深了学生对课程内容的理解,还可以活跃课堂气氛,提高学生上课的抬头率和点头率。

比如关于"历史性的成就"和"历史性的变革"这个问题,作为当代大学生,都会有自己的判断和评价。这个问题老师完全可以让学生自己去概括。在课堂教学中发现,学生的发言非常踊跃,而且不同专业、不同地区的同学能从切身体会出发进行概括总结,非常具有说服力和感染力。这样"导"的结果,会带来同学之间的共鸣,达到事半功倍的效果。

四、"理"与"情"相结合

我们通常说,老师在教学过程中要注重"晓之以理,动之以情"。这个教育理念在"习近平新时代中国特色社会主义思想及其历史地位"的教学中,显得更加重要。

"习近平新时代中国特色社会主义思想及其历史地位"之"理"是客观存在的,为什么同样的"理",在不同老师的课堂教学效果上会大相径庭?原因虽然是多方面的,但其中一个重要原因是老师教学过程中是否用"情"。如果老师照本宣科的去朗读那些"理",往往是难以引起学生共鸣的。

笔者认为,只要我们本着实事求是的原则看待中国特色社会主义建设的伟大实践,那么在本课程的教学过程中,那个"情"一定是发自肺腑的,是不可遏制的,更是感人至深的。这个"情"的自然流露,一定会引起学生的共鸣,一定会达到既教学又育人的效果。

关于"坚持在发展中保障和改善民生"专题课程设计的思考

熊卫平 *

"坚持在发展中保障和改善民生"专题在中国特色社会主义理论体系中是"五位一体"总体布局中的重要组成部分,指的是与经济富强、政治民主、文化文明、美丽中国并列的社会和谐的内容。课程要求上不是很复杂,整个专题的设计需要做好两个阶段的工作。

一、第一阶段:备课

备课阶段需要做好三个方面的准备。

(一)课程结构设计

课程结构设计要做到宏观与微观的结合。

从宏观层面来看,作为"五位一体"总体布局的基本内容,和谐社会必然会与经济、政治、文化及生态文明建设共同构成一个大的系统。其中,社会建设的独特地位以及与其他四个方面的内在关联性是无法回避的问题,需要阐述的是社会建设的现状及其在五个方面建设中的定位,既要阐述经济、政治、文化与生态文明建设对社会建设的作用,也需要论证社会建设本身对经济、政治、文化及生态文明建设的不可或缺性。重点论述当下中国社会建设的滞后性对于其他四个方面的影响,从而凸显社会建设的迫切性。

从微观层面来看,社会建设作为一个专题也应该有其自身的理论及实践体系,即社会建设需要解决的是什么问题。根据党的十九大报告,社会建设需要

---

* 熊卫平,女,副教授,任教于浙江大学马克思主义学院。

解决的问题具体包括民生、社会治理及新型国家安全观,对应了三个层次的要求,分别是人民的安居乐业、社会的安定有序、国家的长治久安,社会建设的根本目标是打造平安中国。

(二)前期课程需要准备的材料

党的相关文件主要以党的十九大报告《决胜全面建成小康社会,夺取新时代中国特色社会主义伟大胜利》为理论依据;每年评选出的十佳社会治理创新案例可以作为讨论分析的素材;学术层面,可以参考陆学艺教授的相关研究成果,如《当代中国社会阶层研究报告》等。

至于当下中国社会不和谐的现象及其成因,也可以根据代表性、即时性、针对性的要求搜集一些资料。考虑到课程的最终目的是引领学生积极关注并思考社会现实问题,课堂讨论引导的素材可以选择社会稳定、医患矛盾、安全生产、食品安全等现实问题。

(三)做好具体的工作

为了保证本专题的课程能够强化学生的思维训练,同时保证教师授课时的思绪集中,还需要做好以下几个方面的具体工作。

1. 设计关键词

如:平安中国、和谐社会、政社分开、民生问题、社会治理、国家安全等。

2. 在课程讲解中丰富学生思考的角度

(1)构建和谐社会,就必须摆脱非此即彼的思维方式,形成一种成熟的完善的价值体系。即和谐不仅是一种社会形态,也是一种价值理念、一种实践方式。

(2)真正以人为本,培养全面成熟的人。把个人的目标与社会的目标统一起来,把社会规范与个人欲望自然而然地统一起来,真正做到"从心所欲,不逾矩",便可以体验到和谐的快乐。

(3)如何创新社会治理模式,正确处理各种价值冲突。

(4)如何培养新型国家安全观,掌握传统安全与非传统安全的具体内容。

3. 为了保证课堂交流的顺利进行,事先给学生列出思考题

(1)民生问题具体包括哪些内容?民生问题为什么是社会和谐之本?

(2)社会治理主要解决的是什么问题?社会治理滞后对经济、政治、文化及生态环境的影响是什么?

(3)如何深化社会治理体制的改革,在社会治理手段创新的同时如何充分地调动和发挥全社会资源的参与作用?

(4)举例论证社会治理创新的意义。

（5）如何理解新型国家安全观？

二、第二阶段：课程讲解中的具体设计

本专题授课可以设计成三个部分，即课程开始、专题主要内容、课程结束。

（一）课程开始

在课程一开始需要找到一个能与专题内容、学生兴趣、思维论证、道德引领都有契合点的问题作为切入点。就本专题来说，可以从"社会"这个概念开始。如以"社会是什么？""社会在哪里？"作为开场问题。这不仅可以让学生思考"社会"这个概念本身所引入的相关知识点，也可以为最后引领学生找到专题的代入感埋下伏笔。

问题1：

社会是什么？它会在哪些层次使用？

在现实生生活中，我们会频繁地使用社会这个概念或符号，但从课程本身的定位看，它是与经济、政治、文化、生态文明并列的社会基本组成部分，我们对社会客观存在的认知也经历了一个过程。从最初的文明二分法（物质文明和精神文明）到文明三分法（经济、政治、文化），再到基于对社会本身的重视而概括的文明四分法（经济、政治、文化、社会），以及当下的五分法，这些都体现了我们把握社会本身发展规律的过程性和阶段性。

中国改革开放的历史创造了中国特色社会主义理论体系，这是与中国改革开放的实践同步推进的。在改革开放之初，人们更多地意识到中国经济发展的落后，因此"发展是硬道理"、"三个有利于标准"、社会主义市场经济理论纷纷涌现。伴随着经济、政治、文化的发展，人们不得不面对中国社会结构在改革开放中所产生的巨大变化，大量的社会问题需要得到重视和解决，社会建设也就随之强化。因此，在不同的语境中我们使用的"社会"代表了不同的含义。如和谐社会、社会治理、社会组织、社会公共产品、社会事业、社会问题，等等。

知识点1：

和谐社会，是中国共产党于2004年提出的一种社会发展战略目标，指的是一种和睦、融洽且各阶层齐心协力的社会状态。社会治理则是社会建设的重大任务，是国家治理的重要内容。其中涉及的社会组织、社会事业、社会产品、社会问题等都是在特定的语境中体现的具体内容。

问题2：

为什么要强调社会建设的重要性？

知识点 2：

党的十六大报告首次提出要构建和谐社会。十六届四中全会进一步提出了构建社会主义和谐社会的任务,明确了构建社会主义和谐社会的主要内容。十六届六中全会通过《中共中央关于构建社会主义和谐社会若干重大问题的决定》,全面、深刻地阐明了社会主义和谐社会的性质和定位,指明了构建社会主义和谐社会的指导思想、目标任务、工作原则和重大部署。党的十七大再次强调了构建社会主义和谐社会的重要性,并对以改善民生为重点的社会建设作了全面部署。党的十八大强调在改善民生和创新管理中加强社会建设必须坚持促进社会和谐,强调社会和谐是中国特色社会主义的本质属性;要把保障和改善民生放在更加突出的位置,加强和创新社会管理,正确处理改革发展稳定关系,团结一切可以团结的力量,最大限度增加和谐因素,增强社会创造活力,确保人民安居乐业、社会安定有序、国家长治久安;解决好人民最关心最直接最现实的利益问题,在学有所教、劳有所得、病有所医、老有所养、住有所居上持续取得新进展,努力让人民过上更好生活。党的十九大提出"提高保障和改善民生水平,加强和创新社会治理",强调要不断推进国家治理体系和治理能力现代化;坚持在发展中保障和改善民生,增进民生福祉是发展的根本目的;在幼有所育、学有所教、劳有所得、病有所医、老有所养、住有所居、弱有所扶上不断取得新进展,深入开展脱贫攻坚,保证全体人民在共建共享发展中有更多获得感,不断促进人的全面发展、全体人民共同富裕;建设平安中国,加强和创新社会治理,维护社会和谐稳定,确保国家长治久安、人民安居乐业。

问题 3：

如此强调社会建设的重要性及迫切性,其基本依据是什么?

知识点 3：

首先是现实依据。第一,这是我们抓住和用好重要战略机遇期、实现全面建设小康社会宏伟目标的必然要求。我国已进入改革发展的关键时期,经济体制深刻变革,社会结构深刻变动,利益格局深刻调整,思想观念深刻变化。这种空前的社会变革,给我国发展进步带来巨大活力,也必然带来这样那样的矛盾和问题。目前,我国社会总体上是和谐的。但是,也存在不少影响社会和谐的矛盾和问题,主要是:城乡、区域、经济社会发展很不平衡,人口资源环境压力加大;就业、社会保障、收入分配、教育、医疗、住房、安全生产、社会治安等方面关系群众切身利益的问题比较突出;体制机制尚不完善,民主法制还不健全;一些社会成员诚信缺失、道德失范,一些领导干部的素质、能力和作风与新形势新任务的要求还不适应;一些领域的腐败现象仍然比较严重;敌对势力的渗透破坏活动危及国家安全和社会稳定。所以,必须坚持以经济建设为中心,把构建社会主义和谐社会摆在更加突出的地位。第二,这是我们把握复杂多变的国际形势、有力应对来自国际环境的各种挑战和风险的必然要求。在复杂多变的国际形势下,我们要有力应对来自外部的各种挑战和风险,就必须首先把国内的事情办好,通过和谐社会建设,始终保持国家统一、民族团结、社会稳定的局面。这是我们集中全党全民族的智慧和力量、全面推进中国特色社会主义事业的重要保障。第三,这是巩固党执政地位的社会基础、实现党执政历史任务的必然要求。构建社会主义和谐社会,是党坚持立党为公、执政为民的必然要求,是实现好、维护好、发展好最广大人民的根本利益的重要体现,也是党实现执政历史任务的重要条件。

(二)专题主要内容讲解

即讲解社会建设的具体内容。

社会建设为什么由三部分内容(民生、社会治理、国家安全观)构成?

这里强调三个"安"即安居乐业、安定有序、长治久安的关系。按照三个"安"来设计本专题的主要内容,是为了体现授课的针对性,让学生更容易理解及记忆。

1.第一个"安":老百姓的安居乐业

问题 4:

民生为什么是人民幸福之基、社会和谐之本?

知识点 4:

民生是人民幸福之基、社会和谐之本,因此要坚持以人民为中心的发展思想,以保障和改善民生为重点,发展各项社会事业。具体包括五个方面:一是优先发展教育;二是提高就业质量和人民收入水平;三是加强社会保障体系;四是坚决打赢脱贫攻坚战;五是实施健康中国战略。每个内容的讲解都可以与学生的切身体验相关联。

2.第二个"安":社会的安定有序

问题 5:

社会治理为什么是国家治理的重要内容?

知识点 5:

(1)创新社会治理体制。包括:党委领导、政府负责、社会协同、公众参与、法治保障。

（2）社会治理的"四化"。提高社会治理社会化、法治化、智能化、专业化水平，推进社会治理精细化，打造共建共治共享的社会治理格局，健全利益表达、利益协调、利益保护机制。

（3）改进社会治理方式。系统治理、依法治理、源头治理、基层综合治理，德治、法治、自治结合，法安天下、德润人心。

（4）加强预防和化解社会矛盾机制建设。预警与风险管理、信访制度、人民调解、行政调解、司法调解联动工作，建立涉法涉诉信访依法终结制度。

（5）社会心理服务体系建设。

（6）社区治理体系建设。

问题 6：

社会治理的重要性是什么？政府治理与社会治理为什么要分开？社会治理的核心是处理政府与社会的关系，那么政府与社会的关系如何理解？

知识点 6：

十八届三中全会通过的《中共中央关于全面深化改革若干重大问题的决定》提出全面深化改革的总目标是完善和发展中国特色社会主义制度，推进国家治理体系和治理能力现代化；十八届五中全会通过的《中共中央关于制定国民经济和社会发展第十三个五年规划的建议》提出加强和创新社会治理是加强和改善党的领导，实现"十三五"规划坚强保证的重要抓手。

（1）我国经济社会发展不协调，社会发展滞后，迫切要求政府强化社会管理职能，加快社会发展步伐。我国社会发展滞后突出地体现在城市化严重滞后于工业化，城乡关系严重失衡，许多社会问题由此产生。

（2）我国社会组织形态的重大变化，要求政府社会治理方式的全面变化。我国的社会管理面临着"一变五增"的新情况，即老体制下的职工逐步减少了对单位的过分依赖，由"单位人"向"社会人"转变；新兴的多种所有制成分的"无主管"企业增多；外来人员、流动人员的比例增加；下岗、失业人员增多；老龄人口增多；贫困人群增多。社会组织形态的全面转变带来了政府与公众关系模式的深刻变化，迫切要求转变政府管理方式。不断增加的社会流动人口在促进"单位人"向"社会人""社区人"转变的同时，对社会治理的重心提出了新的要求。

（3）我国社会结构的重大变化，要求政府适应利益群体多元化的社会现实、社会阶层的深刻变化。如何协调不同利益群体、不同阶层的诉求，对社会治理的方法提出了新要求。

（4）观念滞后，社会治理的价值取向错位。如：官本位思想严重；片面追求经济增长,轻视社会发展;党政不分,政社不分,如政党、国家、社会一体化;政府职能转变不到位,服务型政府正在构建中;社会组织发育不够,发挥作用的空间有待提升。2016 年的数据显示:我国有业务主管部门的且经过民政部门登记的社会组织共 66.48 万个,其中社会团体 32.9 万个,民办非企业单位 33.1 万个,基金会 4841 个。社会组织存在的问题主要有:在社会治理和公共服务中发挥的作用还不够;行政色彩浓厚,自主性不强;组成结构不合理;社会组织的法律法规体系不健全;对社会组织的功能认识不到位。

问题 7:

如何理解从社会管理向社会治理的转变?

知识点 7:

从社会管理到社会治理,涉及治理主体、治理方式、治理范围、治理重点等的改变。社会管理和社会治理的区别有三个方面。第一,覆盖的范围不同。社会管理在实践中被理解为无所不包,涵盖过于宽泛,而社会治理聚焦于激发社会组织活力、预防和化解社会矛盾、健全公共安全体系等。第二,社会治理更突出地强调鼓励和支持各方面的参与,强调更好地发挥社会资源的作用,而不是政府的管控。第三,社会治理更强调制度建设,特别是要用法治思维和法治方式化解社会矛盾。

问题 8:

如何创新社会治理?

知识点 8:

创新社会治理已经成了创新政府行为的一项十分重要的工作。加强和创新社会治理,必须追求最大限度激活社会活力、最大限度增加和谐因素、最大限度减少不和谐因素的总要求。活力与秩序、发展与稳定,二者是辩证统一的关系,不可偏废。在发展中保持稳定和稳定中保持发展的对立统一思想,应当成为我们创新社会治理、深化社会体制改革的一个基本原则。

(1)基本思路:着眼于维护最广大人民的根本利益,充分发挥多元主体在社会治理的主导、协同、自治、自律、互律作用,整合社会治理资源,形成多元治理结构;要把德治和法治有机结合起来,让法治在社会规范中起到越来越重要的作用;要让各种有利于社会稳定、和谐社会生长的力量竞相迸发,全面推进平安中国建设,维护国家安全,保障人民安居乐业、社会安定有序、国家安全和谐。

(2)社会治理"治"什么:"两平""一调"。一是社会治理的平台建设,包括建立社会治理的新格局新机制,建立和完善社会组织和社区平台;二是平安建设,涵盖社会治安、应急机制、国家安全建设等领域;三是协调好三对关系:主导与主体、维稳与维权、法治与德治。

（3）社会治理"谁"来治:多元主体治理。"小政府、大社会",党委抓"大"、政府"服务"、社会协同、公民自治、法制保障。

（4）社会治理怎么治:确立正确价值导向,多管齐下;以人为本、服务优先、法治保障;消除政府过度治理和治理空白的问题;建设好社会组织平台;建设好社区平台;广泛动员吸引民众参与。

讨论:社区建设与学生未来生活与工作的关系。

3. 第三个"安":国家的长治久安

问题 9:

如何坚持总体国家安全观?

知识点 9:

总体国家安全观是指国家利益至上,以人民安全为宗旨,以政治安全为根本,以经济安全为基础,以军事、文化、社会安全为保障,以促进国际安全为依托,维护各领域国家安全,构建国家安全体系。引导学生完整了解国家安全的具体内容,如外部安全和内部安全、国土安全和国民安全、传统安全和非传统安全等。健全公共安全体系,如安全生产、食品药品安全等;推进平安中国建设,加强国家安全能力建设,加强国家安全教育。

（三）课程结束

和谐是中国文化最具世界传播意义的价值所在,从和谐中国到和谐世界,体现了中华民族对美好生活的追求、对世界文明的美好期盼。无论是中国传统文化中的和谐追求还是西方文明中的"和谐即美"的追求,都体现了一种理想的社会状态,是一种美好的价值理念。它将引导人们在面对一个多样化的社会时多一点对彼此的尊重与包容,在自律与他律中找到自身的位置;同时,它也将作为一种调节与协调社会矛盾的指导思想。总之,建设社会主义和谐社会是一项艰巨复杂的系统工程,需要全党全社会长期坚持不懈的努力。党和政府应加强和创新对建设社会主义和谐社会各项工作的领导,把改善民生、创新社会治理和坚持总体国家安全观作为社会建设的根本任务,让全体人民在共建共治共享发展中有更多获得感、幸福感和安全感。

知识点 10:

古今中外,对和谐的追求从未间断,包括孔子的"和为贵"、孟子的"老吾老以及人之老,幼吾幼以及人之幼"、墨子的"兼相爱,爱无差"等理想社会理念,以及古希腊哲学家毕达哥拉斯提出的"和谐最美"、柏拉图提出的"公正即和谐"、赫拉克利特提出的"对立和谐观"等 。1803 年,法国空想社会主义者傅立叶发表《全世界和谐》一文;1824 年,英国空想社会主义者欧文在美国进行共产主义试验,以"新和谐"命名;1842 年,德国空想共产主义者魏特林在《和谐与自由的保证》一书中把社会主义称为"和谐与自由的社会",并指出新社会的"和谐"是"全体和谐"。

案例:(1)浙江省"村规民约促和谐,社区公约保治理"荣获"2017 年度中国十大社会治理创新"奖;(2)乡贤参事会——浙江乡贤反哺家乡建设;(3)"管闲事"的武林大妈——杭州版"朝阳群众"。

在课程的最后,呼应开始提出的"社会在哪里?"的问题,告诉学生:社会就在我们每个人的身边,每个人都是社会建设的参与者和受益者;再大的力量都大不过社会的力量;社会建设人人有责,建设成果人人享受。

关于"推动社会主义文化繁荣兴盛"专题教学的几点思考

任　凭[*]

文化是民族生存和发展的重要力量。习近平指出,一个国家、一个民族的强盛,总是以文化兴盛为支撑的,中华民族伟大复兴需要以中华文化发展繁荣为条件。世世代代的中华儿女培育和发展了独具特色、博大精深的中华文化,为中华民族克服困难、生生不息提供了强大精神支撑。中华文化既坚守本根又不断与时俱进,使中华民族保持了坚定的民族自信和强大的修复能力。没有中华文化繁荣兴盛,就没有中华民族伟大复兴。没有先进文化的积极引领,一个国家、一个民族不可能屹立于世界民族之林。

在"推动社会主义文化繁荣兴盛"这一专题的教学中,笔者想引导学生学习和探讨以下四方面的内容。

一、中华传统文化的时代价值及其传承

5000 多年连绵不断、博大精深的中华文化,积淀着中华民族最深沉的精神追求,包含着中华民族最根本的精神基因,代表着中华民族独特的精神标识,是中华民族生生不息、发展壮大的丰厚滋养,是我们在世界文化激荡中站稳脚跟的根基。

从农耕文化、草原文化、森林文化到高原文化、海洋文化,中华文明之博大在于其文化多元,中华文明之绵延在于其文化统合。中华传统文化是多元文化融通和谐包容的宏大体系,中华文明发展的宝贵经验在于"合"与"一",爱国重

＊　任凭,女,副教授,任教于浙江大学马克思主义学院。

土、崇礼修德、贵和执中、自强不息、格物致知的精华,促成了中华民族多元统一。

优秀的中国传统文化对形成和维护中国团结统一的政治局面,对形成和巩固中国多民族和合一体的大家庭,对形成和丰富中华民族精神,对激励中华儿女维护民族独立、反抗外来侵略,对推动中国社会发展进步、促进中国社会利益和社会关系平衡,都发挥了十分重要的作用。中国优秀传统文化中丰富的哲学思想、人文精神、教化思想、道德理念等,也蕴藏着解决当代人类面临的难题的重要启示,可以为人们认识和改造世界提供有益启迪,可以为治国理政提供有益启示,也可以为道德建设提供有益启发。讲仁爱、重民本、守诚信、崇正义、尚和合、求大同,凸显出深厚的时代价值,对于推动社会主义文化繁荣兴盛,构建社会主义和谐社会,建设社会主义现代化强国有着重大意义。

新时代如何传承和发展中华优秀传统文化?第一,以科学态度对待传统文化。第二,中华传统文化贯穿国民教育始终。第三,保护和传承文化遗产。第四,对传统文化进行创造性转化和创新性发展。第五,推动中外文化交流互鉴。

2017 年 12 月中共中央办公厅、国务院办公厅印发的《关于实施中华优秀传统文化传承发展工程的意见》指出,要牢牢把握社会主义先进文化前进方向;坚持以人民为中心的工作导向;坚持创造性转化和创新性发展;坚持交流互鉴、开放包容;坚持统筹协调、形成合力。

这部分内容结合两个思考题引导学生讨论:(1)互联网时代该如何传承和发展中华传统文化?(2)请就互联网文化对社会主义文化建设的影响谈谈你们的想法。

二、中国梦的文化内涵

中国梦的本质是国家富强、民族振兴、人民幸福。实现中国梦,不仅需要物质财富的极大增长,也需要精神文化的茁壮成长。中国梦之所以格外具有感召力、凝聚力和引领力,就在于它扎根于中华优秀传统文化的沃土之中,立足在五千年中华文明的深厚底蕴之上,具有坚实可靠的历史基础和永不枯竭的文化养分。

中国梦立足深厚的文化底蕴。

第一,文化是国家富强的重要内容。文化是国家实力的象征与体现,文化既是软实力,又是硬实力。当它成为一种科学核心价值观时,它是精神动力、吸引力,是软实力;当它转变为文化产业时,它又是物质生产力,是硬实力。一个国家若只有物质财富的丰富而无思想道德素质和科学文化素质的提高,就谈不上是一个强大的国家;一个国家若只是经济强国、军事强国而非文化强国,也谈不上是一个真正的强国。数千年的中外历史事实表明,凡是文化繁荣发展的阶段都是国家兴旺昌盛之时,也是国家凝聚力空前强大之时;反之,文化没落衰败,就很难产生凝聚力,更谈不上国家富强。

第二,文化是民族振兴的重要标志。文化是民族的血脉,是凝聚民族精神的一条特殊纽带,始终是国家发展和民族振兴取之不尽、用之不竭的力量源泉。当今世界,文化与经济相互交融,经济的文化含量日益提高,文化的经济功能越来越强,文化已经成为竞争的利器。谁占据了文化发展的制高点,谁拥有了强大的文化软实力,谁就能够在激烈的国际竞争中赢得主动、占得先机。人类社会每一次跃进,人类文明每一次升华,无不镌刻着文化进步的烙印。文化的力量,深深熔铸在民族的生命力、凝聚力、创造力之中。实现民族振兴,一定伴随着文化的繁荣发展。

第三,文化是人民幸福的重要因素。中国梦归根到底是人民的梦,必须紧紧依靠人民来实现,必须不断为人民造福。文化是人民的精神家园,文化既是人民信念、信仰之源,也是人民丰富生活之源。人民的幸福,一方面来自经济增长带来的生活质量的提高,另一方面也源自精神生活的充实和精神境界的提升。最大限度地满足人民日益增长的文化需求,是社会主义文化建设的根本任务,也是人民群众的福祉所在。只有多创造百姓喜闻乐见的文化内容与文化形式,才是富有活力的文化内容与文化形式;只有来源于百姓需求的文化内容与文化形式,才是有生命力的文化内容与文化形式;只有让百姓亲切可感、可享用到的文化内容与文化形式,才是有价值的文化内容与文化形式。

展望未来,实现民族复兴伟大梦想的中国,必然是物质力量和精神力量强大的社会,必然是人民物质文化生活丰富多彩的社会。中华民族伟大复兴必然伴随中华文化繁荣兴盛,展开一幅恢宏灿烂的文化盛景。这部分内容结合两个思考题引导学生讨论:(1)如何提高中华文化的影响力?(2)怎样理解中国梦也是世界梦?

三、培育和践行社会主义核心价值观

习近平总书记指出:"人类社会发展的历史表明,对一个民族、一个国家来说,最持久、最深层的力量是全社会共同认可的核心价值观。"如果没有共同的核心价值观,一个民族、一个国家就会魂无定所、行无依归。

　　社会主义核心价值观是当代中国精神的集中体现,凝结着全体人民共同的价值追求。二十四字的核心价值观的表述同学都比较熟悉了,可以强调一下国家、社会、个人三个层面的价值目标,同时讲清楚核心价值观与核心价值体系的联系与区别:社会主义核心价值观是在社会主义核心价值体系基础上提炼出来的。社会主义核心价值观是社会主义核心价值体系的内核凝练和集中表达,体现着社会主义核心价值体系的根本性质和基本特征,反映着社会主义核心价值体系的丰富内涵和实践要求。一方面,二者方向一致,都体现了社会主义意识形态的本质要求;另一方面,二者各有侧重,相比于社会主义核心价值体系,社会主义核心价值观更加突出核心要素、更加注重凝练表达、更加强化实践导向。

　　如何培育和践行社会主义核心价值观? 一要把社会主义核心价值观融入社会生活各个方面;二要坚持全民行动、干部带头,从家庭做起、从娃娃抓起;三要立足中华优秀传统文化和革命文化;四要发扬中国人民在长期奋斗中培育、继承、发展起来的伟大民族精神。

　　作家梁晓声曾这样概括"文化":根植于内心的修养;无需提醒的自觉;以约束为前提的自由;为别人着想的善良。结合这部分内容,可以重点引导学生从自身实际思考个人层面怎样践行社会主义核心价值观,同时就"大学校园文化建设"提出自己的看法。

四、坚定文化自信,建设社会主义文化强国

　　文化自信是更基本、更深层、更持久的力量。习近平在党的十九大报告中提出:要坚定文化自信,推动社会主义文化繁荣兴盛;没有高度的文化自信,没有文化的繁荣兴盛,就没有中华民族伟大复兴。

　　南怀瑾先生说:没有自己的文化,一个民族就不会有凝聚力,始终像一盘散沙;没有自己的文化,一个民族就不会有创造力,只会跟在外国人后面模仿;没有自己的文化,一个民族就不会有自信心,也不可能得到外人的尊重。中华文化独一无二的理念、智慧、气度、神韵,增添了中国人民和中华民族内心深处的自信和自豪。中国特色社会主义文化,源于中华民族五千多年文明历史所孕育的中华优秀传统文化,熔铸于党领导人民在革命、建设、改革中创造的革命文化和社会主义先进文化,植根于中国特色社会主义伟大实践。

　　我们提倡的"文化自信"有其深厚根基,是可以真正践行的。因为,我们有博大精深的优秀传统文化的底蕴,有在中国革命、建设、改革的伟大实践过程中孕育的鲜明独特、奋发向上的革命文化,还有承前启后、继往开来的社会主义先

进文化。我们的文化自信,不仅来自于文化的积淀、传承与创新、发展,更来自于当今中国特色社会主义的蓬勃生机,来自于实现中国梦的光明前景。这种在优秀传统文化基础上的继承和发展,夯实了我们文化建设的根基,奠定了我们文化自信的强大底气。

坚定文化自信,发展中国特色社会主义文化,就是以马克思主义为指导,坚守中华文化立场,立足当代中国现实,结合当今时代条件,发展面向现代化、面向世界、面向未来的,民族的、科学的、大众的社会主义文化,推动社会主义精神文明和物质文明协调发展。要坚持为人民服务、为社会主义服务,坚持百花齐放、百家争鸣,坚持创造性转化、创新性发展,不断铸就中华文化新辉煌。

文化强国是指一个国家具有强大的文化力量。这种力量表现为:具有高度文化素养的国民;发达的文化产业;强大的文化软实力。

建设社会主义文化强国,就是要着力推动社会主义先进文化更加深入人心,不断开创全民族文化创造活力持续迸发、社会文化生活更加丰富多彩、人民基本文化权益得到更好保障、人民思想道德素质和科学文化素质全面提高、中华文化影响力不断增强的新局面,建设中华民族共有精神家园。

建设社会主义文化强国,坚持中国特色社会主义文化发展道路,推动文化大发展大繁荣,要提升文化软实力,提高全民族文明素质,推进文化创新,繁荣发展文化事业和文化产业,让文化建设活力迸发。

这部分内容结合两个思考题引导学生讨论:(1)中国作为文化大国,为什么还不是文化强国?(2)提升文化软实力关键靠什么?

总之,中华民族几千年来形成了博大精深的优秀传统文化,我们党带领人民在革命、建设、改革过程中锻造的革命文化和社会主义先进文化,为思政课建设提供了深厚力量。[①] 中国特色社会主义文化的繁荣兴盛为新时代的大学生提供了丰富的知识与真理、道德与价值、精神与信仰、自信与自立等多重滋养。我们要高举马克思列宁主义、毛泽东思想和中国特色社会主义伟大旗帜,培育和践行社会主义核心价值观,弘扬中华民族优秀传统文化,加强社会主义意识形态建设,走中国特色社会主义文化发展道路,建设社会主义文化强国。

---

① 习近平:用新时代中国特色社会主义思想铸魂育人 贯彻党的教育方针落实立德树人根本任务[N].人民日报,2019-03-19.

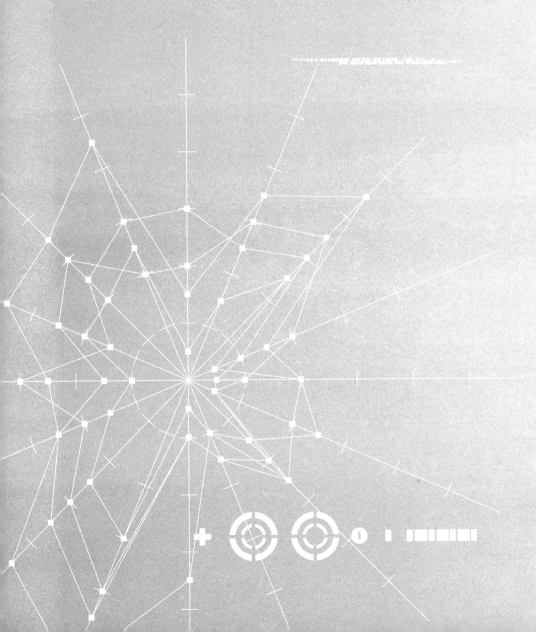

学生案例

西湖区"最多跑一次"改革情况调研[*]

一、调研背景

"最多跑一次"改革是通过"一窗受理、集成服务、一次办结"的服务模式创新,让企业和群众到政府办事实现"最多跑一次"的行政目标。

早在 2003 年 7 月,时任浙江省委书记的习近平在中共浙江省委十一届四次全体(扩大)会议上,作出发挥"八个方面优势"、推进"八个方面举措"的重大部署。这个被称为"八八战略"的纲领性文件强调"进一步发挥浙江的体制机制优势""进一步发挥浙江的环境优势""切实加强法制建设、信用建设和机关效能建设"。在浙江工作期间,习近平提出,要努力建设服务型政府、法治政府、有限政府。

2017 年,浙江省《政府工作报告》正式提出实施"最多跑一次"改革。随后,浙江省公布了《加快推进"最多跑一次"改革实施方案》《浙江省公共数据和电子政务管理方法》,对改革进行整体部署和实施。在此背景下,杭州市西湖区全面落实党的十九大会议精神,认真贯彻国务院、省、市行政审批制度改革精神,坚持以人民为中心,坚持全面深化改革,坚持新发展理念,深入推进"最多跑一次"改革,全力建设人民满意型政府,切实提高群众满意度。

2018 年新年的首个工作日,浙江省全面深化改革大会在杭州举行,释放了全面深化改革的强烈信息。为了反映"最多跑一次"在西湖区的改革现状,了解群众对改革的诉求、意见和建议,我们通过走访办事中心、问卷调查等形式对西湖区的"最多跑一次"改革进行了专题调研,以加深对该项改革本身及其具体实

* 本文由邵佳威、许兆磊、章金晶、屠嘉锋、吕昶昶、竺鸣九合作完成。

施情况的了解。

二、调研过程与问卷分析

(一)调研过程

整个调研过程主要分前期、中期和后期三个阶段。前期主要是进行准备工作,通过查阅"最多跑一次"相关文献及新闻,了解西湖区"最多跑一次"改革的实施情况,选定符合要求且具有代表性的调研地点,最终确定调研地点为西湖区行政服务中心。中期,针对所要调研的目标,部分同学先行前往探点,与行政服务中心的工作人员交流之后,确定以问卷调查方式作为主要调研途径。我们根据现有的服务事项制作完问卷之后,全体组员前往西湖区行政服务中心进行实地调研及问卷发放。后期,我们对收到的问卷进行分析,对"最多跑一次"改革的现状进行剖析,最终给出我们对西湖区"最多跑一次"改革及本次调研的总结和思考。

(二)问卷分析

本次问卷调查(见附录)总共收到 190 份样本,调研对象主要集中在事业单位职工(老师等)及企业白领,另外还有少量的学生、自由职业者、个体户及退休员工。

大多数受访者都听说过"最多跑一次"改革,占 95％,其中清楚了解该项改革内容的占 54％,5％左右的受访者表示不清楚这项改革。

调研对象办理的事务主要为"医保、社保等人力保障事项",占 42％,"户籍、出入境等公安事项""企业设立、变更等商事登记事项"办理均占 14％,还有少部分涉及"婚姻、救助等民政事项""国(地)税涉税事项"等的办理。

86％的受访者表示存在跑了一次以上才办好事情的情况,主要原因是不知道要准备哪些材料、信息收集不足,其中 11％的受访者表示多跑几次才办好事情是因为"自愿再跑一次来取证"。

53％的受访者了解过线上"一网通办",其中 20％的受访者使用过并且表示很满意。

58％的受访者使用过预约服务,以手机 App、网上预约及自助服务机预约为主要预约方式,也有少部分受访者使用电话预约。

56％的受访者表示了解并关注了"杭州西湖行政服务"公众号,以获得当天的窗口排队信息。

对于政府的办事效率(针对"最多跑一次"服务),近一半的受访者表示基本认可,25%的受访者表示信息获取不全面,说明信息宣传方面还需要改进。

综上可以看出,受访者对"最多跑一次"改革还是很满意的。在现场调研过程中,我们还注意到办事大厅配有自助充电宝、免费打印复印窗口等,给群众带来了更贴心、更便利的服务。

三、西湖区"最多跑一次"改革存在的问题

在调查中我们发现,西湖区"最多跑一次"改革做了大量工作,取得了一定的成绩,但也存在一定的问题。

(一)信息知晓度不高

调查显示,5%的受访者表示不清楚该项改革。虽然政府部门及时发布了审批事项,但发布的途径不够广、方式不够多、影响不够大,传播的效果受到一定的影响。比如通过互联网公布审批事项,一些文化程度低、年龄偏大且不会使用电脑的人群就难以获知此信息。

(二)信息不对称

要实现"最多跑一次",政府工作人员和办事人员双方掌握的信息必须对称,也就是办事人员必须提前了解所需提交的材料。信息对称主要在于两方面:一是信息发布者及时发布信息,即政府部门对于行政审批事项及材料清单的信息必须及时公开;二是办事人员必须清楚掌握信息发布者的信息,即办理事项的所需材料、办事流程等信息。而现实存在的主要主题就是办事人员不知晓办理事项的流程和所需准备的材料。

(三)工作人员业务素质欠佳

部分受访者在问卷中提到工作人员存在一些问题。一是个别窗口工作人员的服务态度不好,未按编号办理且存在纵容关系户插队的行为。二是个别窗口工作人员对业务流程不清楚,对上级的文件、政策把握不准也吃不透,导致很多事项都不能及时办理,降低了办事效率。三是志愿者的作用未充分发挥。行政办事中心安排有较多志愿者,有时候会存在多个志愿者空闲的情况,一些志愿者的主动性并不强。

四、西湖区"最多跑一次"改革的基本成效

截至2018年11月,进驻西湖区行政服务中心的窗口部门共31个,开设窗口111个,月均办件量15万件。其中,梳理出区县级"最多跑一次"事项427主项,已全部进驻行政服务中心,99%实现窗口授权,"最多跑一次"事项100%事

项通过浙江政务服务网开通网上申请,全程网上可办事项达到44%。为助力改革提速增效,西湖区全面推进"就近办""自助办""移动办"和"网上办"。

(一)就近办

"就近办"是西湖区委、区政府为方便群众就近办事,将公民个人事项下放到镇街行政服务中心、村社便民服务中心直接办理的一项民生实事项目。目前,杭州市西湖区打造"15分钟服务圈"。34个就近办服务点全部实现对外服务,人社、民政、卫计、城管、公安、残联等6个部门56项公民办理事项实现"就近可办",实现全区11个镇街全覆盖。西湖区加强标准化建设,要求镇街、就近办服务点窗口与区行政服务中心窗口同标准、同要求。

(二)自助办

"自助办"就是利用24小时综合自助办事服务机器进行业务办理,24小时综合自助办事服务机器能办理147项业务,只要带上身份证,居民就可以通过这台机器,查询医保、社保等信息,还可以办理水费、电费、煤气费等生活缴费事宜。西湖区行政服务中心一楼自助服务区还提供社保参保证明打印、医保参保证明打印、住房信息打印、增值税发票申领、公积金查询、市民卡(公交卡)申领充值等自助服务。

(三)移动办

"移动办"即利用手机App来实现事项办理,下载"杭州办事服务App"可办理公积金、小客车摇号、交通违法、社保、居住登记、不动产、出入境管理、教育缴费、便民查询九大领域事项。还有"贴心城管App",可以处理城管、人行道违章停车事项。越来越多的App被用到各类便民事项办理中。

(四)网上办

"网上办"就是办事群众直接登录"浙江政务服务网·西湖平台"查阅办事指南、下载申报表格、在线办理,相关部门根据办事群众网上提交的申请材料进行预审,或者直接进行审批。"浙江政务服务网·西湖平台"网上办理事项涵盖人社、卫计、民政、公安、市场监管、教育、农业、财政、民宗、档案、城管、发改、文广新、住建等18个部门756个事项。

五、总结与反思

(一)调研总结

本次调研活动进展较为顺利,在杭州西湖区办事厅的问卷调查以及相关的网络调研加深了我们对"最多跑一次"改革的理解。这一改革的行政目标在于深化打造服务型政府,建立为企业和群众全程服务和长效服务的工作机制,将资源投向以改善人民群众生活质量,关乎千家万户的义务教育、公共医疗、社会福利和社会保障、劳动力就业和培训、环境保护、公共基础设施、社会安全等领域,并利用相关的技术手段与平台服务帮助实现这一目标。可以说,"最多跑一次"是一次理念、制度、作风乃至技术层面的全方位深层次变革。

(二)调研反思

这次调研让我们亲身体验了"最多跑一次"改革背景下政府办事大厅的流畅运行。遗憾有三。一是我们和调查对象的交流仍然存在一定的局限,由于信息不对等,我们分发调查问卷的意图难以被完全理解,有时还会被误解。二是由于相关记录的缺失,我们并不能详细了解改革前服务大厅的具体服务体验、办理事务的效率及信息分享的广度等,所以只能将当下已经取得的成果与官方文件的目标、理念进行对照。三是由于身份限制,我们无法有针对性地体验一次完整的事务办理流程,调查深度有待提升。

官方文件中的"推动全面深化改革的实践创新""具有鲜明的时代特征和丰富的理论内涵""深化'最多跑一次'改革的理论研究"被赋予了实际、具体的意义。我们相信该项改革一定能取得圆满成功。

指导教师:廖亦宏

➡ 附录

调查问卷

您好!我们是浙江大学 2016 级的学生,正在进行杭州市西湖区"最多跑一次"改革情况的调研,希望通过本次问卷调查,了解您的相关业务办理情况。本调查所有问卷均为匿名,感谢您的大力支持和配合!

1. 您的职业是?
☐ 学生　☐ 事业单位　☐ 企业白领
☐ 个体户　☐ 自由职业　☐ 退休在家
☐ 其他

2.您知道"最多跑一次"改革吗?

□ 知道,非常清楚　　　　□ 听说过,不是很清楚　　□ 不知道

3.请问您近期在行政服务中心办理过哪些事项?(可多选)

□ 不动产登记事项

□ 医保、社保等人力社保事项

□ 户籍、出入境等公安事项

□ 婚姻、救助等民政事项

□ 国(地)税涉税事项

□ 企业设立、变更等商事登记事项

□ 企业投资项目审批事项

□ 其他

4.您是否有跑了一趟以上才办好的事情? 如果有,原因是什么?

□ 不知道要准备哪些材料,导致材料没带齐或者不合规

□ 事先咨询得到的信息不全,导致材料没带齐或者不合规

□ 事先没有通过网上申报

□ 按照办事流程就必须跑多趟

□ 没有选择快递送达服务,自愿再跑一次来取证

□ 其他

□ 否

5.当前,我国正在构建以国家政务服务平台为枢纽、以各地区各部门网上政务服务平台为基础的全流程一体化在线服务平台。关于线上"一网通办",您有了解过吗?

□ 没有了解过　　　　　　□ 了解过但是没有使用过

□ 使用过并且很满意　　　　□ 使用过但是不满意

6.您是否使用过预约服务?

□ 用自助服务机预约过　　　□ 用电话预约过

□ 用网站预约过　　　　　　□ 用手机 App 预约过

□ 没有预约过

7.关注"杭州西湖行政服务"微信公众号可以查询办事指南,获悉当天窗口排队情况和自己预计到达窗口时间,提前网上取号。对此您之前了解过吗?

□ 了解过并关注

□ 没听说过

8. 政府的办事效率(针对"最多跑一次"服务)还存在哪些问题?

☐ 工作人员态度不好　　☐ 办理步骤复杂

☐ 事先获得信息不全面　☐ 关系户插队现象严重

☐ 缺乏有效监督　　　　☐ 其他(没有问题)

9. 其他建议:

问卷调查结果

问题	选项	占比
1. 您的职业是?	学生	8%
	事业单位	22%
	企业白领	32%
	个体户	9%
	自由职业	13%
	退休在家	4%
	其他	12%
2. 您知道"最多跑一次"改革吗?	知道,非常清楚	54%
	听说过,不是很清楚	41%
	不知道	5%
3. 请问您近期在行政服务中心办理过哪些事项?	不动产登记事项	8%
	医保、社保等人力社保事项	42%
	户籍、出入境等公安事项	14%
	婚姻、救助等民政事项	1%
	国(地)税涉税事项	5%
	企业设立、变更等商事登记事项	14%
	企业投资项目审批事项	2%
	其他	14%

续表

问题	选项	占比
4.您是否有跑了一趟以上才办好的事情？如果有，原因是什么？	不知道要准备哪些材料，导致材料没带齐或者不合规	26%
	事先咨询得到的信息不全，导致材料没带齐或者不合规	18%
	事先没有通过网上申报	7%
	按照办事流程就必须跑多趟	6%
	没有选择快递送达服务，自愿再跑一次来取证	11%
	其他	18%
	否	14%
5.当前，我国正在构建以国家政务服务平台为枢纽、以各地区各部门网上政务服务平台为基础的全流程一体化在线服务平台。关于线上"一网通办"，您有了解过吗？	没有了解过	47%
	了解过但是没有使用过	32%
	使用过并且很满意	20%
	使用过但是不满意	1%
6.您是否使用过预约服务？	用自助服务机预约过	15%
	用电话预约过	5%
	用网站预约过	19%
	用手机 App 预约过	19%
	没有预约过	42%
7.关注"杭州西湖行政服务"微信公众号可以查询办事指南,获悉当天窗口排队情况和自己预计到达窗口时间,提前网上取号。对此您之前了解过吗？	了解过并关注	56%
	没听说过	44%
8.政府的办事效率（针对"最多跑一次"服务）还存在哪些问题？	工作人员态度不好	6%
	办理步骤复杂	11%
	事先获得信息不全面	25%
	关系户插队现象严重	4%
	缺乏有效监督	5%
	其他（没有问题）	49%

绍兴上虞区"最多跑一次"改革创新实践[*]

一、调研背景

"最多跑一次"改革是通过"一窗受理、集成服务、一次办结"的服务模式创新，实现让企业和群众到政府办事"最多跑一次"的行政目标。

"最多跑一次"改革从提出到现在，这项"刀刃向内"、面向政府自身的自我革命，已然显现出成效。对全国而言，浙江作为"最多跑一次"的改革样本，铺开改革仍是"进行时"。①

经过一年实践，浙江"最多跑一次"改革取得了良好的效果。中共浙江省委机构编制委员会办公室介绍，"浙江省个人综合库、法人综合库、信用信息库数据归集基本完成；省直部门前 100 项办事事项的数据需求整理和数源确认工作已经完成；首批 25 个省级部门 45 个'信息孤岛'基本完成对接；市县本地系统和'一窗受理'平台对接，累计打通 127 套市级系统、98 套县级系统。截至 2018 年 2 月底，浙江省市县三级开通网上申请的比例分别达到 86.8%、73.7%、73.1%，统一公共支付平台累计缴费量达 4905 万笔"②。2018 年 11 月 30 日，浙江省十三届人大常委会第七次会议第三次全体会议审议通过了《浙江省保障"最多跑一次"改革规定》，自 2019 年 1 月 1 日起正式施行。该规定对"行政服

　＊　本文由赵吕方、色楞格、罗泽熠、王俊峰、胡奕宁、梁世杰、庞敏锐合作完成。

①　聚焦浙江"最多跑一次"："刀刃向内"造就改革样本［EB/OL］.（2018-12-30）［2018-06-30］. http://news. sina. com. cn/o/2018-03-30-doc-ifysttcm1604173. shtml.

②　方问禹，许舜达. 浙江深化"最多跑一次"改革：持续发力打破"信息孤岛［EB/OL］.（2018-05-08）［2018-12-30］. https://baijiahao. baidu. com/s? id=15998965857476080558.wfr=spider8.for=pc.

务中心的法律地位""重复提交材料、转嫁责任证明、办事时间长""信息孤岛"等群众反映强烈的改革难点和痛点问题,在立法层面予以破除。同时还专门设置了"容错免责"条款。①

我国的政府机构类型为"小部制",小部制的特征是"窄职能、多机构",部门管辖范围小、机构数量大、专业分工细、职能交叉多。而我国目前政府组织机构设置存在的部门过多、职能交叉、权责脱节等问题正是"小部制"所引起的。这种较为典型的"小部制",既造成部门之间的职责交叉、推诿扯皮,又导致职能分散、政出多门,削弱了政府的决策职能。部门过多造成的职能分散、政出多门,既不利于集中统一管理和加强政府应有权威,又不利于落实"问责制"和建设责任政府。职能交叉还阻碍了国家整体利益的实现,严重影响了经济社会统筹发展。多个部门负责同一项工作的做法,看似加强领导,实则减轻了部门应承担的责任。

鉴于小部制的诸多缺点,现如今我国正在进行"大部制"改革和服务型政府的建设,在这样的背景下,"最多跑一次"改革应运而生。其中,浙江省绍兴市上虞区在大力推动"最多跑一次"行政服务改革方面,展现了其独特与创新之处。

二、上虞区"最多跑一次"改革的主要做法

(一)变"慢跑"为"快跑"

上虞区建立了企业投资项目"1+5+X"一体化联动审批机制。

"1"即区便民中心(审管办),为企业投资项目区级综合牵头单位,督促、协调各相关部门开展企业投资项目的前期服务和审批,同时对实施部门及关联部门的行政审批职责进行整合,牵头实行"订单式"管理、"清单式"服务,确保在规定时限内发放证照、批件。

"5"即区发改局(或区经信局)、区规划分局和区建管局、区国土分局、区市场监管局、区环保局,为企业投资项目的召集部门,主要做好前移服务的牵头及阶段审批,并在规定时限内作出相关审批决定。

"X"即企业投资项目审批的关联部门,包括项目落户所在地,以及区水利局、区气象局、区消防大队、区安监局等部门,重点做好相关手续办理、审查及配

---

① 浙江:"最多跑一次"改革向纵深推进[EB/OL]. (2018-12-02)[2018-12-30]. http://news. cnr. cn/native/gd/20181202/t20181202_524437123. shtml.

套服务。[①]

针对投资项目审批过程中存在一些要素集成难题,投资项目审批服务中心通过牵头协商,及时沟通破解,形成部门合力。确保审批服务事项能快则快,能简则简,能少则少。

(二)变"长跑"为"短跑"

由于上虞区地域面积范围较大,部分乡镇距离城区较远,村民进城办事不方便,为了让乡镇居民能够就近办理业务,上虞区大力构建基层平台,从办公场地、窗口设置、事项进驻、硬件及人员配置上对乡镇(街道)便民中心进行规范化建设,建立"'建设发展、社会事务、综合服务+X'个性化窗口"为主导的"3+X"窗口设置模式、编制事项办理操作手册,强化窗口工作人员业务能力。

(三)变"路上跑"为"线上跑"

上虞区依托浙江政务服务网,整合信息资源,实现部门专网与政务服务网的信息对接。深化浙江政务服务网建设,要求未自建审批系统的部门,一律采用政务服务网统一权力运行系统;已自建的与政务服务网功能重叠的审批系统,统一到政务服务网上受理;确须保留的系统,与政务服务网做好双向数据交换。加快推进浙江政务服务网镇村延伸工作,打造规范、透明、便捷的基层网上服务体系,实现政务服务省、市、区、镇、村五级联动,真正打通"最后一公里",实现一个平台对外、同一平台办理。

(四)变"多窗跑"为"一窗跑"

从"多窗受理、分工服务"转变为"一窗受理、集成服务"。通过设置投资项目审批、商事登记、不动产交易登记、医保社保、公安服务和社会事务、公用事业及"5+2"综合受理窗口,积极推行"前台综合受理、后台分类审批、统一窗口出件"的"一窗受理、集成服务"模式。将同类审批服务事项化分散为集中,窗口材料受理由外部提交变内部流转,不断提高群众满意度。

(五)变"群众跑"为"干部跑"

依托代办员、村镇干部、网格员主动靠前服务,把与群众紧密关联的服务职能纳入干部考核标准,干部一对一帮扶困难群众,切实解决群众问题,满足群众需求。

---

① 上虞:"最多跑一次"引领创新提升加速度[N].浙江日报,2017-08-24.

（六）变"无处跑"为"有处跑"

如果说"最多跑一次"解决的是行政效率的问题,那么从"无处跑"变"有处跑"则是上虞区拉高标杆、自我加压转变政府职能、释放产权活力、助推"最多跑一次"的新举措。将一些市场上有需求,同时想做但没做好的平台,借助政府力量搭建起来。例如曾经发生的上虞区两间营业房出售的公告却出现在杭州产权交易网上的这一类现象,在重组产权交易公司后得到了规避。

三、上虞区"最多跑一次"改革的基本成效

我们通过线上调研的方式,考察当地百姓对"最多跑一次"行政服务改革的满意度。

有效统计样本数为48名绍兴市上虞区群众,对于问卷中所给出的问题,受访者都给出了自己心中的答案。

第一,能够最直接体现改革是否有成效的方法是调查群众在政府出台"最多跑一次"行政服务改革政策后,去政府相关部门办事究竟跑了几次。经过统计,78.3%的受访者表示在开始"最多跑一次"行政服务改革后,自己确实能够享受到只跑一次或者足不出户就能在政府部门办好事的改革成效。21.7%的受访者表示自己在办事过程中仍有"多次跑"的情况。我们分析,对于一些数量巨大的财产转移、出生证明、死亡证明等需要再三确认的事项,可能确实需要群众多次跑以保证事务处理的准确无误,在21.7%受访者的"多次跑"中不排除存在此类情况。有超过20%的受访者没有真正地享受到"最多跑一次"服务,说明此项改革仍需要继续推进。

第二,通过对"最多跑一次"中的"变'慢跑'为'快跑'"改革满意度的调查,我们发现,77.1%的受访者对办事处理时长满意,22.9%的受访者对办事处理时长还存在不满。总体而言,"最多跑一次"在"变'慢跑'为'快跑'"方面改革的初步成果得到了大多数人的认可,但仍需进一步改进。

第三,通过对"最多跑一次"中的"变'长跑'为'短跑'"改革满意度的调查,我们发现,超过半数的群众认为办事点距离自己的住处较远,说明"最多跑一次"行政服务改革在办公场地和事项进驻方面落实不够到位,应该进一步加强此方面的改革。

第四,伴随着互联网的普及和信息共享安全保障措施的进一步加强,网上办事成为提高行政服务效率的有效途径。上虞区在"最多跑一次"行政服务改革中,与浙江政务服务网进行对接,打破了"信息孤岛",建成了网上办事一体化

系统,从我们对群众使用浙江政务网办理相关手续的统计来看,使用过浙江政务服务网办理手续的受访者只有 31.3%。我们分析,互联网办事没有在群众中普及的原因在于:一是浙江政务服务网网站功能尚不完善,只有少数事项能够通过该网站办理,没有切实满足群众的办事需求;二是政府对于通过网络办理相关手续这一办事途径的宣传力度不够大,没有在群众中形成影响力。

第五,为了提高办事集成度,上虞区政府推出"变'多窗跑'为'一窗跑'"改革。为了调查此项改革的成果,我们随机统计了部分受访者在最近一次办事的过程中跑过的窗口数目。结果显示,有 10.6% 的受访者通过网络或代办员等途径实现了零窗口办事,另有 46.8% 的受访者享受到了改革后的一窗口集成化行政服务,但还有 42.6% 的受访者在一次办事的过程中需要通过两个及以上的窗口完成事项的办理。这说明办事窗口的集成度还不够高,政府各部门之间还需要进一步建立互联关系,推进信息共享。

第六,为了让干部到群众中去,"最多跑一次"改革中还有一项是"变'群众跑'为'干部跑'",村干部、代办员和网格员主动靠前服务,切实了解群众需求。统计显示,只有 29.2% 的受访者有过代办员或者网格员帮助自己办理手续的经历。我们认为原因有三:一是除一些出行不便的群众和没有时间亲自前往相关部门办理手续的群众会求助于代办员之外,大多数群众考虑到安全性和快捷性,更愿意自行前往政府相关部门办理手续;二是代办员与网格员的数量较少,不能完全满足群众办事需求;三是相关的监督措施不到位,村镇干部等仍然没有做到深入基层了解群众需求。

第七,对于"变'无处跑'为'有处跑'"改革中涉及的重组产权交易公司等平台,其主要的面向对象是私企与外企。根据调查,上虞区产权交易平台自 2018 年 5 月 18 日正式运行以来,已经有多名交易者通过该平台发布的信息完成了交易。到目前为止,该平台共发布信息 106 条,涉及金额 2.25 亿元,成交金额 5030.45 万元。可见,该项措施开拓了产权交易的潜在市场,既方便了群众的生活,又能够促进上虞区的经济发展。

第八,我们在调研的过程中向受访者征求了对"最多跑一次"改革的建议和意见,他们普遍反映此项政策带来了真正的便利,希望政府能够进一步推进这项政策,同时也提出了一些建议和问题,诸如"希望能够在办事之前了解自己要办的业务,以便提前准备材料""线下办理排队时间还是较长,需要排队和等待"等。这些建议有助于切实推动"最多跑一次"行政服务改革。

四、我们的看法

本次调研是对绍兴上虞区"最多跑一次"行政改革的初步调研,尽管时间仓促,调研成果有限,但我们还是收获了一些感悟并从中总结了一些值得借鉴的经验。

上虞区"最多跑一次"行政服务改革创新在"变"——应群众之需而变,为解决问题而变,既根植于浙江行政审批制度而形成的体制机制优势,又在价值取向、流程优化、信息共享、力量整合等方面有了新的超越,体现的是以人为本,蕴含的是观念创新,推动的是转型发展,是一场从理念、制度到作风的全方位深层次变革。

上虞区政府坚定不移执行"八八战略",围绕转变政府职能、建设服务型政府和推进简政放权、放管结合、优化服务改革的总体要求,落实群众和企业到政府办事"最多跑一次"的理念,从与群众和企业生产生活关系最紧密的领域和事项做起,以切实提高群众和企业获得感和满意度为衡量标准,检验和评价改革的成效。

从上虞区所取得的成果中我们不难看出,"最多跑一次"不失为推进国家治理体系和治理能力现代化的有效途径,是一次贯彻党的群众路线的重要实践,也是以群众视角思考政府改革、以群众要求确立改革标准的成果典范。

因此,我们有理由预见"最多跑一次"的理念能够被推广运用到医疗卫生体制、文化体制、教育体制的改革中去,从而完善公共服务体系,提高公共服务水平,使人民群众真正看到实惠、得到实惠。

指导教师:任凭

"互联网＋政务服务"应用情况调研[*]

一、调研背景和调研目的

"互联网＋政务服务"是近年来政府在互联网迅猛发展背景下改进政务服务的大趋势。"最多跑一次"改革也被赋予了互联网终端和智能化服务的内涵，但即便社会对此做出了极高的评价，我们也能从自己的日常生活中直观地感受到，互联网对"最多跑一次"改革的帮助没有彻底下放落实，许多移动终端依然不能够完全覆盖我们所需要办理的日常事项，"互联网＋政务服务"还处于初期发展阶段。

我们对此展开调研，目的有三：一是了解、分析、评估目前的政务服务平台（PC端、手机端等智能终端）的建设情况和群众的使用率；二是了解、分析群众对各个终端的使用感受和现场办事的体验感；三是针对"最多跑一次"改革中存在的问题提出解决方案。

二、调研内容

(一)问卷调查

本次问卷调查采用网络问卷的形式，共收到有效问卷 237 份。237 名调查对象中，有 207 名杭州市民，占比 87％。调查对象的范围涉及各年龄阶层和职业。从职业来看，学生和已工作人员各占一半，年龄主要集中在 20～40 岁，结构良好。其中专业技术人员占比 22％，办事人员或有关人员占比 11％，其他职

---

　　* 本文由陈皓云、高一心、蒋楚楚、鲁哲轩、姚奔、徐天宇、徐昳潇、许晟、曾显珺、张芳、赵子健、邹姗辰合作完成。

业占比较小。

1. 对"最多跑一次"改革的了解情况

从整体数据来看,选择"了解一般"和"较多"的占 60% 以上,大多数人(70%以上)在 2017 年上半年到 2018 年上半年这段时间初次了解到"最多跑一次"改革。主要了解渠道为:新闻广播、网络、身边的人告诉、现场办事。这 4 种方式占了 90% 以上,并且 80% 以上的人认为社区对此项改革的宣传力度不大。

以上数据说明,群众对"最多跑一次"改革有较多的了解,并且了解的时间也普遍比较早,其宣传工作在一定程度上达到了让群众"知道"的目的,只是本该发挥重要作用的社区,在宣传方面还做得不够。

2. 网上政务服务平台 App 的了解与使用情况——知名度小,作用大

我们还调查了网上政务服务平台 App 的建设与使用状况。对于我们列出的 App,仅 40% 的人表示了解,其中有 50% 的人曾经在该平台预约或办理过行政事务。65% 的人表示,当他们需要了解某项事务的办理流程或办理须知时,很可能会选择通过该 App 来查询。了解该 App 的人中,2/3 的人认为在平台上获得的事务办理信息与流程和实际情况相符,1/3 的人认为一般或不太符合。总体而言,人们对该 App 平台感到满意(70% 以上的人表示满意或很满意),几乎所有的人都认为通过 App 办理事务或预约服务相比前往部门办理事务方便(77% 的人表示更愿意通过 App 接受服务)。

这说明,对于大多数了解这一 App 的人来说,这一平台的确极大地方便了他们办理政务,他们可以从中了解到办理的流程和方法,也会在网上进行预约,并且绝大多数人认为 App 的开设对"最多跑一次"改革的深化有较大作用,可以说这一平台的开设与维护从整体而言是比较成功的。

但该 App 仍然存在需要改进的地方,主要集中在:"涉及事项不够全面""和外省联网办事不方便""有些事面对面处理更清楚""不像柜台办理那样可以直接获得咨询,不能及时得到回复""担心与政策不符还要走一趟""最好做成小程序",等等。这些反馈也为未来的进一步完善提供了方向。

而不太乐观的则是该 App 的普及程度,85% 的人认为该 App 的普及程度一般、较低乃至很低。可见虽然网上政务服务平台 App 的发展潜力很大,但知名度较小,很有必要加强宣传。

3. 改革和实际成效调查

我们对过去和当前的政务办理状况进行了调查。就目前而言,大多数人认为办事环节较少,材料整合也比较简便。但也有人认为办事环节冗余、材料烦

琐。可能不同的政务办理流程差异较大,办理政务所需时间的情况与材料整合的情况相似,接近 60％的人认为确实缩短或优化了,40％的人认为仍有待改进。对于办理政务的具体操作流程,40％的人表示不清楚或很不清楚,较清楚或很清楚的人仅占 30％。对于会通过什么渠道去了解办理流程,"网络""身边人""电话咨询"是提到最多的。说明大多数人对于如何办理政务仍有较多困惑,政务服务平台 App 的普及十分必要。

从以上的结果可以看出,政务办理变得更加简便,"最多跑一次"改革已经初见成效,但是仍然需要进一步推进。

(二)网站运行效果调研

我们小组以浙江省政务服务网、杭州办事服务 App 及相关的网络平台(以支付宝为例)为调研对象,目的在于考察"互联网＋政务服务平台"在群众办事服务过程中的利用率、群众的使用体验、网站页面设计的科学性、信息传达的效率等。

浙江政务服务网是"最多跑一次"改革的实现平台和技术支撑平台,2014 年 6 月 25 日开始运营。根据资料和相关调查,目前浙江政务服务网的实名注册用户已经达到 70 万人。

杭州办事服务 App 是杭州市政府为杭州百姓推出的移动端便民平台,是杭州市深化"最多跑一次"改革、打造"移动办事之城"的重要举措。

1. App 情况调查

(1)基本情况

各大 App 市场(魅族手机的应用市场、酷安、豌豆荚、App Store、应用宝、华为应用市场)中的调查结果如下。

从下载量来看,魅族手机的应用市场、酷安、豌豆荚中没有上线该 App;App Store 和应用宝的下载量均在 4 万次左右;华为应用市场中,该 App 的下载量达到 28 万次。

从评分来看,App Store 和应用宝内的评分都是 2.5 分,在应用软件中属于中等偏下的评分;华为应用市场中的评分是 3.1 分,属于中等评分。

(2)用户体验感调查

在用户评价中,两极分化现象十分严重,给最高分和最低分的人数均较多。给差评主要有三个原因。①软件技术不过关。软件是 2018 年 5 月上线的,承包企业方表示,软件也一直在根据用户反馈而更新优化,但是系统不稳定的问题一直没有得到根本解决。从很多差评中可以看出,在 8 月份被大量吐槽的情况(下载后不能用、使用体验差等),在 11 月份的用户反馈中仍然存在。技术不过关是目前该 App 被质疑的主要原因。②推广方式不当。原本为便民利民而开发的 App,为了提高宣传力度,很多事业单位强制要求安装,激起用户的巨大抵触情绪。③功能庞杂而不实用。与现有的常用 App 功能重合太多,一些"鸡肋"功能的加入,使得具有自身特色和便利属性的功能反倒不突出,主次不分明,以至于在很多常见功能的选择上,用户还是会选择已经习惯使用的支付宝软件等。

(3)App 调查总结

作为"最多跑一次"改革的推行举措之一,杭州办事服务 App 目前可谓毁誉参半,创立初衷是利民便民,但在运营和推广上还存在着较大问题,使得"最多跑一次"改革的优势和初衷没有得到充分发挥与实现。因此,该 App 的优化升级还有很大的空间。

2.浙江政务服务网情况调查

在对浙江政务服务网的调查中,我们分别以个人和企业法人身份切实体验了利用该网站办事、咨询相关事宜的全过程。

(1)优点

从我们的体验来看,利用浙江政务服务网办事的整个过程基本是流畅的,最明显的优点如下。①覆盖面非常广,而且很细致。浙江省政府尤其是杭州市政府在网络平台的建设上狠下功夫,所有的事项都可以通过不同的方式、不同的入口搜索到,大到企业,小到社区、个人,只要是需要办事的内容,都能够查找到。②办事指南非常详尽。这是非常大的亮点,只要查看办事指南,即使是第一次办理的人也能够清楚知道整个流程和需要等待的时间。就这一点来说,浙江省政府完全做到了"全心全意为人民服务",从便民、利民的角度真正服务于民。③用户搜索查询事项较容易。网站的分类工作做得很好,搜索功能也比较强大,较为有效地把上万件政务分门别类,便于百姓查找。

(2)存在的问题

主要有以下几个方面:①从个人办事和法人办事两个角度来看,相对来说,个人使用这个网站的次数很少,而法人可能会更多使用。个人的事项其实是很重要的一部分,但是在这个网站上却成了无人问津的"冗余"。②网站入口过多,细枝末节的无用信息也很多,不够精简。③技术力量不够强大。网站中有一部分功能板块需要等待较长时间才能显示,并且还会出现网页崩溃的现象。

3.支付宝平台调研

在调查过程中,我们发现政务服务网已经和支付宝相关联。为此,小组成员基于自己的亲身经历,调查了与支付宝互联的网络平台的政务办事效率。支付宝是杭州普及最广的应用之一,大家的手机上可能没有下载政务服务平台App,但是一定会有支付宝。基于以下的亲身经历,我们从侧面观察"最多跑一次"(甚至是"不用跑")改革在网络平台上的落实情况。

(1)案例引入

电瓶车载人罚款,除了可以在现场缴费之外,还能够直接通过支付宝交罚款,但打开支付宝就会发现缴费流程并不简便,难以找到相对应的项目。

回顾支付宝交罚款的过程,我们可以梳理出如下一条路径:支付宝首页的"更多"—"城市服务"—"政务(副标题'税务办理|公共支付')"—"公共支付"—跳转到"浙里办"程序—"更多服务"—"交通违法缴费"。从这条路径可以看出,从打开 App 到真正寻找到缴费入口是需要很多次操作的,很难找到正确的缴费入口。而如果试图用搜索引擎,会发现搜索"交通""交通罚款""交通违法缴费""罚款"等关键词时,均没有出现正确的搜索结果甚至根本没有结果。

(2)支付宝平台案例总结

以"交通罚款缴费"为例,办事流程存在以下不足:一是搜索引擎做得非常差;二是分类和命名非常混乱,光看名字无法直观联想在一起。其实,交通违法缴费是一个使用非常普遍的功能模块,但是仅仅是找到入口就需要 6 步,每步都有 10 个以上的其他入口,使用非常不便。

不过,仔细分析可以发现,问题出在支付宝平台。从政府方面来说,其将步骤精简到 2 步,已经做到了惠民利民。从这一点上,可以发现政府的力量和资本的力量还没有合理充分地结合,这也从侧面说明很多个人用户对使用政务服务平台办理事务的需求不大。不是因为它不好,而是不知道,或者即使知道了,也经常会因为较差的使用体验而放弃,这样就形成了恶性循环。

也就是说,"最多跑一次"改革实行到现在,尽管政府已经做出了很多的行动,但是群众对"最多跑一次"改革的认知和体验还不充分。政府方面不仅要在网站建设上下功夫,还要在宣传网络平台上下功夫。

4.网站调研总结

在"最多跑一次"改革中,网络技术和数据处理技术是非常重要的。可以说,如果没有网络技术和数据处理技术的支持,"最多跑一次"改革在浙江的推广不可能像今天这么成功。但即使是在互联网平台如此普及的浙江,群众对于网络平台的使用率和评价也还是比较低的。我们认为原因有二。

一是对用户来说,使用电脑或者手机浏览器登录浙江政务服务网的次数相对来说是比较少的。所以即使浙江政务服务网建设得很好,也只有较少的用户会使用这个平台。而用户基数相对较大的 App 平台、支付宝平台的建设又有着非常明显的软件架构上的缺陷,这些缺陷导致用户的体验非常不好,进而导致用户不愿意使用 App。

二是政府对网络政务平台 App 的宣传不够。调查中我们得知,很大一部分用户都是单位强制下载 App 的,真正知道这一 App 并主动宣传的用户实在是太少。如果能够加以大力宣传、重点建设,那么该 App 对"最多跑一次"改革的落实一定会有很大的帮助。

(三)实地调研

在对网站、终端 App 做调研的同时,我们也分成了 4 个小组分别对浙江大学行政办事服务大厅、"三合一"综合服务大厅和社区(古东社区、紫金港社区)进行了有针对性的调研。

1. 浙江大学行政服务办事大厅

(1)现场环境

进门即可看到正在工作的志愿者与办事取号机器,在志愿者身后有关于"最多跑一次"改革的易拉宝,展示了"零次跑"与"最多跑一次"的部分案例。进入办事大厅的走廊,可看见走廊的墙上贴有"最多跑一次"的高频事项清单二维码。

(2)对管理人员的采访

在对管理人员的采访中我们了解到,该服务大厅的"最多跑一次"改革优化了互联网服务,在网上可进行电子申请、在线审批,且使用快递送达,使群众可以尽量做到不跑或只跑一次。管理人员表示,在官方曾做过的针对"最多跑一次"改革的调查中,学校师生对该办事大厅的改革成效满意率高达 99.9%。

在网站的建设方面,浙江大学校务服务网站对"最多跑一次"事项进行清单公示,在网站上可较便捷地搜索与查询想要办理的事项。在网站的宣传方面,服务大厅成立了宣讲团,但宣讲对象基本为教职工,在学生群体中并未进行专门的宣传,主要是依靠学工部、学院网等网站进行专门事项的通知公示。

(3)群众反馈

所有采访到的办事人员几乎都认为服务大厅的服务效率较高,一次办事 5 分钟左右即可完成,和过去的办事体验相比,办理速度大大提高,流程有所简化,工作人员服务态度良好。

但实际上大部分学生并不知道"最多跑一次"改革的办事流程网站的存在,

他们对办事流程的了解基本来源于网络搜索、询问同学或根据相关通知,这就增加了"最多跑一次"改革的失败率。

(4)存在问题

一是其内部跨部门协调还未完全实现,在某些事项上由于部门责任主体不同,还是需要群众跑好几个部门准备材料。

二是"最多跑一次"改革的办事流程网站的普及率不高。浙江大学行政服务办事大厅的所有办理事项与办事流程均可在浙江大学校务服务网站上进行查询,但事实上大部分学生并不知道校务服务网的存在。

2."三合一"综合服务大厅

(1)案例一:本小组成员亲身体验

为更好地体验"最多跑一次"改革成效,本小组中的一位成员尝试亲身在"三合一"综合服务大厅办理港澳通行证。该同学首先在浙江大学行政服务办事大厅查询相关资料,下载了《杭州市公安局往来港澳通行证及签注服务指南》后,简单浏览了文件前部分,在准备好申请材料目录提到的材料(即在校证明)后,第二天前往紫金港办事,但是被告知还需要在西溪公安局申请办理居住证。经再次阅读《杭州市公安局往来港澳通行证及签注服务指南》发现,由于该同学为省内异地户籍居民,因此在申请材料目录后有一项提出需准备居住证。但当时该同学由于文件内容过多,只浏览了申请材料目录,而申请材料目录中没有提及居住证,所以未准备居住证而直接前往紫金港,最终跑了三次才办完事情。

由此反映出的问题是,尽管网站上下载的办事文件写得十分详细,但过于复杂,让人难以阅读甚至放弃阅读,宁愿亲自跑一趟去了解具体情况。此外,可供群众了解网站的途径缺失,该同学对该网站的了解来源于本组的事前调查,如果无事前调查,该同学会更倾向于寻求他人帮助或网络搜索。

(2)案例二:一名刚办理完事项的学生的体验

该学生此次来服务大厅是为了办理入台签证,但由于少带了材料而没有办理成功。据了解,她在线下办理事项前曾在官方网站进行过查询,但因为她查询的网站为浙江大学外事网,上面所列材料清单与服务大厅所需材料并不相同,所以还需回去补齐材料。

由此反映出的问题是,针对"最多跑一次"改革,各服务大厅办事标准存在不一致,使得即使有人专门查询了官网上的办事流程,依然可能发生查询到不同网站而带了错误材料的情况。

3.社区

(1)古东社区

进入古东社区服务中心,办事地点在2楼,1楼转角处可以看到宣传"最多跑一次"改革的易拉宝,上面罗列有在本社区能够办理的各项事宜和浙江政务服务客户端和浙江办事服务App的二维码,以及古东社区的微信公众号二维码,还有杭州办事服务综合自助机的介绍。

古东社区服务中心的办理窗口共有8个,因为是在周末来访,人流较少,所以只有2名工作人员坐在窗口前。问及平时居民前来办理的人次如何,大致办理什么业务,工作人员表示一些时间段来办理的人比较多,一些时段基本没有前来办理的人。因为是老社区,附近居住的老人比较多,主要是办理老年人相关的业务,其次是犬证、低保申请等事宜。

除了易拉宝、公众号的宣传,古东社区还会定时在公园举办有奖知识竞猜等活动,宣传"最多跑一次"改革实施后社区能够办理的业务的相关知识。

社区居民表示他们了解办事流程的途径首先是熟人交流,其次是公众号之类的互联网渠道,再次是易拉宝、画报等宣传方式。

(2)紫金港社区

在社区服务中心外的海报栏中,可看到关于"最多跑一次"改革的宣传海报。服务中心内也配有西湖区"最多跑一次"改革的实用手册。

紫金港社区有对居民进行"最多跑一次"宣传,如在公告栏张贴海报、在社区内使用横幅。如果来社区办事的是老年人,社区工作人员会进行"最多跑一次"的具体宣传,包括对政务服务App的宣传。但对办事的主要人群中青年人而言,社区宣传所起的作用并不明显。

三、调研结论

第一,政务服务App的知名度低,但作用很大。该App极大地方便了群众办理政务,群众可以从中了解到办理流程和方法。政务服务App对"最多跑一次"改革的深化有重要作用,但是,作为"最多跑一次"改革的核心举措之一,其普及程度不容乐观,未来很有必要在宣传上做文章。例如,在社区层面,鉴于其宣传对象以缺乏互联网使用经验的老年人为主,可以考虑设计能使老年人轻松上手的网络平台或探索能使老年人全面了解办事流程的宣传渠道。

第二,没有网络技术和数据处理技术的支持,"最多跑一次"改革在浙江的推广不可能像今天这么成功。

第三,"最多跑一次"改革的落实应当建立在材料准备齐全的基础上,如果材料没有准备齐全就去现场办事,即使"最多跑一次"改革的其他方面都很完善,依然会从根本上影响其实效。这也是我们选择针对网络平台和 App 进行调研的原因,通过网络平台,群众可以清楚了解到办事流程与材料清单,"最多跑一次"改革的成功率自然大大提高。但实地调研与采访中我们发现,学校对"最多跑一次"改革尤其是服务网站并不会专门展开宣传,这就导致学生在线下办理事项时会出现缺少材料或带错材料的情况,同时网络平台的价值也没能得到体现。我们建议政府或学校通过加大宣传力度和简化办事流程,协调统一各办事标准,让"最多跑一次"改革真正落到实处。

参考文献

[1] 国务院办公厅关于印发 2018 年政务公开工作要点的通知[EB/OL].(2018-04-24)[2018-12-01].http://www.gov.cn/zhengce/content/2018-04/24/content_5285420.htm.

[2] 中共中央办公厅、国务院办公厅印发《关于深入推进审批服务便民化的指导意见》[EB/OL].(2018-05-24)[2018-12-01].http://news.youth.cn/gn/201805/t20180524_11627906_6.htm.

[3] 国务院办公厅关于印发进一步深化"互联网＋政务服务"推进政务服务"一网、一门、一次"改革实施方案的通知[EB/OL].(2018-06-22)[2018-12-01].http://www.gov.cn/zhengce/content/2018-06/22/content_5300516.htm.

[4] 哲轩.将"最多跑一次"改革向纵深推进[N].人民日报,2019-07-09.

[5] 浙江省政务网"最多跑一次专题网站"[EB/OL].[2018-12-01].http://www.zjzwfw.gov.cn/col/col1299000/index.html.

指导教师:熊卫平

线上线下结合的团购模式调研

——以食享会为例 *

一、调研背景

食享会在浙江区域的团购模式主要开始于社区团购平台"黄蜂社区"。"黄蜂社区"原本是由台州学院的两名大学生创立于台州,并逐步扩展到宁波,之后和食享会互换股权,进行了合并。食享会由曾任本来生活副总裁的戴山辉创立于 2017 年 12 月,并于 2018 年 8 月 22 日完成 A 轮融资共 1 亿元,投资方为峰旗云基金和心元资本。而食享会的运营模式是线上线下相结合的团购模式。

经过对黄蜂社区模式的融入和改良,食享会成为以社区为最小单位的 C2B 社交电商平台。平台主要有食享会的微信小程序和微信群两种,订单会被统一整合到每个社区的团长处,产品会在两个平台同步发布,社区团购成员同样通过两种方式进行共同购买,最后社区内的所有订单会统一配送至团长处,由团长进行分发,能够让社区中的居民享受到低价优质的商品。

自从阿里巴巴横空出世之后,淘宝模式成为 21 世纪互联网时代的一个标志性产物,既推动了国内电子商务的迅速发展,又推动了电子支付、移动支付在国内的发展,支付宝支付和微信支付逐渐成为城市居民的主要支付手段。然而在过去 15 年的电子商务发展中,除了(通过微信)基于微信平台的微商所带来的些许惊喜之外,大部分的互联网商业模式都是模仿而来的,从最开始的专营图书的当当网,到后来的以自营商品为主的京东等,虽然有一定的创新,但基本上是延续着淘宝模式。这也由此引发了人们的思考:是否存在其他更具有竞争

* 本文由忻奕杰、魏怡凡、骆亚群、何亦菡、梁丁尹、南嘎列桑、刘博、鲜果、侯昌鹏、季旭辉合作完成。

力的电商模式? 在不断的摸索中,一种新的模式——团购诞生了。其中最成功也最知名的是拼多多,其于 2018 年 7 月 26 日在美国上市之后,就受到了极大的欢迎。在拼多多以线上为主的团购模式的基础之上,国内还涌现出了一批像食享会一样,线上线下相结合的团购平台。

公司筛选高质量产品并发布 → 团长宣传 & 客户下单购买 → 统一配送,定点领取

图 1　团购运作流程

表 1　食享会与市场上部分商品的价格对比

商品名称	市场最低价格/元	食享会价格/元
爱敬气垫底霜	158	138
网红水军锅巴	37.5	27
三惠山药蛋糕	34.9	29.8
五常稻花香米	55	45
蒸饺	13(20 只)	26(45 只)

二、食享会运营特点

食享会既兼容了拼多多的优势,又对这种模式进行了改进和创新,扬长避短,形成了自身独特的竞争模式。这种线上线下相结合的社区团购模式也为其赢得了"线下拼多多"的称号。

(一)中间成本低

就传统的商业模式而言,成功的宣传往往依赖于高成本的资金投入。大部分刚刚起步的电商企业往往不像拼多多,没有雄厚的资金支持,无法支撑铺天盖地的广告宣传模式。而在配送环节,由于商家的位置和客户的相对位置不固定,即使在同一座城市,仍然会有较高的配送费用,从而产生不必要的浪费。但是,食享会在宣传和配送两个环节上都进行了创新,大大减少了中间成本。

在宣传上,食享会选择用户线下口口相传和递推的方式,加上团购的属性及企业本身良好的口碑,让宣传的成效十分显著。虽然初期的宣传速度和效果并不能像广告一样理想,但是从长期来看有两个好处:一是能够促使公司在发展的过程中保证商品的质量和良好的服务态度;二是能够减少开支,从而给客户提供更优惠的价格。

在配送方面,交易都在同城产生,物流配送也就可以避开快递公司的环节。

在社区内的配送也全权交给团长负责,只要使用货拉拉这样的面包车每天按时把当天的货品送到指定的团长所在地即可。这种在地域上分散化、在客户端集中化的配送方式将配送的成本降到了最低,每一单的平均成本仅 0.5 元。

(二)高效率客户服务

在电子商务中,客户服务是保证企业口碑和产品销量的重要保障,食享会采用团长优先处理的客户服务模式,大大提高了客服的质量和效率。

在这种模式下,大多数的客服尤其是售后服务都是由团长进行的,团长拥有绝大部分的"先斩后奏"的权力,他可以在和客户的交流中做出退货或者换货的决定,之后再向公司申请退换货,过程非常简便并且不易产生不愉快。这样,团长通过自己的努力来维护和自己所属客户之间的联系,提供并保证良好的客户服务,对公司来说,不但降低了客服失误带来的风险,而且提高了解决客户问题的效率。

(三)用户对产品的依赖度高

公司的产品种类以生鲜食材为主,并且会根据季节、节日、品类交替的节奏来选品。此类产品的用户黏性较高,需求量很大,购买量有保证。品控方面,采购人员会直接去工厂/产地验货来保证商品品质;配送环节,商品直接从工厂/产地发出,损耗不到 1%。同时,企业也通过销售部分高价格的产品来获得一定的收益。

对于生鲜产品和日常用品,大部分消费者往往不重视产品的品牌,最重视的是产品的高质量和低价格,所以高性价比是赢得用户群体的必要条件。食享会通过良好的品控和多渠道的低价,让用户倾向于长期在平台上购买产品。

(四)目标用户体验好

首先,团购的主要目标人群是 40～50 岁的中年女性。处于这个年龄阶段的女性往往并不能熟练地使用智能手机,但她们是家庭日用品的主要购买者,在选购生鲜食材和日常用品时,常常倾向于到实体店进行线下交易。而食享会以微信作为媒介,能够让她们非常方便地看到发布的商品信息。如需购买,她们也可以通过微信直接告知团长,由团长在购买界面下单。购买流程的便捷性给这类群体带来了很好的体验。

(五)推广方式多元化

在推广方面,为了在初期获得更大的用户基数,公司会开展很多的让利活动。在线下,各个社区都有团长举办宣传活动(如扫码进团就能获得赠品);在线上,公司也会推出很多特低价的商品,比如1元1袋的抽式纸巾等。而基于平台的地域性扩展特点,其在商品选择和推广方面都能做到因地制宜,尽可能选取当地名气相对较高的产品作为最开始的主推产品。

三、食享会运营的基本成效

在一个社区一个购买群的模式下,每个社区的购买力相差不大,因此我们能够通过(成团)新增区域的数量来衡量平台的推广力度。在"黄蜂社区"运营阶段,台州累计形成200多个团购群,在宁波也形成了近200个团购群。这就意味着,仅在台州、宁波两地,这个模式就已经覆盖了400个左右的社区。从食享会的层面来看,食享会的销售网络至今已覆盖全国15省30余个城市,在全国开发的小区数超过1万个。平台月销售额超过3000万元,且在单一社区、单一城市均实现正现金流、正利润。而据公司相关人员介绍,在不远的未来,公司在浙江的计划是面向杭州、宁波北仑区、嘉兴、温州等地区发展。在未来的一年中,公司预计将业务推广至全国100个城市,销售额突破20亿元。

四、我们的看法

拼多多上市之后,平台中假货横行引发国内各类新闻媒体的口诛笔伐,仿冒注水的背后,反映的是民众品牌意识、版权意识的缺失,以及中国仍然有大量的民众不具备高水平的消费能力。令人欣慰的是,我们目睹了一种新型的电商模式——团购正在逐渐成长,虽然线上线下结合的模式仍然有很多缺陷和弊端,但是食享会的成功为同行提供了新的参考。

在规避掉拼多多的一些问题之后,食享会将团购模式进行优化,嫁接到微信平台上,并把宣传和销售的主要环节放在线下,用接地气的方式微妙地改变了邻里之间的关系。食享会同时认清了自己的目标人群,他们放弃了目前大多数商家所看重的年轻人群,选择了那些基本被"遗弃"的一类人——只会使用微信等少数App的中年妇女。事实证明,食享会的决策是正确的。微信团购很好地契合了目标人群的需求,同时在各个环节节省的成本保证了食享会能提供价格更有竞争力的产品,对客户更具有诱惑力。

经过40年的改革开放,中国在生产力方面有了极大的提高,同时,国民消费水平和购买力迅速提高的中国市场已经成为世界上最庞大的市场。在线下的广场、商场蓬勃发展的同时,网络市场也从悄然萌发到野草疯长。到2016年,互联网经济所创造的总营业收入达到1.47万亿元,而其中电商营业收入达到 8946.2 亿元,占比超过 60%。淘宝作为第一代电商模式,引领了中国电商 15 年的发展。而在未来的"后淘宝"电商时代,相信食享会这种线上线下结合的团购模式也会为大量的互联网创业者提供借鉴,进而开创一个新的商业时代。

指导教师:傅夏仙

特殊儿童教育现状调研

——以杭州市爱贝儿童康复中心与紫荆花学校为例*

一、调研背景

我国现有 0～18 岁残疾儿童约 1289 万,6～14 岁义务教育学龄阶段的残疾儿童约 750 万,其中视力残疾儿童 15.1 万,听力语言残疾儿童 96.6 万,智力残疾儿童 513.6 万,肢体残疾儿童 57.8 万,精神残疾儿童 1.4 万,综合残疾儿童 65.9 万。[1]

据中国残疾人联合会统计,截至 2015 年年底,在普通小学、初中随班就读和附设特教班就读的在校残疾学生为 23.96 万,占特殊教育在校生总数的 54.2%。[2]

特殊儿童家庭大多面临着同样的困境:孩子长期救治无效,家庭经济负担太重(每年康复教育费需 5 万～8 万元),家人身心疲惫不堪,还有相当多孩子的母亲不能出去工作,长年累月待在家里照顾残疾孩子,长期脱离社会和正常生活,精神处于极度压抑状态。而就他们的生活状况而言,也是相当的不乐观。他们一部分被长期关在家里,过着几乎与世隔绝的生活,病症越来越严重;一部分虽进了普通学校,但学习跟不上,空耗时间,并不能因"近朱者赤"而改善智能

  ＊ 本文由孙承鸿、张楚翘、徐思语、彭夕航、宗珒珒、虞雯蕴、郑学韬、王新月、庞雨婷、徐海宁合作完成。

① 钱志亮. 中国的特殊教育[EB/OL]. (2001-08-03)[2018-12-01]. http://www.edu.cn/zhong_guo_jiao_yu/te_shu/zong_he/200603/t20060323_12161.shtml.

② 李霞. 政协委员:愿天下孩童同享雨露光泽[EB/OL]. (2017-03-15)[2018-12-01]. http://lianghui.people.com.cn/2017/n1/2017/0315/c410899-29145375.html.

状况;只有少数人(家庭经济状况较好,有空余时间)有幸跟着家长全国各处跑,参加各类特殊教育和康复训练活动。

以上这些在资料阅读中的偶然发现,让我们开始特别关注特殊儿童这一群体,我们的调研由此展开。

我们选取了杭州市为调研地点。近年来,杭州市特殊儿童教育事业取得较快发展,基本完成了学校布局全覆盖并有较高的入学率。我们小组以爱贝儿童康复中心和紫荆花学校为切入口,考察杭州特殊儿童的教育现状和存在的问题。在实地调研中,我们观察机构老师的教学方式,与孩子们进行互动,其间明显感觉到两家机构在教育和管理专业性上的欠缺,并由此发现杭州特殊儿童教育存在的普遍问题。具体表现为:教师资源匮乏和专业程度低,特殊教育机构数量不足、管理缺乏科学性。除了机构自身的问题,我国尚未建立健全的法律保障制度,家庭和社会对待特殊儿童的观念也较为滞后,这一切为特殊儿童日后步入社会制造了更大的障碍。

在与机构志愿者访谈的过程中,我们也发现,高校学生和社会志愿者的服务存在改进的空间。参与特殊教育机构服务的志愿者都具有强烈的奉献精神,但也存在着工作单一、被动、形式化的问题,为此,我们希望志愿者能与孩子有更多积极的情感交流,在工作中能有更强的自主性,陪伴孩子共同成长。

二、调研意义

首先,国内特殊儿童教育的情况各不相同。调研中,我们实地走访了特殊儿童教育学校,可以深入了解杭州特殊儿童教育的现状,进而通过杭州市现状和国内普遍状况的对比,发现优点与不足,提出建议和改进措施。

其次,此项调研也让我们受益匪浅。我们能够更加了解特殊儿童的现状,更加珍惜自己的生活。

最后,关注特殊儿童的教育可以引导大学生和社会各界对特殊儿童群体给予更多的关爱。由于特殊儿童的教育和其人生规划存在一定的问题,我们希望通过此次调研,推动这一问题的解决。

三、特殊儿童教育现状

(一)国家层面

在我国,残疾儿童受教育形式一般有三种:特殊教育学校、普通学校等机构附设的特殊教育班、普通学校的普通班中随班就读。目前,大多数残疾儿童倾向于在普通学校的普通班随班就读。

国内的特殊儿童教育存在三个比较明显的问题：一是大多数普通学校开展全纳教育的资源不足，特别是专职的特殊教育教师配置严重不足；二是普通学校没有建立起系统针对所有教师有关全纳教育的持续培训体系，导致全纳教育无法落实，部分普通教师把接受特殊儿童视作负担；三是特殊教育人才储备不足。

(二)地方层面

根据杭州市教育局披露的信息，近年来，杭州市特殊教育事业取得较大发展，特殊教育义务教育学校布局基本完成，三残儿童入学率基本保持在 99% 以上，杭州市的随班就读工作在全省乃至全国都处于领先地位。为了更好地发展特殊教育事业，杭州正在实行《杭州市特殊教育提升计划(2016—2020 年)》。

杭州市现有特殊儿童教育学校如表 1 所示。从表 1 中可以看出，特殊教育学校的分布基本覆盖杭州所有地区。

表 1　杭州市特殊儿童教育学校基本信息一览表

序号	学　　校	地　　址
1	杭州聋人学校	下沙街道东方社区 150 号
2	杭州市杨绫子学校	上城区姚江路 3 号
3	杭州市健康实验学校	下城区朝晖七区 42 幢
4	杭州市艮山路学校	江干区艮山支三路 6 号
5	杭州市湖墅学校	拱墅区塘河新村 5 号
6	杭州市紫荆花学校	西湖区竞舟路 222 号
7	萧山区特殊教育学校	萧山区蜀山街道蜀山路 2288 号
8	余杭区汀洲学校	临平朝阳东路 22 号
9	桐庐县培智学校	桐君街道桥北路 300 号
10	淳安县培智学校	淳安县千岛湖镇四马巷 1 号
11	建德市培智学校	洋溪街道城东村内(原新华小学校址)
12	富阳市特殊教育学校	富春街道巨利村
13	临安市特殊教育学校	临天路 10 弄 10 号

(三)杭州市针对特殊儿童教育的措施

1. 推进重点项目

杭州市教育局、市残联、市卫计委、市民政局四部门开展了首批残疾儿童市级定点康复机构评审,杭州市杨绫子学校(学前班)等 4 所学校被确定为 2017 年首批残疾儿童市级定点康复机构。确定了杭州市高银巷小学等 22 所学校(幼儿园)所建资源教室达到杭州市示范性资源教室标准,杭州聋人学校(下沙第二小学)卫星班等 8 个项目为杭州市特殊教育"卫星班",杭州市湖墅学校职业教育实训基地等 3 个项目为杭州市特殊教育职教实训基地,杭州市杨绫子学校等 2 所学校为杭州市特殊教育医教结合实验学校。

2.打造师资队伍

面向杭州市特殊教育学校教师和普通学校资源教师进行遴选,开展杭州市特殊教育"新锐教师培养工程"。

3.加速标准建设

2017 年,余杭区、桐庐县已正式启动异地新建工作,滨江区、建德市、淳安县也将新校建设列入 2018 年的规划之中。建成后的特殊教育学校将全部达到 15 年一贯制教学规模,集教育、康复、职训于一体,为区内每一个特殊学生享受从学前到高中阶段的 15 年优质全面教育提供保障。

四、实地调研

在初步了解我国整体及杭州市特殊儿童教育现状的基础上,我们选取了兼具代表性与差异性的浙江省爱贝儿童康复中心与杭州市紫荆花学校两所特殊儿童教育机构做进一步调研。在实地了解机构设置、体验机构日常运作模式的同时,我们还对志愿者和教师做了较为细致的访谈,以期深入挖掘特殊儿童教育背后的问题。

(一)志愿者访谈

特殊儿童教育机构志愿者的工作带有一定的特殊性。这类志愿者群体中除了社会人士之外,往往有不少肩负社会责任、具有较强使命感的高校青年学子。我们对走访机构的两名学生志愿者和一名企业员工志愿者进行了采访。

1.志愿者工作存在的问题

通过梳理相关文献及整理访谈记录,我们总结了特殊儿童教育机构志愿者工作存在的问题。

(1)高校志愿者具有很强的流动性和不稳定性

高校志愿者群体的服务周期主要为 1～2 年,集中在大一和大二阶段;志愿者的服务时间具有不确定性,有一部分志愿者出于个人原因或其他原因不能持续提供服务。这种不稳定性增加了学校社团及志愿者个人对接特殊教育机构的工作量,志愿活动的不连贯也使得志愿服务效果下降。[1]

（2）志愿者服务动机不一

大部分志愿者是出于利他的想法提供志愿服务的,但也有少部分人是为了获得志愿者小时数或者完成学校布置的课程任务,这种以利己主义为动机的志愿活动会影响志愿服务效果。

（3）志愿者缺乏获得感

参与志愿服务活动的高校学生在开展志愿活动前普遍缺乏相关的专业培训,也缺乏相关的工作经验,所以在开展志愿活动的初期可能会不知所措,一切听从老师和带队人的安排,需要他们做什么就做什么,很少有自己的服务计划,也很少有学生能将自己所学的知识运用到志愿服务当中。而当他们参与过一系列志愿活动后,可能又会遵照既有模式开展志愿活动,导致志愿活动变得机械无趣,效果不佳。此外,志愿者的活动集中在指导孩子绘画或者手工制作等方面,重复度较高,服务的多样性和创新性不足。

（4）志愿者对特殊群体人群的认知存在偏差

一些第一次进行志愿活动的志愿者在首次面对特殊群体儿童时会有所顾虑,担心自己的行为会对他们造成不必要的伤害,或者与其交流不畅,对志愿活动造成掣肘。[2]

（5）志愿者工作单一且压力较大

志愿者一般辅助老师做一些日常工作,或者仅仅是照看孩子进行一些娱乐活动。这些工作比较机械,长时间接触可能会使志愿者丧失工作兴趣。同时,志愿者在一开始接触孩子的时候得不到孩子的有效反馈,可能会认为自身工作不到位或者担心自己的行为对孩子造成伤害,工作时会畏首畏尾。这也是志愿者心理压力的主要来源。

（6）志愿者工作流于形式

"主要工作是打杂。"调研过程中,我们注意到有一个环节是志愿者给小朋友讲课,授课主题为"习近平的英雄情怀"。尽管志愿者认真准备了课程内容,也努力在讲课过程中和孩子们互动,但依然有很多孩子情绪不稳定,注意力不集中,课堂较为吵闹混乱。另外,此类主题课程对这些特殊儿童而言着实过于

---

① 吴拾红.社工在高校志愿者公益服务管理中的几点思考:以南京某特殊教育社会组织为例[J].现代经济信息,2015(23):73.

② 董建伟,孙丽娟.高校特殊教育专业志愿者见习模式探析[J].长春教育学院学报,2016(6):59-61.

抽象,并不适合他们目前的状况。

2.我们的看法

(1)志愿者不应有心理预设

志愿者要尽可能避免把自己的怜悯情绪带到孩子身上,不要让孩子产生自卑感。在调研过程中,我们发现有些志愿者会下意识认为孩子做不到某件事,而代替他们去做。我们认为这种行为是没有必要的,即使孩子手抖,他也有能力完成一幅画。而这些成就感可能就在不经意之间被志愿者扼杀了。

特殊儿童也有快乐和悲伤,他们和普通的孩子没有差别,只是可能沉默一点、迟缓一点,但这并不影响他们感受生命的能力。他们只是需要有人陪伴与引导,而不是将他们围在护栏内阻止他们享受本该获得的快乐。我们认为,不仅仅是志愿者,很多人都带着这样一种同情或怜悯的心理预设。事实上,试着耐心一点,也许就能看到孩子们的光彩,毕竟他们也不是生来为着黯淡无光的生活。

(2)志愿者应主动参与,积极带领

让孩子向陌生人主动敞开心扉是很困难的,志愿者除了陪伴之外,还应积极地与孩子交流,主动地向他们示好,更多地与他们交流,更快地融入他们。太被动会导致孩子一直默不作声,从而缺乏情感上的交流,对志愿者自身来说,志愿工作也会变得十分压抑。因此我们建议志愿者在活动中要主动参与、增加交流。

志愿者要提高主观能动性,有自己的想法和见解。在活动之前,主动了解特殊教育,形成自己的看法,并且在与孩子的接触过程中主动了解孩子,用心感悟,同时将自己的想法与老师进行讨论。如果有条件,志愿者可以在老师的帮助下逐步将自己的想法落实。

我们认为,要将活动落到实处,志愿者应当贴近孩子,用孩子的视角选择相应的活动,注重课堂的参与度和反馈。特殊儿童的管理相较普通儿童来说会更有难度,志愿者不仅需要接受一定的培训,还需要做长期的观察记录,针对小朋友的情绪与行为建立档案,以应对突发状况。

(3)机构与志愿者应相互协调

机构在组织志愿者活动时应当协调好时间,确保活动的持续性,而不仅仅是单次的交流。在活动前要给予志愿者适当的培训,尤其需要对志愿者进行一定的心理辅导,告知其工作内容及成果,或帮助其提高抗压能力。有条件的机构可将志愿者活动中出现的问题和解决方法整理成册,便于志愿者参考。

机构可以建立激励机制，丰富志愿形式，避免志愿者因活动单调、得不到反馈而丧失信心。最主要的就是让志愿者看到自己的工作成果，让其认识到自己的工作是可以帮助到老师和孩子的，尤其是在开展志愿活动的初期，应当多给志愿者分配一些获得感较高的工作。特殊儿童教育是一项需要持之以恒推动的事业，要求我们怀着爱心与耐心，一点一点地向着光亮处摸索前行。

(二)教师访谈

通过对教师的采访，我们获得了关于特殊儿童教育更多、更切实的信息，得以深层分析教师视角下的特殊儿童教育现状，初步得出以下结论。

1. 机构概况

爱贝儿童康复中心和紫荆花学校两所特殊儿童教育机构，在基础设施、师资力量、教学安排等多个方面存在较大差异。爱贝儿童教育机构的基础设施较差，只有面积不大的一层，内含几间简单的单独教室与一块较为狭小的公用互动场地，老师主要负责带孩子参与集体活动，娱乐身心。紫荆花学校则有着截然不同的情形，学校拥有多栋独立建筑，相关教学、娱乐基础设施比较完善，具有体系化、规模化的教学计划。紫荆花学校的教师大多具有一定的从业资格和教育水平，除基础教学外，老师还会配合孩子的校外康复工作，接受比较系统的培训。

另外，不同的从业者对待相关事务态度迥异。在对某位领导层工作人员的采访中，我们发现，其对于除自己工作领域外的相关事务所给予的关注较为有限，在采访过程中不时"踢皮球"逃避问题、推卸责任，态度较为消极。而部分老师并没有给予学生充分的尊重，比如存在直接指着学生说"这个是自闭症"之类的行为；有的老师在日常教学中也存在较大问题，例如会将自闭症儿童和其他症状的孩子安排在一间教室上课，在播放某种音乐时，其他孩子或许会感到愉悦，但自闭症儿童却在遭受莫大的痛苦。当然，情况虽不乐观却也并不全然如此，接受我们采访的一位副班主任就显示出了高度的责任心与爱心，言辞间充满对孩子的关爱以及对志愿者服务的感谢与鼓励，甚至在接受采访的时候也不忘时刻关注着学生情况，护其周全。

2. 情况陈述

(1)关于特殊教育儿童

①康复效果

学校教育能够达到的康复效果非常有限。儿童康复中心的孩子的智力损伤是神经中枢损伤造成的，在康复中心的治疗并不能让他们康复，康复中心也没有实现康复的案例。

②特长天赋

某些有特长天赋的孩子可能会选择普通学校。有艺术天赋的孩子一般都是高功能自闭症,是智力正常但有社交障碍的孩子,这类孩子不会到特殊学校,更有可能会在普通学校。

③未来发展

在学校接受教育后,智力程度较好的孩子可以去职业高中就读。发展好一点的孩子有做快递员的,有去肯德基等餐饮店工作的,主要集中在服务行业做基础性工作。

(2)关于老师

①教学中的问题

教学中的困难主要是孩子的情绪控制。面对孩子的情绪问题,老师能采取的方法非常有限。

②教学能力

在老师使用的方法中,有的教学方法并不适合所有孩子。目前国内有关特殊儿童教育的规范和研究都比较缺乏,老师在教学过程中可以获得的参考和指导较少。一方面,针对特殊儿童教师的执业资格考察较难。另一方面,目前开设特殊教育专业的大学、大专院校较少,导致特殊教育师资的人才缺口很大。

③教学态度

个别老师对学校的相关事务漠不关心,对工作缺乏热情。特殊儿童教育需要倾注爱心、耐心与热忱,有一部分老师仅仅将之视为一份工作而并未全身心投入。

④辅助教学

一些学生除了在学校学习外,还会选择在其他机构针对某一特定方面接受辅助教学。这从侧面反映了学校无法满足一些特定的康复或治疗需求。

(3)关于家长

一部分家长不知道有特殊儿童学校,会先让孩子上普通学校。而普通学校在新生入学的时候会给学生做测试,发现异常情况就会建议送到康复中心。虽然有些家长不愿意,但是特殊儿童就读于普通学校存在较多管理层面的问题,且对其自身发展不利。

(4)关于政府和社会团体

①政府和社会虽有支持,但后续落实缺少跟进

特殊儿童的学费由政府全额拨款,跟普通学校的学生相比,每个孩子的经

费是普通学校学生的6倍。社会各界对特殊儿童也有很多捐赠活动,民建、残联等经常会送东西给特殊儿童。

政府和社会团体给了特殊教育学校很多支持,但是缺少后续的监督和跟进。这些经费、捐赠是否真正改善了特殊儿童的生活条件,难以衡量与监督。

②志愿者积极参与,但是流动性大、工作简单

志愿者主要是陪伴孩子们,和他们一起度过开心时光。现有的志愿者服务工作已渐成体系,但志愿者流动性较大、工作内容单一。

3.我们的看法

综上所述,虽然现今特殊儿童教育机构数量在不断增加,但办学的规范程度不一。大型公立特殊儿童教育学校的基础设施比较完善,教师的水平较高,特殊儿童可以获得较好的资源。而小型的特殊儿童教育机构基础设施不够完善,教师水平有待提高,教学专业化程度有待提升。

相较普通学校教师,从事特殊儿童教育行业的教师应更具专业素养,但现在由于人力资源的匮乏及相关衡量标准的欠缺,引入的许多不具有专业资格的老师,其不规范教学不利于孩子的康复与成长,甚至会给孩子带来不可逆的身心伤害。"目前,我国自闭症儿童教育师资问题主要表现在两个方面。一是自闭症儿童教育师资专业素质普遍不足。目前培智学校或自闭症康复机构从事自闭症儿童教育、康复的人员,绝大多数入职时缺乏自闭症相关的专业知识,甚至缺乏教育教学的一些基本素养。虽然一些教师具有特殊教育、学前教育等专业背景,但他们不了解自闭症。也有少部分教师在职前就掌握自闭症相关知识,但缺乏教育教学能力,不能较快地进入工作状态。二是自闭症儿童教育师资短缺及队伍稳定性不足。目前,特殊教育学校和自闭症康复机构对自闭症教育专业人才具有迫切的需求,但缺乏系统的人才培养体系使得相关的人才储备明显不够,专业背景适合的教师供不应求。这也是有经验的自闭症儿童教育师资流动性较高的主要原因,直接的后果是许多用人单位不愿意在教师职后专业培训上进行长期投入,从而限制了人才质量的提升。"[①]

我们必须肯定许多专业机构为特殊儿童教育所做的努力及许多富有爱心的教师的辛勤付出,但我们也必须承认,虽然特殊儿童教育条件较过去有了较大改善,其依然存在许多亟待解决的漏洞与问题。不论是机构管理规范的缺失,还是教师执业资格认证的缺失,都需要社会予以重视,规范落实特殊儿童教

---

① 王姣艳.自闭症儿童教育师资培养问题分析及对策建议[J].现代特殊教育,2017 (7):22-24.

育依然道阻且长。

五、问题分析与解决方案

(一)问题分析

1.教师资源匮乏,教育质量低

根据小组在浙江省爱贝儿童康复中心的实地调查,特殊儿童教育机构的老师对特殊儿童的态度并没有想象中那样友好。一些孩子在反应较慢或者没有按老师所说的话做的时候,就会遭到训斥,即便是在有数十名机构外志愿者在场协助的情况下,这种状况依然存在。而就我们观察所见,教师很少表现出对孩子们的体贴和关爱,相反,我们在与他们互动的过程中有时甚至会产生压抑感,这引起了小组成员的担忧。

在我国,特殊儿童既属于社会福利群体又属于特殊教育的对象,但国家对特殊儿童的教育问题并没有非常重视。目前来看,出台的政策级别不够高,权威性不强,可操作性低,这就使得我国特殊儿童教育水平偏低。我国高等学校特殊教育专业设置较少,针对特殊教育教师的培训机构也不足。社会对特殊教育的重视程度不够,政府对特殊教育的扶持力度低,这就导致从事特殊教育的教师薪资水平较低,无法吸引专业人才,同时大量非专业人士进入这一行业,造成特殊教育质量的下降。[1]

2.特殊教育机构少,经费不足,管理缺乏科学性

根据我们小组查询所得的相关信息,仅从杭州来看,大致分布格局为一个区一家特殊教育机构,相比于特殊儿童的数量还是偏少而且分布不均,这就造成了部分家长因距离太远而放弃让孩子接受专业化的特殊教育。除此之外,由于特殊儿童康复所需的器材等一系列费用较高,政府对各地的拨款不能满足需求,社会力量开设的福利机构又经常因缺乏持续性的资金来源而难以持续,这也在很大程度上制约了我国特殊教育的发展,使得部分特殊儿童的权益无法得到保障。

3.缺乏健全的法律制度保障

虽然《中华人民共和国宪法》《中华人民共和国义务教育法》《中华人民共和国残疾人保障法》等对特殊儿童受教育的权利和特殊教育的实施都做了规定,但这些法律都不是专门的特殊教育法规,因此对特殊儿童受教育的权利和特殊

---

[1]　付开菊.我国特殊儿童教育的社会政策研究[D].大连:东北财经大学,2016.

教育实施的细则都规定得不够具体,执行起来有一定的难度,使得特殊教育实施缺乏明确的指导和具体应用的法律保障。此外,我国特殊教育的专业化组织体系和专门化管理制度尚不健全,造成了从组织制度到人力、物力上都难以保证特殊教育顺利开展的局面,从而制约了特殊教育的发展。①

4. 家庭、社会观念落后,缺少全社会关爱扶持氛围

目前,在社会上和绝大多数家庭中存在这样一种观念:特殊儿童不同于正常儿童,他们接受普通的教育存在着极大的难度,接受特殊教育又难以找到相应的学校和教师,并且费用高昂,即使接受了教育也不能达到正常水平,因此特殊儿童接受教育是不必要的。这也使得我国接受特殊教育的儿童数量偏少。不仅如此,我们都支持修建希望小学,也会给偏远地区的孩子捐款,可很少看到修建"爱心小学",给生活在我们身边的特殊儿童捐款。归根到底,是全社会缺少关注这类群体的氛围。因此,提高全民对特殊儿童的关注度,任重而道远。

(二)相关建议

1. 全面提高残疾和特殊儿童义务教育普及水平,不断完善特殊教育体系

加快发展特殊教育,为特殊儿童未来就业和继续深造创造条件。加快推进特殊高等教育发展,进一步完善国家招收特殊考生政策,因地制宜发展特殊儿童学前教育。大力开展面向特殊群体的职业教育培训。以就业为导向,开展多种形式的技能培训,提高特殊群体的就业和创业能力。

2. 完善特殊教育经费保障机制,提高特殊教育保障水平

全面实施残疾学生免费义务教育并加强特殊教育学校建设,加大投入,确保特殊教育学校正常运转。健全特殊儿童相关的法律法规制度,做好特殊教育学生资助工作。将相关细则具体化、可实施化,提高执行可行性,在组织制度、人力、物力等方面保证特殊教育的顺利进行。②

3. 加强特殊教育的针对性,提高特殊教育学生的综合素质

根据特殊教育学生的身心特点和特殊需求,加强教育的针对性。全面推进随班就读工作,不断提高教育质量,大力加强职业教育,促进其就业。加快特殊教育信息化进程,深入开展特殊教育研究。建设一支理论素养高、专业能力强的特殊教育科研骨干队伍,提高特殊教育科研质量和水平,最终造福所有接受

① 王辉.中国特殊儿童义务教育发展中的问题调查报告[J].中国特殊教育,2006(10):3-9.

② 刘全礼.毛伟.中国的基础特殊教育[J].教师博览,2007(12):39-41.

特殊教育的学生。

4.加强特殊教育师资队伍建设,提高教师专业化水平

加强特殊教育教师培养培训工作,使其适应特殊教育水平提高的需要。统筹规划,合理布局,加强特殊教育师范院校专业建设。加大特殊教育师资的培养力度,提高从事相关行业人员的薪资,鼓励全社会积极参与到特殊教育中来,相互学习、共同提高,促进特殊教育发展。

5.强化政府职能,全社会共同推进特殊教育事业发展

进一步强化政府发展特殊教育的责任,把各级各类特殊教育纳入当地经济和社会发展整体规划。政府要加强对特殊儿童教育的重视和支持,深化体制改革,将特殊教育融入大教育体系中,切实加强对特殊儿童教育的经费投入。对特殊儿童教育机构加大监管力度,引导特殊儿童教育体制走向规范化和科学化。对特殊儿童家庭适当加大补助力度。

6.营造全社会共同关爱特殊儿童的氛围

全社会应该齐心协力,扩大宣传,普及特殊儿童的相关知识,提高人们对特殊儿童的认识。加大特殊教育宣传力度,在全社会形成关心支持特殊教育、尊重特殊教育教师和残疾人教育工作者的舆论氛围。进一步落实国家关于捐赠及免税的政策,积极鼓励个人、企业和民间组织支持特殊教育,广泛动员和鼓励社会各界捐资助学。同时当地政府要加强对特殊儿童教育机构的关注,最终形成全社会共同关心支持特殊教育事业的氛围。[1]

六、总结

路漫漫其修远兮,特殊儿童的教育在我国仍处于尝试和探索的阶段,依然存在很多问题亟待解决,同时我们也看到了全社会对特殊儿童给予的关注重视和更加包容的社会形态。我们相信,在全社会的共同努力下,一定会找到一种最适合的改善特殊儿童教育现状的方式,也希望我们能在改善特殊儿童教育现状的征途上贡献自己的力量。

指导教师:傅夏仙

---

[1] 唐健.中国特殊教育的现状[J].教师博览,2007(11):38-39.

居民参与社区治理情况调研

——以杭州市上城区兴隆社区和小营巷社区为例*

一、调研背景

2018年6月,习近平总书记在山东考察调研时强调,城市是人民的城市,要多打造市民休闲观光、健身活动的地点,让人民群众生活更方便、更丰富多彩。要推动社会治理重心向基层下移,把更多资源、服务、管理放到社区,更好为社区居民提供精准化、精细化服务。[①] 在"社会治理社会化"的背景下,社会治理重心逐渐从地方政府下放到社区,社区治理已经成为目前我国城市社区建设及社会治理体系现代化创新的重要手段。社区居民作为城市社区的主要组成部分,应当在城市范围内的社区及社会治理过程中扮演更加重要的角色。增强城市居民的社区参与,能够显著加强居民对社区的归属感,促进基层群众自治和城市社区居民自治,引导社区居民行使相应的政治权利。

目前,我国城市居民社区参与不足,推动城市居民积极参与社区治理已经成为社区工作中的重要环节,而兴隆社区和小营巷社区是杭州市城市社区治理的典范。因此,本小组以文献资料调查法和实地调查法为基础,对杭州市上城区兴隆社区和小营巷社区进行了调研。我们在调研中尝试回答下面的几个问题:目前我国城市居民参与社区治理存在的突出问题是什么? 兴隆社区和小营

* 本文由余铭航、李昕娜、周思昀、李欣悦、张桐华、郭子铭、洪凯旋、王建梅、何家玉、李德茏合作完成。

① 习近平在山东考察时强调:切实把新发展理念落到实处,不断增强经济社会发展创新力[EB/OL].(2018-06-14)[2018-12-01].http://www.xinhuanet.com/2018-06/14/c_112298-7584.htm.

巷社区运用了哪些创新性的做法？这些做法及其取得的成效的背后是否意味着新的社区居民参与形式的形成？

兴隆社区东至秋涛路一弄、南至兴隆路、西至贴沙河、北至秋涛路一弄沿线,总面积 0.16 平方千米,总户数 2950 户,总人口 8175 人,其中常住人口 6170 人,流动人口 2005 人。小营巷社区位于杭州市上城区的东北角,占地面积 0.3 平方千米,现有居民住户 3286 户,常住人口 10750 人。辖区内有丰富的历史文化遗址,这里人文荟萃,风景宜人,邻里和睦。1958 年 1 月 5 日,毛主席亲临视察小营巷,一句褒奖话,激发了小营巷人 50 年的艰苦奋斗,小营巷社区先后三次被评为全国卫生先进单位,获得全国模范居委会、全国未成年人思想道德工作先进单位、全国文化先进社区、全国青年文明社区、全国优秀青少年维权岗、全国妇联基层组织建设示范社区、"2012 基层科普行动"先进单位等荣誉称号 200 余项。2011 年 7 月,时任国家副主席的习近平复信小营巷社区,勉励小营巷社区要珍惜荣誉,再接再厉,把社区建设得更加美好。在近年来的社区建设中,小营巷社区发挥"敢为天下先,甘做孺子牛"的红巷精神,通过不断创新和发展,逐渐形成了"红色、健康、最美"三大社区特色品牌,让"文明小营"的形象生根发芽。

二、城市社区居民参与治理的创新做法

(一)激发社区精英潜力,使其推动政府治理和社会调节、居民自治之间的良性互动

本文定义的社区精英至少包括以下人员:退休的处级以上干部、有公共精神的企业家或高级管理人员、高层次的教育工作者及其他有着较高社会声誉的名流。他们或具有较强的组织领导能力,或具有一定的资源整合能力,更重要的是由这些社区精英组成的社会组织拥有不依赖于政府资源供给而在社区治理过程发挥重要作用的潜力,是社区最重要也最稀缺的社会力量。兴隆社区在推动居民社区参与的过程中,充分挖掘了社区内的精英资源,并且成功探索了由社区精英带动社区普通居民实现社区参与的新模式。

兴隆社区的历史较为悠久,居民楼多为旧式单位宿舍改造的房改房,社区成熟、老旧,再加上毗邻海鲜市场与农贸市场,人流量大且人员繁杂,长期以来治安、停车、公共卫生等问题都非常严峻,尤其是停车难问题极为突出。糟糕的状况导致兴隆社区的居民怨声载道,很多人把怨气发泄在社区管理者身上,甚至公开抵制社区的各项公共事务,社区倡导的活动几乎都得不到居民的响应。

在 2013 年度杭州市上城区社区工作居民满意度考核中，兴隆社区排在最后一位。转机出现在 2014 年 5 月，7 位社区居民骨干代表自发成立了"停车管理居民自治监督小组"（下称"自治小组"），在他们的不懈努力下，停车问题得以彻底解决，社区内垃圾成堆、污水横流、高空抛物等现象也相继得到极大改善。

2014 年 3 月，兴隆社区的新任党委书记用了一个月的时间拜访社区里退休的老党员，就社区建设和治理问计问策。经过调研，她选择将最棘手的小区"停车难"问题作为突破口，在社区内的兴隆西村小区尝试推进停车制度改革，并决定利用社区的民间力量解决问题。在其支持和鼓励下，退休老党员沈阿姨主动请缨，并通过公开推选、公示、评议等环节组建了由 7 名志愿者构成的"自治小组"，沈阿姨担任该自治小组的负责人。热心肠的沈阿姨在兴隆社区已经居住了几十年，退休前长期担任政府机关干部，有着丰富的行政工作经验，而且她乐于助人，在社区居民中有着较高的声望。

沈阿姨上任伊始就对自治小组的工作做了若干规定，如规定 7 个成员都是志愿者，不收取任何报酬。社区负责人积极配合和帮助自治小组开展工作，还特地聘请专家指导他们编制了《兴隆社区居民自治停车管理细则》，并在社区广泛公示，使自治小组的工作有章可循。针对停车位少、部分公共空间被居民无端占用、停车费收缴困难、部分老居民抵制以及社区保安工作态度消极等一系列难题，自治小组挨家挨户、不厌其烦地引导和劝说，巧用人情策略常常成为自治小组的"法宝"，自治小组的成员会找到公共空间占用者的长辈来劝说，当这些手段都无效时，自治小组成员就会采用强制执行手段，社区的负责人感慨道："有些事我们社区是无法做的，只能依靠自治小组。沈阿姨确实有魄力，遇到钉子户时，沈阿姨亲自动手清理杂物，并当着居民的面说'就是我拆的，要赔钱就来找我'。"为了确保工作的顺利推进，自治小组每天都有人坚守岗位，即便节假日也不例外。

在自治小组的引导下，居民们主动腾出占用的公共空间，同时也开始积极协助自治小组的工作，按期缴足停车费，自觉遵守自治小组制定的相关规定，多年来困扰着社区干部的顽症就这样被社区居民自己成立的民间组织——自治小组彻底解决了。同时，自治小组自身在解决停车问题的过程中也不断成熟起来，不断完善相应的组织建设和规章制度，如规定任何决议的形成与执行都要遵循既定的程序，规范且公开；建立例会制度，社区为会议提供相关的设备和后勤支持。此后，自治小组还逐步在维护社区治安、公共政策宣传、社区动员等方面发挥作用，鼓励并引导社区居民形成了多个文化娱乐兴趣小组。在活动开展过程中,这些兴趣小组的负责人、"自治小组"成员和社区工作人员建立起沟通机制,双方时常就活动方式、场地利用等问题共同讨论并建立规范。如今,"自治小组"甚至还参与到社区行政工作的监督与管理过程中,这样的参与和监督不仅没有妨碍社区的运行,反而让社区负责人感到社区的很多工作比以前好做了。

2015 年度,兴隆社区在杭州市上城区居民工作满意度的评比中获得嘉奖。

(二)社区建设居民活动中心,搭建广大社区居民的参与平台

小营巷社区建设的红巷生活广场,坐落于杭州市上城区小营巷 57 号,由 1 号楼社区服务中心、2 号楼仁爱家园和 3 号楼长青颐养园三个部分组成,总占地面积为 5328 平方米,于 2014 年 4 月正式投入使用。作为社区重要的居民活动中心,红巷生活广场充分体现社区、社会组织和社工的"三社联动"模式,提供围绕"全人群""全方位""全过程"的一站式社区服务,助力社区社会组织专业化发展,旨在满足社区和居民群众多样化、个性化的服务需求,促进小营巷社区的和谐发展。社区相关负责人介绍说:"这样一个公共空间就是让居民走出来活动,形成一个生活共同体,居民一旦聚集在一起,很多事情都可以慢慢解决。"

社区服务中心和社区居民委员会所在地距离非常近,便于社区居民寻求社区服务(如义工)或办理相关的基层行政事务;作为居民活动中心的仁爱家园则更多承担了为各种社区组织提供活动场地的功能;作为社区养老机构的长青颐养园,则更像是社区的老年人活动中心,提供餐饮、护理等多种针对老年人的服务,白天很多老人会到这里疗养休闲。

借助红巷生活广场,小营巷社区着力打造"15 分钟生活圈",即吸引周边步行 15 分钟就可以走到广场的居民参与其中。利用社区和街道提供的场地,亲民社会工作服务中心根据本地居民的实际需求,开辟了众多功能各异的场馆。一楼设置了梦剧场、梦工场、支点驿站等;二楼设置了老来乐会馆、棋弈馆、书画社、市民讲堂、悦读空间等;三楼设置了亲子会馆、健身房等;四楼设置了姐妹沙龙、幸福·家等,主要针对社区中的女性居民提供服务。另外还布置了科普角、图书漂流角、以花会友空间、四季养生墙等。多元化的功能场馆吸引了大量居民参与其中。

目前,红巷生活广场的发展也面临着一点"幸福的烦恼",那就是由于社区居民参与的热情不断高涨,红巷生活广场目前已经处于超负荷运转的状态。在调研的过程中,负责人介绍,由于场馆承载的压力过大,很多居民社团已经无法在红巷生活广场中落户了。但是由于很多社团参与者和组织者的特殊性,这些

社团只是在固定的时间段使用相应的场地,因此目前小营巷社区和红巷生活广场的管理人员也在探索根据不同居民社团的活动时间安排错峰使用有限的场馆资源的可能性。一旦相关的针对性措施得以制定并落实,红巷生活广场作为社区居民活动中心的使用效率将进一步提高,这样一来居民参与平台的功能也将更加完善,吸引更多的社区居民实现有效的社区参与。

(三)社区与民政部门和专业的社会工作机构形成良性合作

小营巷社区所建设的红巷生活广场,其规划与运营是基层政府对社区参与不足的主动回应,通过"政府出资、定向委托、合同管理、评估兑现"的购买服务方式,以专项基金的方式搭建社区综合服务平台、社区社会组织孵化和培育平台。基层政府招标委托第三方运营机构亲民社会工作服务中心(原明德社工部)对红巷生活广场进行管理和运营,政府每年都会委托独立的第三方评估机构对亲民社会工作服务中心进行工作评估,合格则继续签订合同,不合格就重新招标新的合作机构。这些专业社工机构利用社区提供的公共空间有计划地引导居民的参与从个体化走向组织化。

三、城市社区居民参与治理的基本成效

兴隆社区与小营巷社区在社区居民参与治理方面的创新实践,推动了社区的发展,社区治理、党群关系建设等方面均成效显著。社区居民参与社区治理的意愿相比以往明显上升,所谓"公民性"显著增强,"社区治理社会化"的成效也十分显著。

(一)党群关系及居民间联系愈发紧密

在调研中我们发现,兴隆社区和小营巷社区中形成了非常良好的党群关系,同时居民之间的联系也十分紧密。由于基层政府意识到了自身在进行社区治理的过程中存在的一些天然不足,并且将部分社区治理的权力让渡给具有相应能力、素质和管理意愿的社区精英,使得他们有平台发挥自身的能力。在兴隆社区和小营巷社区内部,基层政府和党组织与社区精英之间形成了良好的合作共进关系。以社区精英为纽带,基层政府和党组织与普通群众之间也构建了良好的互信。兴隆社区的自治小组,成员来自于普通居民而又协助基层政府承担一定的社区治理职责,是基层政府、党组织与普通群众之间增进了解和沟通的桥梁。在调研中我们得知,现在社区中很多与居民密切相关的事务,社区和基层政府都会邀请自治小组参与决策,在这样的模式下工作反而更加顺畅,居民之间的矛盾以及居民与社区的矛盾越来越少。

红巷生活广场通过提供丰富多彩的参与平台,使那些本不具有交集的社区居民可以在公共空间中按照各自的兴趣与专长相互交流,功能各异的场馆使各种类型的居民社团组织的成立成为可能。原本很少参与社区活动的居民在红巷生活广场中找到了自己的志趣所在,他们在这个共同的空间里还遇到了一群志同道合的人,于是像"坊巷书院"这样集聚了书画、串珠等十几类课程的常态化社区培训班应运而生。由于社区提供了场馆资源,包括歌曲演艺、舞蹈编排等在内的 18 家社区文艺团体也相继落户红巷生活广场。这些团队成员都有退休工资,不需要物质方面的激励,只要给他们提供地方,他们中就会有人主动站出来把有共同兴趣的人组织起来,定期开展各种各样的文化娱乐活动。

(二)居民的社区参与意愿与认同感显著增强,"社区治理社会化"成效明显

自治小组成立后不仅帮助兴隆社区解决了长期以来一直非常棘手的停车难问题,而且建立威信后的自治小组在社区其他公共事务的管理方面也能够发挥重要作用,这表明"社区治理社会化"在兴隆社区成效明显。而红巷生活广场则为有一定参与热情但缺乏足够能力整合资源、创造参与条件的居民提供了参与社区活动的机会。红巷生活广场提供的相对充足、功能齐全的场地资源让大多数居民都可以在这里找到自己的志趣所在,共同的爱好促使原本呈离散状态的居民自发结成各具特色的兴趣小组。居民的参与热情不断高涨,参与范围也从文化、体育、文娱活动拓展到社区关怀、志愿服务等社区公共事务领域,逐步在社区基层社会治理中发挥重要的作用。

兴隆社区与小营巷社区的居民社会参与创新实践表明,随着居民的参与热情不断高涨,基层政府和社区又适时引导其中表现出较强组织协调能力的社区中的积极分子成立一批能够提供社区公共产品的公益互助类社会组织,进而大大提高了居民的参与效能,增强了他们的社区认同感。红巷生活广场为社区居民提供了一个社区参与的平台,居民在持续、频繁的社区参与中逐步培养其自身的公民性,对社区的认同感不断增强,对社区的公共事务也更加关注。在这样的条件下,他们更能积极主动地投入社区治理工作中。

(三)新的社区居民参与形式已在实践中初见端倪

有学者将可能的社区参与归纳为娱乐型参与、消极应对型参与、权益诉求型参与、主导型参与、俱乐部型参与等五种类型,其中后两种类型的参与意愿和参与能力都较为理想。从兴隆社区与小营巷社区创新居民社区参与的实践来看,主导型参与和俱乐部型参与的社区参与模式已经初见端倪。

兴隆社区的居民自治小组是由 7 名热爱社区、关心社区发展、在社区中具有一定影响力的志愿者自发组建的,参与者都有着很高的参与意愿。发起人沈阿姨曾是机关单位管理人员,具备处理公共事务的经验和能力,她助人为乐的品质和无私奉献的道德情怀使其在社区居民心中一直有着很高的威望,她善用自己的人脉资源和威信创造条件解决社区的公共事务难题,这样的方式基本符合主导型参与的特征。在破解停车难题后,自治小组在社区的其他公共事务中继续发挥重要作用,并引导社区中有能力、有想法的居民组建起各类兴趣小组,社区活动丰富多样,社区活力日渐增强。自治小组的产生和发展,便是我国城市居民主导型社区参与的典型表现。

红巷生活广场的建设和使用实践表明,当基层政府能够提供充分的参与条件,那些具有一定参与能力和参与意愿的关键行动者就会主动站出来,倡导并组建各类兴趣团体。并且,随着居民参与热情的迸发,参与行为也不断向纵深拓展,从以往文献中广泛谈及的文娱活动延伸到社区的公共事务领域。在这样的过程中,居民自组织类型由娱乐型向公益型的拓展大大增强了社区的公共服务能力,也增强了社区的治理能力。

综上所述,城市居民新的社区参与模式已经在目前的社区发展实践中有所体现,其先进经验以及背后所蕴含的更加深入的治理和参与逻辑,需要加以总结和完善,从而形成适用性强的范式,得以与中国特色社会主义实践相结合,在全国范围内进行推广。

四、总结、反思与展望

(一)总结

由以上的分析不难得出,目前我国城市社区中居民的社区参与总体而言是不足的,无论是参与群体、参与形式还是参与内容方面,都存在着一定的问题。而作为模范社区,兴隆社区与小营巷社区在居民社区参与方面的创新实践是卓有成效的。兴隆社区与小营巷社区通过基层政府放权,激发社区内有足够意愿和素质的社区精英的活力,使得他们参与甚至主导社区的治理过程,吸引更多居民参与。同时,小营巷社区建设红巷生活广场,与专业社工组织合作经营管理,提供相关服务,为居民们提供交流沟通的平台。最初居民们会因为共同的兴趣爱好而进行一定的交流,形成多种自发的社区组织;随着社区组织的不断发展壮大,居民的参与热情也从文娱活动转向更加广泛的社区公益等方面,形成了良好的社区治理模式。这样的经验在大力倡导"社区治理社会化"的背景下，是值得学习和推广的。

当然，兴隆社区与小营巷社区在居民社区参与方面的创新实践，也反映出两种新的社区参与模式——主导型参与和俱乐部型参与模式的完善，为我国城市社区发展实现"社区治理社会化"提供了很好的借鉴。

（二）现阶段调研及研究存在的不足

首先，调研的对象并未经过科学的筛选，我们调研所获得的信息存在着主观性强以及较为片面的可能性。综合考虑时间及经济成本等，我们并未选择问卷调查而是以实地考察和采访为主，调研的成果以文字材料为主，得出的结论缺少客观数据的支撑。

其次，我们的调研目标是以兴隆社区和小营巷社区为例来分析中国特色社会主义发展背景下城市社区治理在居民社区参与方面的创新举措，但要完成一项较为详尽的调查和分析，仅选取兴隆社区和小营巷社区这样一个示范社区作为案例是不够的，还应当探访其他在社区治理方面有着独到经验的城市社区，也应当对目前在居民社区参与方面做得不够到位的社区进行调研，通过类比和对比获得更加详细和准确的信息。

（三）后续调研及相关研究方向

在后续的研究中，我们小组会尝试继续深挖兴隆社区和小营巷社区的案例，寻找在居民社区参与方面是否仍然存在其他尚未被我们发现的创新举措，同时更加细致地梳理已有的材料，尽量做到准确地提炼出兴隆社区和小营巷社区的创新经验。为此，我们会尝试通过走访更多不同的社区居民来获取更加详细的信息。有条件的话会尝试联系部分社区精英，倾听他们的想法。同时，我们也会选择其他的社区进行调研，通过不同案例之间的比较，了解目前杭州市乃至全国范围内城市社区治理中居民社区参与方面存在的问题。如果有可能，我们会尝试收集一些数据进行定量分析，使得研究的成果能够获得客观数据的有力支撑。

参考文献

[1] 徐林,徐畅.公民性确实抑或制度供给不足？——对我国社区参与困境的微观解读[J]. 苏州大学学报(哲学社会科学版),2018(2):32-40.

[2] 陈剩勇,徐珣.参与式治理:社会管理创新的一种可行性路径——基于杭州社区管理与服务创新经验的研究[J].浙江社会科学,2013(2):62-72,158.

[3] 杨敏.公民参与、群众参与与社区参与[J].社会,2005(5):78-95.

[4] 王新松,张秀兰.中国中产阶层的公民参与:基于城市社区调查的实证研究[J].经济社会体制比较,2016(1):193-204.

指导教师:杨冀辰

义乌市屋基村"无案发小区"情况调研

一、屋基村概况

屋基村地处浙江省义乌市,背靠国际商贸城,支柱产业是小商品零售业。一直以来,外来人口较多、人口流动频繁是屋基村面临的主要问题。2012年的调查结果显示,屋基村总人口6605人,其中本地人口605人,外来人口6000人,二者比值达到1∶10左右。此外,2012年全村6605人中经商人口为5289人,大量的经商人口为屋基村带来的是经济的发达与较高的人均收入。[①]

二、屋基村建设"无案发小区"的主要做法

2018年5月,屋基村村委会提出了建设"无案发小区"的目标,即利用一系列手段降低案发率,提高居民安全感。"无案发小区"的建设由智慧消防系统和治安保障系统两部分组成。

(一)智慧消防系统

智慧消防系统就是每家每户安装传感器,这些传感器与指挥中心联动,在收到烟感器或者燃气报警器的警报后,很快就可以确定是哪一户的哪一间出现警情,村内的负责人联系户主或者破门,如果需要灭火,消防队赶来最多只需要十分钟,使得一次火情最多烧掉一张桌子或者一张床,可以最大限度地减少火灾的危害。

---

* 本文由崔帆、杨星宇、符畅、杨础光、张杰、杨启航、谭钦翰、韩钟萱、钱诚亮、张泽林合作完成。

① 数据由屋基村提供。

(二)治安保障系统

治安保障方面主要采取以下举措。

1.家家户户安装防护网

实际考察中,我们发现小区内每一家的窗户上都安装了防护网,这一举措有效地减少了入室盗窃等违法犯罪行为的发生。

2.村内遍布安全岗亭

屋基村在村内设立了大量的安全岗亭,安排治安人员进行值班巡逻。安全岗亭的设置使住户的安全感大幅增强,同时也对潜在的违法犯罪分子形成震慑。

3.村内遍布摄像头

屋基村采购了大量的监控设备对主要地段进行监控。在我们走访的过程中,每到一个路口都能看见一个摄像头,有的路段的摄像头甚至不止一个。大量摄像头使得工作人员能够实时监控村子里的情况,有安全事故发生时能够快速到达现场。

4.建设智慧安全站

调研过程中我们走访了屋基村的智慧安全站,安全站有一块巨大的屏幕,屏幕上实时显示了整个屋基村的安全情况,记录了屋基村的电力情况、充电桩情况、独立报警系统以及给排水系统等情况。

5.安装门禁系统

屋基村在每个单元的楼梯口安装了门禁设施,需要刷身份证才能开门,同时为了方便居民出入,每位户主都可以通过特定手机App控制单元门。

此外,屋基村还进一步采用了智能系统,与公安系统联网,使用人脸识别技术对监控取得的画面进行处理分析,当有作案前科的人员进入小区时,能自动提醒安全人员,使安全人员提高警惕,重点布防。同时,监控能够对可能的违法犯罪行为例如偷车、破窗等进行预测,在这些情况发生时及时发出警报提醒公安机关,公安机关再通过人工判断是否属于犯罪行为并进行处理,从而极大地提高了公安机关的出警速度。

高科技是屋基村建设"无案发小区"不可或缺的一个方面,但除了高科技手段,屋基村还有很多其他安全手段,比如定时安排巡查,每间租出去的房屋屋主都有责任对租住人员进行审查,等等,这些措施与监控系统的有机结合才造就了"无案发小区"。

三、屋基村建设"无案发小区"的基本成效

消防系统完全布置后,整个屋基村再也没有发生过大的火灾,只有过一次充电器燃烧事件,并且也很快得到了处理。治安保障的门禁系统完成安装后,对进入住宅人员的严格限制,有效防止了入室盗窃。监控系统完成安装后,整个社区受到了全方位无死角的监控,极大地降低了违法犯罪行为的发生概率。并且,高精度的人脸识别对于抓捕流窜作案的犯罪分子和在逃者提供了很大的帮助。在装了探头之后,偷窃的案件少了,最多会有一些鸡毛蒜皮的小事,而全方位的监控使得这些小事处理起来也很方便。

自"无案发小区"建设以来,屋基村的案发率得到了极大降低。即使发生了大案件,凭借小区与公安的联动,也可以在小区中就将嫌疑人抓获。良好的制度配合高科技系统,屋基村基本实现了"小事不出村,大事不出街道"的目标。

四、屋基村建设"无案发小区"存在的问题

首先,村民的安全意识还不够高。前面提到村里为每个单元门安装了需要刷身份证或用手机 App 开锁的防盗门,但是我们走访发现,很多村民因为嫌麻烦而用石头撑住防盗门,造成了防盗门常开的情况。针对这一现象,村支书说他们已经多次进行批评教育,但这样的教育也只是治标不治本。

其次,村子对于外来运货车辆的监管仍不到位。虽然所有村口都设置了智慧安全岗亭,对于外来车辆进行登记,但是安全岗亭对于车辆所运货物并没有进行检查,这可能会造成易燃易爆品进入村子威胁村民安全。所以要建设"无案发小区",不能只做到事后处理,而应该从源头上杜绝危险事件的发生。

五、我们的看法

浙江省"八八战略"蕴含的价值观,就是坚持以人民为中心的发展思想。"无案发小区"的思路,与"八八战略"蕴含的价值观是契合的,最终目的都是让人民过上更好的生活。屋基村建设"无案发小区"的决策和一系列相应的举措,本质上是为了提升居民的安全感和幸福度。

屋基村的"无案发小区"建设,响应了浙江省"八八战略"中"切实加强基础设施建设,切实加强法治建设"的战略内容。每家每户都安装的防盗窗,每栋楼都有的门禁系统,遍布小区的摄像头、烟雾传感器和报警器,大量的资金投入布置的这些统一的设施,从根本上降低了违法犯罪案件的发生概率,保障了居民

的人身安全和财产安全。

人民的安全感和幸福度,是国家一直关注的民生问题的根基。"无案发小区"的试点建设,是民生工程的一次有意义的尝试。在我们探寻屋基村"无案发小区"建设的过程中,村支书也告诉我们工作中的最大难点,就是流动人口多。80％以上的人是外来人口,他们在村里可能只是短期停留,所以不关心自己对整个小区的影响,因此不配合的情况很常见,管理难度大。

流动人口管理难,不只是屋基村的烦恼,也是每个大城市都面临的一个普遍问题。即使有办理暂住证等相应的政策,也起不到很好的效果。这一问题的根源是地区发展不平衡,要从根本上解决这个问题,需要协调区域的发展,缩小地区之间的经济发展差异。这个问题的解决还有很长的路要走。

我们认为,在坚持制度与高科技结合的基础上,"无案发小区"的试点与推广还要因地制宜。对于屋基村,因为外来人口和流动人口多,在管理方面和治安方面要下的功夫相应更大。而对于外来人口和流动人口较少的小区,可以把更多的精力放在制定更科学的制度上,更高效地改善治安状况和提升居民的幸福度。

指导教师:宇正香

杭州市社区卫生服务发展情况调研[*]

一、调研背景

改革开放以来,我国卫生事业的发展为维护人民健康、促进社会主义现代化建设发挥了重要作用。但是在发展过程中,我国的卫生服务也暴露出一些深层次的问题。基层卫生服务不能适应城市化、人口老龄化、疾病谱变化、医疗模式转变以及群众卫生服务需求的变化。党的十九大报告明确提出"实施健康中国战略","加强基层医疗卫生服务体系和全科医生队伍建设"。实际上,我国自2008年就开始大力发展社区卫生服务,构建以社区卫生服务为基础,社区卫生服务机构与医院和预防保健机构分工合理、协作紧密的新型城市卫生服务体系,但实际效果如何呢? 为此,我们选择杭州市的部分社区卫生服务站作为本次调研对象,来了解实际情况。

杭州市作为著名的省会城市,经济发展一直领先于全国平均水平。但根据杭州市在2018年公布的一项针对全体市民的调查,市民仍然将解决看病就医问题排在了美好生活愿望的第一位。这说明,在"人人享有基本医疗卫生服务"目标提出数年之后,杭州市民对于看病就医的需求仍然未能得到充分满足,杭州市医疗基础相对于经济基础以及人民日益增长的美好生活需要存在明显的滞后。我们希望通过调研,更好地了解杭州市以社区卫生服务站为代表的医疗基础的建设与发展情况。

我们将视线投向了我们所处的杭州市西湖区。通过查阅相关资料,我们了解到西湖区共有73家社区卫生服务站,其中公办72家,基本覆盖了所有社区。

———————

　　* 本文由周俊杰、周阳、毕勇波、李鸿昊、秦少翔、李之瞻、林凯、于童、仇索、章庭祺合作完成。

我们选择了其中的 3 个卫生服务站进行实地调研,并分别对该卫生站的工作人员及其服务的社区居民进行了访谈。这 3 个卫生站分别是:庆丰社区卫生服务站、曙光求是社区卫生服务站、古荡街道社区卫生服务中心。我们还查阅文献,总结了社区卫生服务站的特点与不足。最后,我们采取比较法了解了杭州市内数个较为优秀的社区卫生服务站的建设经验,与我们实地调研的对象进行对比。

二、调研结果

(一)实地调研结果分析

在庆丰社区与曙光求是社区,我们采访了几位前往社区卫生服务站就医的居民,获得了卫生服务站的服务、收费、设施等方面的反馈信息。我们发现,大多数前往社区卫生服务站就医的居民是老年人,他们在社区服务站接受的服务基本属于慢性病的跟踪与治疗,例如测量血压和买降血压药。同时,他们对社区卫生服务站较为满意,强调了社区卫生服务站相对大医院在距离、时间上的优势。但是在采访中我们也关注到了一个与政策宣传中的"分级诊疗"存在明显出入的现象。部分受访者表示,他们只会选择在社区卫生服务站周期性地测量血压,在需要就医时并不会将社区卫生服务站作为第一选择。带着这个问题,我们继续前往社区内的卫生服务站做进一步的实地调研。我们希望通过对卫生服务站的深入了解,弄清楚社区卫生服务站不能成为居民就医首选的具体原因:是居民仍然有去三甲医院看小病的旧观念,还是社区卫生服务站确实存在客观不足无法取得居民的信赖?

根据对社区卫生服务站工作人员的访谈以及相关介绍资料,我们总结出实地调研过的卫生服务站的基本情况。

1. 街道和社区层面的卫生服务站设施简陋

为社区居民提供卫生服务的主要包括街道的社区卫生服务中心和各个社区的卫生服务站。两者的关系是:卫生服务中心受上级医院指导,下设社区卫生服务站。

以我们调研的古荡街道社区卫生服务中心为例,该社区卫生服务中心由一幢 6 层建筑构成,科室、医疗设备齐全。服务范围覆盖古荡街道 10 个社区及周边的其他街道。中心现有职工 106 人,其中具有高级卫生专业技术职称 11 人,中级卫生专业技术职称 22 人。

具体到各个社区,相比较于社区卫生服务中心,庆丰社区和曙光求是社区的卫生服务站设施十分简陋,只由一个挂号与拿药合一的窗口和一到两个诊室组成。社区居民为了获得相应的服务,需要在特定时间前往卫生服务站。以曙光社区为例,卫生服务站在工作日上午提供静脉血检验和心电图检查,在周三上午提供 B 超检查,在周一下午和周三上午提供中医诊疗服务。

2.服务对象明确,服务人数众多

我们在调研中发现,社区卫生服务站的目标群体主要是儿童、孕产妇、老年人、慢性病患者和精神疾病患者。社区内重点人群的比重及社区卫生服务站应提供的相应服务如表 1 所示。相比数量庞大的重点人群,社区卫生服务站的服务能力显得捉襟见肘。

表 1　社区内重点人群比重及社区卫生服务站应提供的相应服务

人群	人群占比 （以曙光社区为例）	社区卫生服务站应提供的相应服务
儿童	238 人(6.02%)	预防接种;健康管理;膳食管理;心理教育;口腔保健
孕产妇	9 人(0.22%)	早孕建册;产前检查;产后访视
老年人	909 人(22.99%)	每年为 60 周岁以上的常住居民提供 1 次健康管理服务和1次包括血常规、尿常规、肝功能、肾功能、腹部 B 超等项目的健康体检
慢性病患者	高血压患者 520 人(13.15%),糖尿病患者 120 人(3.03%)	针对高血压患者和糖尿病患者的日常检测和面对面随访;每年提供一次全面体检
精神疾病患者	120 人(3.03%)	面对面随访;每年提供一次全面体检

根据我们的了解,这些重点人群还可以通过订阅相应服务包的形式与家庭医生签约。调研发现大多数居民对家庭医生的概念并不清晰,这与宣传中所说的 65% 左右的家庭医生签约率存在较大出入。

3.中医诊疗受欢迎

根据我们的调研,社区卫生服务站内普遍设有针灸、推拿及相应的康复室,中医中药知识展板随处可见,中医师的开诊也较为频繁。据工作人员的介绍,中医药深入社区卫生服务站的原因有多方面。首先,杭州已经步入老龄化社会,中医药在老年人中有深厚的群众基础;其次,许多老年人患有高血压、糖尿病等疾病,服务站推广的针灸、推拿、拔罐、刮痧、敷贴等中医药技术有利于社区常见病、多发病、慢性病的防治;最后,中医药在预防保健方面有其独特的优势,与社区的养生、保健宣传可以更好地结合起来。

4. 与上级医院进行合作

调研发现,街道的卫生服务中心与上级医院保持着紧密的合作关系。以灵隐街道为例,灵隐街道卫生服务中心与杭州市第一人民医院签订"紧密型医联体"合作协议,从 2017 年 9 月起,市一医院骨科、心内科、内分泌科等专家每周一、三、五到灵隐卫生服务中心坐诊。

5. 强调健康教育

在我们实地调研的卫生服务站门口,都有健康知识宣传橱窗,内容主要涉及公共卫生服务知识和老年人养生保健知识。在古荡街道社区卫生服务中心还设有专门的健康教育室,承担着孕妇学校、育儿学校与婚育学校的工作。

总结我们调研的社区卫生服务站的医疗水平特点,我们发现,相对于庞大的服务对象群体,卫生服务站提供的服务在数量、多样性上都存在明显的不足。相对于分级诊疗的目标,社区卫生服务站目前的主要功能仍然局限于老年群体的养生与保健。尽管社区卫生服务站定期引入上级医院的医疗资源为居民提供便民服务,但其本身并无为上级医院分流病患的能力。我们认为,简单地将上级医院的医疗资源迁移至社区内不是分级诊疗的本质,从资源配置的合理性及资源的利用率来看,这样的合作甚至可能是更低效的。

(二)比较分析

通过回顾相关文献与查阅新闻报道,我们筛选出了杭州市内数个较为优秀的社区卫生服务站案例,作为我们实地调研结果的对比和参照。

1. 杭州市拱墅区:社区卫生服务与上级医院互通

我们在实地调研中了解到,有的社区卫生服务站采取通过请上级医院的医生定期到社区开诊的形式与上级医院联动。在杭州市拱墅区,一种标准化、规范化的联动形式正在得到推广。

拱墅区的 8 家社区卫生服务机构与杭师大附属医院之间统一了检验标准,实现了检验检测结果共享和不同机构采样、取单的互通,避免了重复检查,也提高了社区卫生服务机构的临床检验质量。拱墅区内的社区卫生服务机构自 2013 年 4 月与杭师大附属医院检验科合作以来,检验互通检查 42675 人次。[①]除此之外,拱墅区的社区医生还可以在工作站对接省、市级医院各业务资源,实

---

① 杭州全力打造"智慧医疗"基层实践样本[EB/OL]. (2016-06-14)[2018-12-01]. http://www.360doc.com/content/16/0614/16/16534268_567726671.shtml.

现疑难病例的网络会诊和转诊。社区医生可以直接为社区居民完成上级普通门诊、专家门诊、大型设备检查、住院等预约服务,居民可直接到上级医院享受相应的服务。

我们认为,上级医院的医生到社区定期开诊尽管满足了居民的部分就医需求,但社区卫生服务站受限于医疗基础,无法提供有效可靠的医疗服务,且其本质上是一种对稀缺医疗资源的浪费。相对而言,拱墅区的社区卫生服务站则承担起了部分医学检查的职责,其开具的医学报告可以得到上级医院的认可,更好地替上级医院分流了就诊人群,有助于实现医疗资源的有效配置。

2.四季青社区卫生服务中心:互联网+社区卫生服务站

我们在调研中发现,社区卫生服务站的重要职责是实现重点人群如老人、孕产妇的全覆盖。但在高覆盖率表象之下,是居民对社区卫生服务站、家庭医生的不了解与不信任。在我国,家庭医生数量与其服务对象数量之比相比发达国家存在明显不足。在家庭医生数量不足这一问题存在且将长期存在的情况下,如何让家庭医生保质保量地为每个家庭服务成了重中之重。我们了解到,杭州市的四季青社区卫生服务中心通过"互联网+"的手段,有效增加了每个家庭医生可以服务的家庭数量。

在四季青社区卫生服务中心,签约家庭医生的居民可以在线上接受个性化咨询、慢性病和部分常见病的复诊、药品配送上门等医疗健康服务,还能在需要向上转诊时,在家庭医生的帮助下,更便捷地挂号,更精准地找到适合的医生。

我们认为,相比传统的家庭医生上门走访的形式,线上医疗服务更值得推广。更多签约家庭医生的居民可以通过互联网的手段获得必要的医疗帮助,可以更方便地建立后续健康档案、转诊预约、回访复诊等。

三、杭州市社区卫生服务存在的主要问题

(一)基层医疗卫生机构设备配置存在问题

一是配置的医疗设备无人使用而闲置;二是配置的医疗设备与乡镇卫生院(社区卫生服务中心)需求不相符;三是重复配置造成医疗资源浪费;四是部分基层医疗机构配置的医疗设备质量较差,维修次数多、维修费用高而导致闲置或报废;五是部分基层医疗机构现有设备已不能满足业务拓展的需要和人民群

众的需求,制约了服务能力的提升。[1]

(二)人才队伍建设滞后,无法满足病患需求

就人员数量来说,服务站人员配备不足,全科医生一般每个服务站只有1～2名,年龄大多在35岁以上,学历大多是中专,治疗水平有限。护理人员一般是2～3名,而周末只有1人在值班,安排人员过少。

就人员质量来说,社区医生的学历和职称都偏低,并且呈下降趋势,可能存在人才流失或者人才引进困难的问题。医护人员自身能力的不足也是居民不愿意去社区卫生服务站的重要原因。

四、调研总结

综合以上的调查分析,我们认为杭州的社区卫生服务站有许多做得不错的地方,值得借鉴学习。

(一)实施"网格化"卫生服务

杭州市西湖区以社区卫生服务中心辖区为单位,以社区、村为网格,以信息化技术为支撑,以全科医生、全科护士为核心,辅以居民小组长、义工等作为健康管理员,形成了每1500～2000人就拥有一个全科医生的"网格化"团队,并设立"首席全科医生"制度,带动社区人群整体健康水平的提高。

(二)完善与细化服务举措

将老年人、孕产妇、儿童、慢性病患者、特殊人群等五类群体作为重点服务对象,并根据不同群体的需求特点进行分析归类,开展贴近生活的系列活动,提供针对性服务。如杭州市江干区开设准妈妈俱乐部、空巢老人聊天室等,并探索建立24小时服务中心、相邻卫生服务站点错延时服务。

(三)预约诊疗服务进社区

探索公立医院与社区卫生服务机构合作新模式。如杭州市下城区社区卫生服务中心与公立医院开通预约诊疗服务平台,患者经社区全科医生首诊后,根据病情需要,可由社区医生在诊室通过预约诊疗服务平台预约全省各地医院专家一周内的专家号,并可自由选择序号,实现社区与大医院同步挂号,缓解"看病难"问题。

---

① 蒋晓霞,胡玲,吴燕萍,等.浙江省基层医疗卫生机构设备配置研究[J].中国卫生经济,2015(4):53-55.

(四)资源整合服务社区卫生

为大型公立医院与社区卫生服务机构牵线搭桥。如杭州市拱墅区卫生服务中心与大型公立医院签署相关技术支持协议,成立"联合医疗团队",即专家级责任医生对口负责相应社区责任医生团队,为相应社区提供技术支撑,一定程度上解决社区服务机构技术力量不足、服务能力不够等问题。①

指导教师:傅夏仙

① 汪玺,王盛强.浙江省级示范社区卫生服务创新模式探析[J].健康研究,2012(5):372-374.

社区医院改革情况调研[*]

一、调研背景

提到就医情况，大家普遍会有"大医院人满为患、基层医疗机构门可罗雀"这样的一个印象，"看病难、看病贵"也经常被老百姓挂在嘴边。目前，我国正在逐步推进分级医疗制度，对社区医院等基层医疗机构进行了多方面的改革。为进一步了解浙江省政府推行的"双下沉、两提升"政策的执行情况，我们来到古荡社区卫生服务中心进行调研。

（一）政策制度背景——"双下沉、两提升"

2012年年底，浙江省委、省政府做出决策部署，启动实施"双下沉、两提升"工程，通过完善政策、创新机制，以"医疗资源下沉、医务人员下沉"为手段，努力引导优质医疗卫生资源流向基层，支持基层医疗卫生机构"服务能力提升、就医满意度提升"，强化基层医疗卫生体系建设。

1.双下沉

"双下沉"指医疗资源下沉、医务人员下沉。

医疗资源下沉。一是严格控制省级医院（包括部分地市的市级医院）在主城区内以扩张规模为主的新建改建项目；二是省市级医院加强与县（市）尤其是经济欠发达地区基层医疗机构的合作。

医务人员下沉。一是利用3年时间，公开招聘1万名左右医学类大学生到基层工作，服务期不少于5年；二是有计划地组织县级及以上医院取得住院医师规范化培训合格证书的医学院校毕业生，到基层服务不少于2年，其他在职

———————————

* 本文由朱涛、黄啸虎、李强、胡春永、郭达顺、孟愉合作完成。

人员严格执行晋升中、高级职称前到基层服务分别累计不少于1年的制度规定;三是加大定向培养农村社区医生工作力度,增加护理和公共卫生等专业,3年累计新增3000个名额。

2.两提升

"两提升"指服务能力提升、就医满意度提升。

服务能力提升。提升镇(街道)医疗机构服务能力。充分发挥牵头单位技术辐射作用,有效下沉优质医疗资源,通过学科建设、临床带教、业务提升、教学查房、科研、项目协作、完善或更新规章制度、技术规范等多种方式,保证镇(街道)医疗机构门诊量、住院量、手术量逐年增长。

就医满意度提升。通过"签约医生制度"这一"医养护"一体化签约服务,实现"一对多"结对签约的形式,把社区全科医生和社区居民柔性连接在一起。全科医生有了自己的"社区粉丝",社区居民也有了负责管理其健康问题的"私人医生"。

(二)调研地点概况

杭州市西湖区古荡街道社区卫生服务中心(原杭州市西湖区第三人民医院)是政府差额拨款的事业单位,创建于1957年,经过60余年的发展,现已成为一所拥有职工100余名的社区卫生服务机构。设全科、中医科、儿科、口腔科、眼科、五官科、妇科、针灸理疗科、医技科、防疫科、妇幼保健门诊、康复病房等,下设益乐、莲花、文华、古墩、嘉绿苑5个社区卫生服务站。自成立以来,先后获评浙江省规范社区卫生服务中心、浙江省群众满意医疗单位、浙江省中医药参与社区卫生服务示范中心、杭州市文明单位、杭州市模范集体、杭州市示范社区卫生服务中心、杭州市计量确认合格医院等,是浙江省、杭州市二级基本医疗保险定点医疗机构。

二、调研过程

"病有所医"是党的十九大报告中保障民生领域的一个重要指标,也是目前改革的一个重点,浙江省作为改革开放的先行地,近年来不断提高本省的医疗服务水平。经过小组多次讨论,我们最终决定选一个基层的医疗单位,对其现状和改革成果进行专题调研。从我们了解的资料来看,西湖区古荡街道社区卫生服务中心是浙江省比较典型的卫生服务示范中心,可以说是浙江医疗改革的先行地,而且距离学校不远,便于我们进行多次调研,所以我们最终将之作为我们的调研地点。

在调研之前,我们首先查阅了浙江省社区医疗改革的相关资料,了解了浙江省目前在基层医疗方面的改革政策,并制作了调查问卷(见附录),确定采访的主要问题和主要对象。

我们主要从三个方面进行调查。

一是走访,观察医院的就医人数、硬件条件与工作人员服务态度等情况。

二是采访,了解群众对目前社区医院的评价和他们眼中社区医院的变迁。我们的采访对象主要分为两类。一类是医院的医生、护士或者工作人员。他们有的在医院工作多年,对社区医院的改革变化有更多的了解,我们也想获知他们是否能从医疗改革中获益。另一类是到医院就诊的患者。他们是医疗服务的直接受益者,对于社区医院的硬件和医疗水平有着更深的体会。在这些患者中,我们也尽量选择不同性别、不同年龄段的人进行采访,以期得到一个较为全面客观的评价。

三是发放问卷,了解更多人对社区医院的评价以及他们在生病时是否优先考虑在社区医院就医。问卷调查的对象也主要分为两类。一类是在社区医院就诊的患者,主要调查他们对社区医院的评价。但是有些不愿意去社区医院的人可能不会来社区医院,所以我们的另一类调查对象是附近的社区居民,希望能了解他们的想法,使我们的调查结果更加客观真实。对于在社区医院就医的老人(他们中有一些不太方便填写问卷),为了得到他们的一些反馈,我们在征得老人同意的情况下,口述问卷题目,在他们回答后再由我们来填写,最终也收到了不少老人的调查问卷。

三、调研结果

调研结束之后,我们对收集到的问卷及采访录音材料进行整理分析,大致了解了目前社区医院改革的成绩及存在的问题。本次调研,我们共采访了 6 名有关人员,收到了 157 份调查问卷。

(一)采访

本次调研有效采访人数为 6 人(除去不愿意接受采访的),采访对象有着不同的职业与身份,有外来务工人员,也有住在附近的居民,有年轻人,有老年人,有病患,有工作人员,具有较好的典型性。由于篇幅限制,此处略去采访的具体内容。

整体来看,依托于政策扶持,该社区医院的医疗环境、医疗资源较以前都有了较大的改观,来此看病的人不在少数。根据我们的观察,医院中配备了较为现代化的设施,患者可自助挂号、自助测血压与身高、体重等,医院也支持网上挂号、网上预约等线上操作,极大地方便了患者。同时,一些专家也通过"签约医生"等途径"下沉"到了社区医院,缓解了专家问诊一号难求的问题。根据对外来务工人员的采访,我们得出,浙江省通过一系列的政策扶持,社区医院的发展已经成了带头先锋。通过对来访患者以及工作人员的采访,我们获知大家对医院近年来的改革都较为满意。

社区医院的发展也存在一定的问题。一方面,人们对社区医院的认识还存在着一定的误解与偏差,看病仍然相信大医院。另一方面,社区医院虽然配备了一系列的现代化设施,但据我们的观察,当天相关设备的使用率没有预期的那么高,如自助挂号机的推广使用仍显不足,故如何真正将设备使用落到实处,也是今后发展的重要内容。另外,人们对于"签约医生"这一制度还没有广泛的认识,今后需要加大宣传与引导力度。

(二)问卷

1.问卷结果

本次问卷发放了 157 份,其中 3 份为无效问卷。发放对象主要为 20 岁以上的成年人,其中 30 岁及以上的人较多(98 人),占 62%;居住时间达 3 年及以上的有 86 人,占 55%。

在本次调查中,接近一半的人听说过社区医院改革,但超过一半的人倾向于在大型三甲医院就诊,其中 21~25 岁年龄段的人更倾向于在社区医院就诊,而其他几个年龄段(26~30 岁、31~40 岁、40 岁以上)的人则更愿意去大型三甲医院就诊。

对于社区医院的改革,过半的人认为改变存在但不是特别显著。与此同时,网上挂号及线上转诊服务的使用率仍较低,均不超过 30%。

本次问卷调查结果显示,社区医院改革的结果不仅仅是在基础的医疗体系上得到了加强,还引入手机查询结果、网上挂号、线上转诊、自助设备付款等新的服务功能。其中手机查询结果和自助付款使用比较普遍,前者有 87 人使用过,占 55%,后者的使用人数高达 127 人,占 79%。

2.问卷分析

在本次调查中,接近一半的人了解社区医院改革的相关政策。在近一半的人知道社区医院改革这一事实的情况下,还是有 95 人更倾向于在大型三甲医院就诊。在这 95 人中,21~25 岁的有 27 人,占比 28.5%。大多数年轻人对社区医院的偏好更加明显。这显然是因为年轻人的身体素质相对更好,对于一些感冒风寒之类的小疾病拥有更强的抵抗能力和恢复能力。而 26 岁及以上的人则更愿意前往大型三甲医院就诊。其原因,一方面是随着年龄的增长身体素质有所下降,另一方面则是经过几年的辛勤工作有了一定的积蓄,更加愿意去大型的三甲医院做一个全面、权威的诊断。这一点和我们的认知也相符。

对于改革后的社区医院,过半的人(98 人)认为改变存在但不是特别显著,但他们对社区医院的各项指标的评价都较高,这可能是因为杭州医疗水平普遍较高。在问卷中,针对居民对社区医院的硬件、医护人员态度、看病流程的便捷程度和看病费用的看法等方面的调查结果显示,各项平均值都接近 6 分(取值范围:1~7 分)。居民对社区医院能够做出如此高的评价,可能是因为前往社区医院就诊的病大多不是特别棘手,而社区医院对于小病的治疗也相对完善,因此给居民留下了比较好的印象。

综上所述,由于本次调研医院的服务体系相对完善,所以患者对社区医院的评价很高,认为社区医院的服务很周全,在一定程度上反映出了社区医院改革的成果。

四、我们的看法

通过调查研究,我们发现,随着社区医院改革的深入,人们对其医疗水平与服务水准有了更高的评价,社区医院比三甲医院更受年轻人青睐。但改革仍有不足之处,如一些便民设备与服务还未真正普及,居民对相关政策还缺乏了解。

我们建议,政府以及医疗机构加大宣传与引导力度,推进医疗信息化,让社区居民更好地享受到信息时代的便利。对于一些老人,他们可能不太熟悉网络,也习惯了之前的挂号方式,社区医院可以多设置一些引导人员,帮助他们更快更好地就医。

另外,我们也了解到社区医院有很多优秀医生,他们的医疗水平得到大家的认可,但仅仅依靠居民的口口相传是不够的,可以通过一些多元的宣传途径,让人们了解这些医生,提升人们对社区医院的信任度和认可度。

通过这次调研,小组成员切身感受到了医疗改革给人们带来的便利,增强了对国家医疗服务的信心。这个过程也锻炼了小组成员调查分析的能力,大家都受益良多。我们的调查也存在一些问题,比如:由于时间仓促,调查的样本数较少,可能会导致结果的偏差;在问卷设计上,我们也可以做得更加合理、清晰。

总之,经过这次调研,我们切实感受到了党和国家在医疗领域付出的努力。改革永远在路上,现存的一些不足还需要我们一代又一代的青年继续探索、努力改进。

指导教师:廖亦宏

附录

社区医院改革情况调研表

1.您的年龄:

☐20 岁及以下 　　　　　　　　☐21～25 岁

☐26～30 岁 　　　　　　　　☐31～40 岁

☐40 岁以上

2.您在浙江的居住时间:

☐半年以内 　　　　　　　　☐半年到三年

☐三年以上

3.您在看病时倾向于优先选择:

☐社区医院 　　☐县级医院 　☐大型三甲医院

4.您对目前社区医院的硬件设施评价:(1～7 分:1 最低,7 最高)

5.您对目前社区医院医护人员的专业水平的评价:(1～7 分;1 最低,7 最高)

6.您对目前社区医院看病流程的便捷程度的评价:(1～7 分;1 最低,7 最高)

7.您对目前社区医院看病费用的满意程度:(1～7 分;1 最低,7 最高)

8. 在本次问卷之前,您是否听说过政府在推进社区医院改革("双下沉、两提升"等)?

  □是   □否

9. 您认为最近几年社区医院在医疗水平、看病流程等方面是否有较大提升与改善?

  □提升与改善程度很大

  □有一定的改善与提升

  □提升与改善程度不大

10. 您在社区医院享受过以下哪些服务?(可多选)

  □手机 App 查询身体检验结果

  □看病网上挂号

  □社区医院线上转诊

  □利用自助服务设备网上付款

(选做)

11. 您觉得社区医院还有哪些方面需要改进?

西湖"微笑亭"建设情况调研[*]

一、调研背景

杭州市城市志愿服务"微笑亭"自 2009 年 10 月启动以来,已在各大景区、车站、大街小巷建设了"微笑亭"122 个,共组织志愿者约 6.4 万人次,服务累计达 50 万余小时,并逐步在西湖、火车东站、市民中心等地开放了 17 个全年开展服务的站点。2018 年,"微笑亭"获评"全国学雷锋活动示范点"。"微笑亭"已经成为杭州志愿服务的品牌项目,志愿者长年累月的坚守和付出,一次又一次书写着感动和温暖。

作为杭州市的"金名片","微笑亭"对许多志愿服务点都有借鉴意义。调查"微笑亭"是了解杭州志愿者服务模式的有效途径,我们开展了线上调查和实地调研,以浙江大学学生和"微笑亭"志愿者为调查对象,通过问卷调查和人物访谈相结合的形式,深度剖析"微笑亭"运营模式,并总结其模式的可借鉴之处。希望能从个别现象中找出普遍规律并应用到其他志愿服务中,更好地宣传杭州文化,开展精神文明建设,增强杭州志愿服务影响力,展示良好的杭州城市形象。

二、"微笑亭"相关问卷调查

本次调查对象为高校学生,且主要集中在本校即浙江大学,问卷发放方式为网上发布,组员通过微信朋友圈、QQ 空间及班级群等方式扩散。共收集有效问卷 126 份。但由于在学生群体中"微笑亭"的认知度并不高,所以关于"微笑

* 本文由吕杨会、许立宁、牟宣杰、鲁学文、雷海鑫、周苗、刘子震、臧玥、陈洋洋、钱思远、林雨婷合作完成。

亭"的功能和信息来源方式的有效问卷只有 28 份,样本数量小,因此在一定程度上并不能代表整体情况。问卷分析如下。

在收集到的 126 份有效问卷中,77.78％的同学不知道"微笑亭",15.08％的同学表示听说过"微笑亭"但是并不了解,只有 7.14％的同学对"微笑亭"较为了解(见表 1)。这表明"微笑亭"在大学生群体中的知名度不高,这可能是由于大学生不是"微笑亭"服务的主要对象,相对于杭州本地的大学生群体,外地游客、老人可能更需要"微笑亭"的帮助。同时,也有同学指出"微笑亭"存在宣传不足的问题,这就导致很多人遇到困难也不一定会去"微笑亭"寻求相关帮助。

表 1 "对'微笑亭'的熟悉程度"调查结果

选项	小计	占比
较为了解	9 人	7.14％
听说过但并不了解	19 人	15.08％
不知道"微笑亭"	98 人	77.78％
本题有效填写人数	126 人	

关于"微笑亭"的功能,从调查结果来看,旅客咨询服务更为大家熟知,占比达 78.57％(见表 2)。除此之外,"微笑亭"还担负着文明劝导和保护周边环境的职责,也提供应急服务,有简单的急救设备。在调查样本中,仅有不到三成的同学表示听说过或者了解"微笑亭",在这不到三成的同学中,也仅有 78.57％了解到"微笑亭"提供旅客咨询服务,至于"微笑亭"的其他功能,认知程度更低。从中可以看出"微笑亭"的宣传有待加强,以便服务更多人。

表 2 "你所知道的'微笑亭'的功能"调查结果

选项	小计	占比
旅客咨询	22 人	78.57％
环境保护	12 人	42.86％
文明劝导	16 人	57.14％
应急服务	12 人	42.86％
本题有效填写人数	28 人	

了解到"微笑亭"的途径很多,包括新闻报道、现场见到或受过帮助、熟人谈及和其他。其中,通过熟人了解的途径占比最大,口口相传的方式使"微笑亭"

深入人心;其次是现场见到或者受过帮助,这与"微笑亭"布点的广泛和志愿者较高的服务热情分不开(见表3)。

表3 "了解到'微笑亭'服务的渠道和方法"调查结果

选项	小计	占比
新闻报道	9 人	32.14%
熟人谈及	15 人	53.57%
现场见到或受过帮助	12 人	42.86%
其他	4 人	14.29%
本题有效填写人数	28 人	

三、"微笑亭"概况

(一)志愿者服务介绍

"微笑亭"附送的地图上有对其志愿服务的精简介绍:一张微笑脸,一句问候语;一只医药箱,一个针线包;一本宣传册,一张便民纸;一份旅游图,一本留言簿;一个打气筒,一把公益伞。这是每一个"微笑亭"都设有的服务项目,然而"微笑亭"的功能远远不只这些。一些设于人流密集地的"微笑亭"还提供其他服务,比如"曲院风荷微笑亭"提供血压测量服务,还有一间母婴室,为需要给婴儿哺乳的母亲提供方便。又如"柳浪闻莺微笑亭"会给游客提供凉茶点心。在G20峰会期间,"柳浪闻莺微笑亭"还举办过茶艺表演。在节假日,各"微笑亭"在每个时间段都会配备至少一名退休职工作为长期志愿者以及多名前来做临时志愿者的大学生,以适应不同年龄层人士的交流需求,可谓别出心裁。

(二)历史发展沿革

"微笑亭"作为杭州的一张新名片,实则有着不短的发展历程。它脱胎于2000年以来西湖边出现的志愿者群体,他们各自组队,零星地提供指路、翻译、清理西湖边的垃圾等志愿服务。

2004年,杭州西湖风景名胜区管理委员会(园文局)注意到这些自发的志愿者,于是成立了"西湖志愿者服务总队"。从那时起,西湖边的志愿者群体有了一个组织协调机构,但其组织形式还不够规范,比如:节假日不能及时凑足志愿者;志愿者在服务时基本以流动岗为主。

2006年,园文局又成立了"西湖志愿者服务总队工作部",具体负责搭建更为完整的组织架构。总队有了经费和办公地点,而活跃在西湖边数年的志愿者也有了统一的服装、名片和向游客免费发放的宣传品。按志愿者服务项目分类,在总队下设了三个分队:假日旅游分队、护绿分队、护景分队。此时的服务更多样化,涵盖了游客咨询、环境保护和文明劝导。总队还开设了固定的志愿者报名窗口,有专人管理,也启动了固定的培训方案。

管理方式精细化后,志愿者的队伍也随之壮大。2009 年 10 月,50 个志愿者服务岗亭应运而生。2010 年 8 月 8 日,杭州在西湖边开设了第一个"微笑亭"——"柳浪闻莺微笑亭"。至 2016 年,大大小小的"微笑亭"有 122 个之多,包括 10 个 G20 峰会城市志愿服务"微笑亭"。2017 年,西湖景区管委会启动了"人人争做微笑点"文明创建活动。西湖边一线的工作人员,如景区管理人员、巡逻保安、清洁工作人员等都戴上了一枚像柳叶的"i"胸牌,一共 1000 多人,人人都是微笑点,个个都是流动的"微笑亭",都可以为游客提供服务。

(三)运营模式介绍

1. 管理主体

管理主体为共青团杭州市西湖区委。不过,共青团杭州市西湖区委仅是"微笑亭"名义上的管理主体,主要负责指导工作,而不参与日常事务。

2. 联络主体

联络主体为杭州西湖风景名胜区管理委员会下设的西湖志愿者之家。它负责统筹、联络、协调工作,具体包括招募志愿者、培训志愿者、安排志愿者服务时间等工作。

3. 服务主体

"微笑亭"立足景区、馆区和社区三大区域,组建了社会骨干志愿者、社区居民志愿者、景区青年志愿者和高校学生志愿者"四位一体"的服务网络,做优"微笑亭"服务、生态环保服务、文化文明服务、民主民生服务和文物保护服务五大品牌,逐步形成了一支覆盖面广、志愿者架构合理的服务队伍。

社会骨干志愿者和社区居民志愿者多是杭州本地的退休老人,其中有相当一部分是最先成为西湖志愿者的那一批人,他们在"微笑亭"提供长期的、持续的志愿服务。首先,他们是土生土长的杭州人,对西湖周边非常熟悉;其次,他们对杭州这座城市有着深厚的感情和较高的志愿服务热情;再次,他们有足够的空闲时间提供服务。这些退休老人堪称合格的志愿者。

西湖志愿者之家与杭州的本地高校建立了良好的合作关系。在一些高校的培养方案中,学生需要在课余时间参加志愿者活动以获得足够多的志愿者小时数,而"微笑亭"就是一个选择。经过简单的培训和指导后(大多是退休老人带学生的模式),高校学生志愿者很快就具备了"上岗"的能力,如浙江中医药大学的志愿者利用自己的专业优势给人们提供一些简单的医疗服务。

四、"微笑亭"模式分析及可借鉴之处

(一)杭州的"金名片"

"微笑亭"初次建立于 2009 年 10 月,近 10 年间,"微笑亭"不断发展壮大,由最初的 6 个发展到现在的 122 个,从一群退休老人组成的志愿组织发展成为杭州一道亮丽的风景线。

2018 年 3 月,中宣部命名第四批全国学雷锋活动示范点和岗位学雷锋标兵,杭州"微笑亭"名列其中。在西湖这个世界闻名的自然风景区,"微笑亭"的存在让西湖原本美丽的自然风景更加绚烂,志愿者面带微笑为到来的游客指路、提供茶水等。在 G20 峰会期间,"微笑亭"的国际志愿者团队也让前来参观的外国游客称赞不已,志愿者用流利的英语向外国友人、向世界介绍着杭州。这样的"微笑亭"已然成为杭州的一张值得骄傲的"金名片"。

(二)退休职工自我价值再实现的途径

多数职工在退休后常因空闲而参加各种类型的志愿服务活动,其参与志愿活动的动机或者意愿并不能简单归纳为利己的或利他的,而常常是复合多元的。他们既有奉献社会、帮助别人的利他动机,也有结交新朋友、打发闲暇时间,丰富个人生活、展现自我价值的利己动机。不少退休职工认为自己还有工作精力,属于"被退休",不应该闲在家里。他们大多具有较强的意愿,参与活动并不是"看别人做而跟着做"。

正是怀着这种多元的参与动机,退休职工志愿者在服务他人的同时其自我价值也得到重新实现。与青年志愿者相比,退休职工志愿者是社区志愿队伍的主力,他们时间更充裕、奉献意愿更强,而且往往更有耐心,参与志愿服务的热情更高。他们大多为在本社区或者本地区生活了几十年的人,对本社区或本地区既熟悉又有强烈的归属感,在志愿服务中更加得心应手。所以,很多退休职工无私贡献着自己的时间与精力,以不求报酬的心态参加志愿活动。但这种志愿服务于他们而言并不是完全没有实际意义的。通过参加志愿服务,以"志愿者"的角色取代了原本在工作单位的"劳动者"角色,这种转变能够消解退休职工因原先角色的丧失而产生的低落情绪,提升了他们的主观幸福感,也促成了他们自我价值的再实现。在帮助他人、帮助社会发展的同时,退休职工也收获

了身心的满足与他人的尊重。

(三)形成"人人为我,我为人人"的社会风气

从西子湖畔到杭州各处,"微笑亭"虽几经变革,队伍一再壮大,但不变的是其薪火相传的志愿服务精神。自杭州将社会主义核心价值观融入精神文明建设中后,杭州的文明之风日盛,"微笑亭"作为杭州的名片,其志愿服务精神也得到了来自五湖四海的游客的广泛认可,感染了一批又一批群众,带动更多人加入志愿服务的行列,为形成"人人为我,我为人人"的社会风气添砖加瓦。

杭州志愿服务"微笑亭"是全国学雷锋活动示范点,发扬了雷锋精神,贯彻并弘扬了志愿服务精神。"微笑亭"以群众的需求为出发点,为群众提供了贴心的服务,把社会主义核心价值观的内容和要求融入日常的志愿服务之中,把"奉献、友爱、互助、进步"作为志愿服务精神。这不仅体现了中华民族的传统美德,也在潜移默化中影响着一代又一代人,提高了群众的道德素养。而"微笑亭"志愿服务也在日常的点滴践行之中传播着"人人为我,我为人人"的社会风气,传播着文明新风,助力于构建和谐、美好、文明的杭州。

(四)群众基层服务自治的体现

基层群众自治是指根据法律规定,人们在所居住的社会基层区域内进行自我管理、自我教育和自我服务的一种制度。它带有基层性、群众性和自治性的特点。基层群众自治制度包括村民自治、城市居民自治和职工代表大会等。要真正发展好基层群众自治制度,就必须把人民群众的根本利益作为一切工作的出发点和落脚点,实现好、维护好和发展好最广大人民的根本利益。

西湖志愿服务属于城市居民自治,这是人们自愿发起的自我服务,既服务他人也服务自己,不仅让城市居民自我价值得到实现,更有利于人与人之间的和谐交往与友好沟通。帮助老人量血压、测心率,为那些来西湖旅游的人们答疑解惑、指引方向,在帮助他人的同时志愿者也展现了杭州市民良好的精神风貌,是群众基层服务自治的优秀表现。"微笑亭"值得其他城市或地区借鉴。

(五)"微笑亭"模式推广的可借鉴性

自2009年成立以来,"微笑亭"依靠基层群众服务自身的运营机制获得了外界的一致好评,其运行模式也在杭州市的其他区域推广开来。"微笑亭"的志愿服务遍布杭州的大街小巷,其运营模式的优越性可见一斑。因此,我们可以大胆推测这种运营模式具有大范围推广的可能性。

这种运营模式始于两种需求的互补:政府需要建立一个组织机构,解决市民与游客在生活、旅途中的繁杂问题;一些机关及企事业单位的退休职工,怀有

服务于自己工作于斯、生活于斯的城市的热情,也拥有服务他人的能力和时间。因此,两种需求成功对接,由政府搭建志愿服务平台,退休职工充当志愿服务的主体的"微笑亭"便应运而生。这两种需求在我国的大多数城市应该都同时存在,但这些城市没有出现"微笑亭"这类志愿服务组织,可能是两类需求主体之间缺乏有效对接。我们认为,政府应主动作为,宣传、组织群众积极参与,引导建立基层群众服务自身的模式。

"微笑亭"运营中也有在校大学生的加入,他们在学习之余,利用专业知识和技能为人们提供服务。在志愿服务中,他们不仅锻炼了自身的技能,而且也深刻体会到了志愿服务的精神。

"微笑亭"模式,有机整合了政府、退休职工以及在校大学生的力量,实现了多方共赢,基层有效治理。

指导教师:傅夏仙

杭州新型养老院发展情况调研

——以杭州滨江绿康阳光家园为例*

一、调研背景

(一)我国人口老龄化的现状

目前,人口老龄化已经成为我国一个极为严峻的社会问题,严重影响着我国社会、经济等各方面的发展。

国家统计局发布的数据显示,截至 2017 年年末,中国大陆总人口 139008 万人,比 2016 年年末增加 737 万人。从年龄构成看,16～59 周岁的劳动年龄人口为 90199 万人,占总人口的比重为 64.9%;60 周岁及以上人口为 24090 万人,占总人口的 17.3%,其中 65 周岁及以上人口为 15831 万人,占总人口的 11.4%。[①]

老龄化带来的直接需求就是养老,但中国当前养老存在两个难题。一是计划生育国策的实施导致中国家庭结构巨变,独生子女成为常态,一对夫妇要养 4 个甚至 8 个老人。"计划生育好,政府来养老",当年推行计划生育时提出的口号,现在兑现却存在很大的困难。二是子女由于各种原因不能在父母身边,有心而无力。2020 年,中国 60 岁以上老年人口将增加到 2.55 亿人左右,独居和空巢老年人将增加到 1.18 亿人左右,每 5 个空巢老人中,就有一个要独自度过晚年。

---

* 本文由刘洪甫、李渁秋、田子珺、姜金池、刘鑫、蔡浩然、程浩然、柏东山、杨睿智合作完成。

[①] 2018 年中国人口老龄化现状分析、老龄化带来的问题及应对措施[EB/OL].(2018-05-04)[2018-12-30]. http://www.chyxx.com/industry/201805/637022.html.

(二)我国养老院目前的发展情况与困境

1.我国养老院发展状况

中国是崇信儒家文化的国家,长期以来形成了"家庭养老"的传统模式。选择家庭养老的老人,生活在家庭中,感到熟悉和自由,经济上也比较划算,从社会的角度考虑,家庭养老的社会硬件设施成本几乎为零。

但家庭养老在新形势下的脆弱性显示出其历史的局限性。现代社会的人际竞争加剧,生活节奏加快,工作负担加重,致使家庭养老的人力成本剧增,一般家庭难以承受,赡养者疲惫不堪;加上"421型"家庭的增多、空巢家庭等问题的出现,家庭养老这一传统养老方式必将随家庭结构的变化而逐步向社会养老过渡。

2.我国养老院发展困境

由于我国是人口大国,又是"未富先老",因此,在养老的基础设施方面存在很多不足。比如床位紧缺、护理人员素质不高、养老院工作人员工资太低留不住人等。另外,养老属于福利行业,但在市场经济中容易陷入生存和发展的困境,资金运作周期长,导致投资者不敢轻易对这类机构投入资金,政府补贴力度也不足。

(三)新时期应对老龄化的新政策新方法

习总书记在党的十九大报告中指出:"积极应对人口老龄化,构建养老、孝老、敬老政策体系和社会环境,推进医养结合,加快老龄事业和产业发展。"①在人民日益增长的美好生活需要中,老年人对晚年美好生活的需要,不仅仅包括最基本的吃饭、住宿、医疗等,还有对老年美好生活更高的追求。以目前的养老服务市场供给来看,存在发展不平衡、不充分的问题,满足不了人民日益增长的美好生活需要。因此,积极推动养老服务的供给侧改革,大力发展养老服务业是必要的。

二、绿康阳光家园养老改革的主要做法

滨江绿康阳光家园由杭州市滨江区政府投资近5亿元兴建,是杭州市规模最大的集"养老、医疗、康复、护理、助残"于一体的"公建民营、医养结合"的社会化运营项目之一,也是绿康医养集团旗下规模最大、设施最全、定位最高的"公建民营"项目。

---

①　习近平.决胜全面建成小康社会,夺取新时代中国特色社会主义伟大胜利[N].人民日报,2017-10-19.

坐落于白马湖畔的滨江绿康阳光家园,建筑面积逾 10 万平方米,包括自理老人养老区、介助介护老人护理区、二级康复医院、多功能活动中心、老年大学和食堂等功能区域。滨江绿康阳光家园总床位达 2000 张,包括 1800 张养老床位和 200 张康复医疗住院床位。其中,养老床位又包括 800 张自理养老床位和 1000 张失能失智护理床位。

杭州市滨江区正在绿康阳光家园内探索一个养老改革新模式——在杭工作的年轻人,每月做满 20 小时的志愿者服务,为养老院老人服务,就可以抵扣部分房租,以低至 300 元的价格,优惠入住养老院。

它有个很温情的名字——"陪伴是最长情的告白",由滨江团区委和区民政局于 2017 年年底推出。这一模式,在杭州市乃至浙江省都是一种全新的尝试和探索。

绿康阳光家园的做法,实现了志愿服务效用叠加,抓住了"两类人"的痛点,切实做好年轻人和老年人的文章,实现"老少共赢"的局面。青年、老年互相陪伴,起到社会资源共享及社会效用叠加的效果。同时,通过志愿服务,探索多赢的社会治理新模式。在人口老龄化日益成为社会关切点的当下,引入青年志愿者的力量参与为老服务,创造了多赢的局面,是创新社会治理模式的一种探索。另外,此举能助力营造助老爱老、和谐互助的社会氛围,引领更多富有朝气和活力的年轻人关注并参与养老志愿服务,从而提升总体养老服务水平,满足老年人老有所乐、老有所依的精神需要。

三、绿康阳光家园调研访谈

绿康阳光家园养老院的院长向我们简单介绍了整个项目的概况和发展情况,并带我们参观了各活动中心。随后,我们随院长来到了老人所居住的宿舍区,对志愿者和老人进行了访谈,总结如下。

(一)志愿者访谈

1. 关于居住体验

志愿者普遍对这里的综合条件比较满意,只用象征性地交 300 元的房租,就可以享受不错的基础设施服务。对于在滨江区工作的年轻人来说,这里的地理位置离工作单位距离普遍在 6 千米左右,交通比较方便。

2. 关于志愿服务

志愿者反映这个项目处于起步阶段,他们相当于"开拓者",没有足够的指导材料去实施,一切都需要摸索。一开始,志愿者仅仅是陪老人们聊聊天,后来他们开始尝试去开一些课程,并取得了不错的效果。例如我们采访的一位志愿者,她就尝试教老人们学习英语。另外,绿康阳光家园对志愿者的需求量还是比较大的,但目前项目志愿者只有 14 人。

(二)老人访谈

1.关于费用

老人们反映这里的费用虽然不低,但是整体还是比较合理的。费用主要与老人的自理能力挂钩,老人需要的护理级别越高,费用越高。园区按照老人的自理能力划分不同的住宿区,从自理区到半自理区再到完全护理区,费用不断增加(需要的护理服务逐渐增多,导致人工成本越来越高)。

2.关于园区环境

养老院环境优美,设施齐全,老人对此都表示十分满意。我们在活动中心遇到的一位老人和她的女儿对这里的环境非常满意,认为各项设施也非常完备。

3.关于居住体验

从老人的整体反映来看,养老院活动丰富,生活相对充实,对此老人都比较满意。但园区的饮食条件和医疗条件有待改善。在食堂对老人进行采访时,一位老奶奶特别提到了园区的医疗条件。老奶奶提到,自己平时吃的药在这个养老院没办法获取,且这里的位置相对较偏僻,需要每个月定期回家到医院开药。

4.关于志愿者活动

从整体上看,志愿者活动对老人的生活有积极影响,虽然影响面不够大,但仍是一个不错的尝试。在食堂采访到的老人表示,一些年轻人在周末给他们上的课程非常有意思,他们与几位年轻人也比较熟悉。不过由于志愿者人数较少,这些志愿者目前只是他们生活上的点缀,不会给他们的生活带来太大的改变。

四、绿康阳光家园养老改革的基本成效和存在的问题

(一)基本成效

对于青年志愿者来说,物质层面,助老可换得廉价租房;精神层面,志愿者在与老年人相处后,和自己家人的感情变得更加融洽。另外,工作压力也会得到相应缓解。有志愿者反馈,平时工作压力比较大,周五加班到晚上十点多,而志愿者工作是释放压力的一种方式。

对于老人来说,从志愿者的授课中可以学习一些才艺或者文化知识。另

外,这里的老人中,很多人的子女都在外地或者国外,青年志愿者在一定程度上可以填补老人们的情感缺失。

这些志愿者的服务,与一般的陪护服务相比,多了些知识含量、艺术含量。养老院以一种灵活的方式,向社会选聘能满足老人需求的优质助老服务资源,弥补内部供给的不足,或许是物超所值的。如果房子本身"有价无市",把这个资源盘活,既缓解了要租房又囊中羞涩的年轻人的一时之急,又解决了养老院人手短缺之困。于养老院、于年轻人,这都是有利的。从引导和激发年轻人参与社会志愿活动热情的角度看,这种招聘志愿者的方式很有吸引力。此举的最大价值在于,"在义工观念远未深入人心的当下,这所养老院以巧妙的方式实现了供与需的对接"①。

(二)存在的问题和改进意见

1.费用问题

住宿费用较高。解决方案:加强项目宣传,提高老人入住率,降低管理成本;财务透明化,以防出现贪污等情况。

2.志愿者问题

志愿者人手不足。解决方案:加大宣传力度,号召更多年轻人加入;提供更多志愿者福利;与志愿者所在单位合作。

3.食堂问题

食堂就餐昂贵且不方便老人食用,如食堂的饭太硬。解决方案:多倾听老人、志愿者的意见。

4.制度问题

制度不够完善,如志愿者小时数判定规则有问题。解决方案:完善志愿者小时数计算机制;多倾听老人、志愿者的意见。

五、我们的体会和行动

(一)小组体会

刚到这家养老院的时候,小组成员有着统一的观感——这跟我们想象中的养老院完全不一样。在我们以往的印象中,养老院意味着平房与矮楼、随处可见的老人。但绿康阳光家园从外观上看就像是一个崭新的、环境优美的高档小

---

① 罗淑尹.志愿助老,公益创新[EB/OL].(2018-08-28)[2018-12-30].http://luqiao.zjol.com.cn/luqiao/system/2018/08/28/031104378.shtml.

区。园区环境优雅,绿化覆盖率很高,设施也很齐全,硬件条件和软件条件在杭州应该都属于前列。

在和志愿者及老人的交谈中,我们感受到了这个项目让老年人和年轻人实现了共赢。"杭漂"青年通过陪伴老人及做一些志愿服务换得了不错的住宿条件,而养老院也因为这些年轻人的入住增添了活力,这对活跃园区的氛围、充实老人的精神生活等都有裨益。但目前并不是每个老人都能感受到该项目带给他们生活的改变,正如一位老人和我们所讲的:这项活动对于养老院来说并不是必需品,只是一个很好的点缀,是锦上添花,但不是雪中送炭。当然,这并不会消解这个项目的探索意义:一方面,这会对整个社会产生正面影响,带动更多年轻人关心老人、积极参与志愿服务;另一方面,这是养老行业改革的一次试水,对推动养老行业的发展有一定的参考意义。

(二)我们的行动:实现校院联动,建立社会实践基地

我们小组以本次调研为契机,建立学校与养老院之间的联系,搭建志愿活动桥梁。目前,我们已经与浙江大学计算机学院团委取得联系,并积极与绿康阳光家园、杭州市滨江区团委展开沟通,力求在绿康阳光家园建立青年志愿者基地与社会实践基地,搭建浙江大学计算机学院(乃至全校)同学与绿康阳光家园之间的合作渠道,让年轻人体悟社会责任,让老年人重新焕发青春活力。

我们希望,这一合作渠道能为在校的同学们提供参加社会实践与志愿活动的机会,帮助他们丰富社会工作经历,提升沟通实践技能,感悟志愿奉献精神;同时也为养老院的老人带来实际福利,提供长情陪伴,弥补他们情感上的缺失。

我们争取让本次实践不再局限于一次小小的调研,而是真真切切地给这群老人的生活带来影响,让我们的成果落到实处,让我们的思想生根发芽。我们知道,作为大学生,我们的能力非常有限,但我们仍希望能以自己的绵薄之力,为这个社会带来尽可能多的积极影响。这是我们作为新时代的大学生能够做也应该做的事情。

指导教师:宇正香

乌镇椿熙堂智慧养老模式的探索

——以乌镇养老服务照料中心为例[*]

一、调研背景

目前,中国已有 21 个省(区、市)成为人口老年型地区,其中老龄化水平超过全国平均值的已有 11 个省市。人口老龄化程度超过全国平均水平的这些省市中,上海(18.48％)、北京(13.66％)、浙江(13.18％)等位居前列。[①] 随着经济的发展和社会保障水平的不断提高,未来人口老龄化问题将日趋严重。如何做到老有所养是当今以及未来很长一段时间必须面对的问题。

作为江南六大古镇之一的乌镇,60 岁以上人口已有 14501 人,占该镇总人口的 25.35％,80 岁以上老年人占总人口比例更是高达 14.56％。为解决养老问题,2015 年年底,乌镇引入智慧养老模式。据《2016 年乌镇镇政府工作报告》,乌镇政府拨款 1335.78 万元,通过购买第三方服务,致力于推进"智慧养老"工程,由专业运营企业提供精细化、个性化服务的居家养老模式,建立起"乌镇智慧养老综合服务平台",即依托现有的居家养老中心,建立起 1 个一级站点和 7 个二级站点,实现全镇全覆盖。其中一级站乌镇居家养老服务照料中心服务 60 岁以上老人约 4000 位,二级站则平均在 1500~2000 位。目前,全镇近 1.5 万名老人均可享受到照料中心的服务,日服务老人逾 500 人次。(2015 年

* 本文由郑锦锋、高成峰、顾轩妍、倪海阳、王金、袁芳玲、章程、朱岩谭合作完成。

① 蔡燕.人口老龄化背景下山东省养老保障问题研究[D].长春:吉林大学,2015.(括号内为该省市 60 岁以上人口占总人口比例)

年底提供设备 160 多台,接到的报警及通知 700 多次,提供服务 1800 余次。)①

总之,乌镇智慧养老综合服务平台主要依靠互联网、物联网等技术手段,建立起以居家养老为核心、以机构养老为依托、以社区养老为支撑的"互联网＋养老"体系,把养老服务真正送到老人家中。现已从初期的"1＋2＋1"模式升级至智慧养老"2＋2"新模式,把线上的乌镇智慧养老综合服务平台、远程医疗服务平台和线下的居家养老服务照料中心、社区卫生服务站连在一起,实现了线上和线下更好的融合。

二、乌镇椿熙堂智慧养老的主要做法

(一)智慧养老"1＋2＋1"模式

乌镇的智慧养老模式可以归纳为"1＋2＋1"模式。第一个"1"代表了乌镇的老年人——其所有档案归于大数据平台数据中心;后面的"1"是综合管理平台——代表了乌镇政府,代表了分管民政的主管机构,具有监管、审批、信息反馈等功能;中间的"2"则是智慧养老模式的关键,也是这一模式的核心内容,代表由交互系统及智能照护系统实现的常规服务和定制服务,以充分满足老年人的多样性选择和个性化需求。

在走访过程中,我们了解到许多有关此模式的具体运营信息。来到居家养老服务中心的老人,首先可以免费办一张"乐享生活卡"。中心会逐一收集老年人的基础数据,包括他们的家庭情况、个人身体状况等,将其输入服务需求评估系统当中。系统会从 8 个维度分析老人的现状、身体情况,从而形成针对每个老人的个性化服务计划。"乐享生活卡"包含了老人的健康信息和活动信息,他们在养老中心的每一次健康体检与活动记录都会被记录下来,形成独具个性的个人名片,对于他们的健康分析与活动规划都有很重要的指导作用。作为智能养老服务的对象和"1＋2＋1"模式的参与者,老人们的个体差异性得到了充分的考虑和保障。

我们选择的考察地点是乌镇居家养老服务中心,这里由椿熙堂运营。椿熙堂是一个基于原居安老思想,注重提升老人自我价值和参与感的跨专业协作的服务团队,为老人提供"健康管理、社区文化、生活照料、膳食餐饮、专业照护"综

① 李方. 乌镇"互联网＋养老"成范本,实现智能居家养老新模式［EB/OL］. (2015-12-16)［2018-12-01］. http://www.ce.cn/cysc/tech/gd2012/201512/16/t20151216_7584015.shtml.

合服务。椿熙堂拥有智能信息化平台和智能物联设备,通过医养结合新模式,在地理区域、年龄层次、服务范围实现"全方位、全过程"的医养服务全覆盖,构建居家、社区和机构多层级长期照护服务体系,力争提升老人们的生活品质和生活质量,使他们真正能够"乐享生活"。

椿熙堂居家养老中心的建筑共分为四层:一楼主要是前台、餐厅和社区所在的居委会,二楼是健康管理中心,三楼是文体活动中心,四楼是信息中心,老人们的健康信息及其他个人信息资料会在这里得到汇总,并有专业的工作人员24小时实时监控,对突发情况进行有效应对。

养老中心的常规性服务主要集中在二楼和三楼。在二楼的健康管理中心,有各种基础的医疗器材,包括血压仪、复健器材等,每日有一位专业医师值班坐诊。老人们随时可以根据自己的需要使用这些医疗器材检查身体,向专业医师咨询健康方面的相关问题。这里也设有心理辅导室,能纾解老人心中的烦闷。对老人来说,晚年的身心健康是他们最关注、最在意的问题,健康管理中心的这些常规服务可以为老人的健康保驾护航。

三楼的文体活动中心是老人们休闲娱乐和上课的场所,主要有图书室、乒乓球房、舞蹈房等。为丰富老人们的业余生活,养老中心提供了许多学习课程,包括微信课、电脑课、英语课、健康讲座等常规性的学习课堂,捏彩泥等体验类课程,还有根据节假日安排的活动,如端午节特色活动"做香包"。老人们可以根据自己的兴趣爱好和空余时间选择自己喜欢、适合的课程,课程设计极具灵活性和便利性。我们调研时正赶上老人们上微信课,他们虽然头发花白,但依然精神矍铄,对微信这种新事物也很感兴趣。"从最简单的收发消息到朋友圈的点赞评论,我们学得不快但一直在进步,也拉近了与年轻人的距离,仿佛自己也年轻了许多,十分感谢工作人员不厌其烦的指导。"一位老太太如是说。此外,养老中心也会为老人们开展一些特色活动,如卡拉OK唱歌活动,为金婚银婚的老人免费拍摄婚纱照,等等。这些课程及活动不仅丰富了老人们的晚年生活,也让老人们与时代接轨,接触许多新事物,充分感受到这个团体和社会对他们的精神关怀。

(二)智慧养老"2＋2"新模式

2016年,乌镇智能养老服务中心在原先的基础上开启了"智慧养老2.0模式",加入"医养结合"与"远程服务"两个板块的内容,并且这一模式以"医养结合"为核心。

在"医养结合"板块,乌镇居家养老中心设有医疗检测设备,供老人们随时进行体检,身体监测的数据将上传至数据中心,以供中心了解老人身体状况并给出个性化的医疗建议。浙江知名三甲医院的专家也会定期来养老中心坐诊,为老人们检查一些疑难杂症。此外,中心还利用乌镇互联网医院,通过互联网联结了全国 2400 多家重点医院,26 万名来自重点医院的专家,为老人们提供了精准预约、在线复诊、远程会诊等服务。只要老人与中心服务人员沟通好,中心将为老人预约互联网远程诊疗,足不出户就能享受大医院专家的诊疗。

在"远程服务"板块,中心考虑到老人的年龄、身体状况、家庭状况等因素,提供了 SOS 手环、GPS 手环和居家监测设施,实现远程服务。当老人有危险时,只要按下 SOS 手环或 GPS 手环上的按钮,中心的工作人员就能对老人进行定位并联系救护车,保证及时对发生突发状况的老人展开救护工作。居家检测设施包括红外线感应和老人生命体征检测等现代智能设备,老人在家中的信息会及时反馈到养老中心,以便养老中心进行实时监控并做出应对措施。

三、乌镇椿熙堂智慧养老的基本成效

(一)形成了一定规模

经过一年多的发展,乌镇的智慧养老体系已经有了一定的规模,建立起了 1 个一级中心和 7 个二级中心,实现了全镇全覆盖。全镇近 1.5 万名老人只要在中心进行注册均可享受到照料中心的服务,其中一级站乌镇居家养老服务照料中心服务 60 岁以上老人约 4000 位,二级站则平均在 1500~2000 位。服务内容涵盖了生活照料、社区文化、膳食餐饮、健康管理、专业照护,这五大类服务又可以细分出 58 项具体服务,为老人提供了一种全方位的养老新模式。

(二)建立起了数据库

养老服务中心自运营以来,对老年人的人口信息、健康信息、服务需求信息等进行了采集和分析,并且保持更新。通过信息平台上对养老需求的分析,可以为老人"私人定制"养老服务,打造"一对一"的服务模式。

数据体系建立的最集中体现就是"乐享生活卡"的运用,它不但可以收集老人们的个人健康信息、家庭信息,还会记录老人们在服务中心的历次健康体检和参与活动娱乐的信息。信息中心通过 8 个维度的分析,形成对每个老人个性化的服务计划。

养老服务中心的信息中心通过 U-care 远程健康照护系统,实时检测老年人的健康数据,并且形成动态的健康数据管理机制,以综合评估老年人的健康状况,并且可通过"智能居家照护""SOS 呼叫跌倒与报警定位手环"等设备,让智慧养老落到实处,如果老人家里的门未关,或者在家中跌倒,中心都会接到警报,照料服务中心的值班人员会在最短的时间内提供上门服务或呼叫"120"。

(三)为其他城镇提供了可借鉴的经验

椿熙堂智慧养老服务中心的建立离不开政府的大力支持和社会各界的配合帮助,由政府出大部分资金寻求专业养老服务团队提供智慧养老服务,这势必要求政府具备足够的财政实力,当地区经济实力不足以提供如此高端的服务时,只能退而求其次先保证最基础、最重要、最被需要的服务,然后再不断地发展升级,完善其他服务。此外,乌镇针对失独老人、孤寡老人、丧失自理能力的老人等特殊群体提供的服务,可以为其他想要发展智慧养老的地区、城镇提供很好的借鉴。

四、我们的看法

(一)乌镇椿熙堂智慧养老模式的优势

通过实地走访调研,我们认为,乌镇椿熙堂智慧养老模式具有以下优势。

1. 开创了一种全新的养老模式

智慧养老通过互联网应用实现了居家社区养老,不仅规避了传统养老院床位紧张的问题,更让老人可以自由选择接受服务的时间、地点,让很多没有丧失生活自理能力的老人在享受必要的养老服务的同时,拥有实现自我价值的空间。同时,智慧养老拓宽了老人的社交范围,加之养老机构丰富的娱乐设施和舒适的休息场所,让老人们即便没有儿女的陪伴,也能在多姿多彩的生活中安度晚年。

2. 投入产出比更高,服务更加精细化

智慧养老借助信息技术极大地拓展了需求响应的范围,提升了服务的广度和深度;信息平台的高效率运行实现了大数据处理,以此为支持实现全镇老年人信息的覆盖;线下服务的精细化与个性化则实现了养老服务的人本目标。与机构养老相比,居家智慧养老投入产出效益更高。有研究表明,投资建设实体养老机构,每张床位需投入 10 万~25 万元,这意味着 1000 万元的投资最多只能满足 100 名老年人的养老需求,将同量的资金投入居家智慧养老服务,可以覆盖 6000 多名老年人,满足他们常态化的养老服务需求。

3. 实现了个性化的养老,能够更好地满足需求

智慧养老的信息平台建立了统一的服务管理流程,通过办理服务卡采集老年人的个人信息、家庭信息、健康信息、医疗信息,进行专业的评估,形成个性化照护计划,整合优质服务资源,提供专业照料服务,专业服务还通过物联网延伸

到老年人的日常生活中。如 U-care 远程健康照护设备能够记录老人的健康状况,对异常健康数据进行预警;智能居家照护设备能够分析老人的行为习惯,对异常行为进行预警;应急报警设备能够监测异常活动和主动求助,服务中心实时响应报警。

(二)乌镇椿熙堂智慧养老模式推广中的限制因素

在采访中我们也发现,这一养老模式在推广中受到一些因素的限制,主要有两个方面。

1.老年人消费能力和消费观念的限制

老年群体具有鲜明的消费特征,既有一般人群的普通需求,如助餐、助行等,也有特殊人群的特殊需求,如失能失智老人的特别护理需求。不过由于老人受计划经济长期影响形成公共服务福利惯性思维、现实状况下公立养老服务价格相对较低、老人退休后普遍收入不高等多重因素的影响,尽管他们对智慧养老产品相对认可,但其可接受的价格与企业实际成本尚有一段距离,这给智慧养老产品的推广增加了难度。

2.政府财政能力的限制

不同于大多数传统养老院由老人或其家人支付费用,椿熙堂在乌镇服务中心的运营成本,80%由政府出资,是政府为当地老年人提供的福利政策。这就说明现在智慧养老在乌镇的试行是依靠政府而取得成功的,而这就要求当地政府必须有足够的财政实力作为支撑。乌镇旅游业发达,世界互联网大会每年在此召开带来很大的经济效益,所以政府有能力支持智慧养老的发展。而对于很多经济欠发达地区来说,养老服务的需求可能更大,但当地政府却没有这样的财政实力去支撑,这是智慧养老推广面临的一大难题。

(三)总结

椿熙,顾名思义,就是"长寿和乐"。随着我国老龄化程度的逐步加深,养老的话题必将受到越来越多的重视。椿熙堂运营的乌镇智慧养老"2＋2"模式,从"互联网＋养老"的思维出发,在智慧养老"医养结合"方面做出了成功的实践。虽然椿熙堂的成功是依托于乌镇这个第三产业高度发达的平台,但是仍然具有很大的推广价值和深远的推广意义。由点到面,由先进带动落后,从力争在广大社区和农村开设一个类似于椿熙堂的服务站点开始,为老人们的聚会提供一个平台,每一步努力都是智能养老模式的一种成功,也是对广大老年人的尊重和关怀。虽任重道远,但未来可期。

指导教师:傅夏仙

浙江养老产业模式创新

——以杭州市蒋村街道日间照料中心、大关街道日间照料中心为例*

一、调研背景

(一)日间照料中心产生背景及现状

目前,中国已经成为世界上老年人口最多的国家。2017 年年底,我国 60 周岁及以上人口达 24090 万人,占总人口的 17.3％,65 周岁及以上人口达 15831 万人,占总人口的 11.4％。[①]在我国人口老龄化如此迅速的背景下,社区老年人日间照料中心作为一种新的服务形式应运而生,成为家庭养老强有力的支撑与补充。根据民政部《社区老年人日间照料中心建设标准》,社区老年人日间照料中心是指为以生活不能完全自理、日常生活需要一定照料的半失能老年人为主的日托老年人提供膳食供应、个人照顾、保健康复、娱乐和交通接送等日间服务的设施。它是一种适合社区老年人的"白天入托接受照顾和参与活动,晚上回家享受家庭生活"的社区居家养老服务新模式。但我国日间照料中心由于起步较晚,发展速度缓慢,还存在诸多问题。

1. 人员配备不完善,专业人员稀少

目前,由于我国养老服务行业人员紧缺,人员供给亟须补充,很多社区日间

---

* 本文由吴泽天、高安杰、周心怡、徐卓荻、金旻、栾合尧、吴雨馨、赵洁、杨萱、苏曼合作完成。

① 权威发布:我国 60 岁以上老年人口 24090 万人,达 17.3％,老龄化加快![EB/OL].(2018-01-24)[2018-12-01]. https://www.sohu.com/a/218786362_99894106.

照料中心无法为服务对象提供有效的日间托养服务。很多社会人士对从事养老服务业存在一定误解,认为这是一份有失体面的工作。这样的观念导致从事养老服务行业的年轻人较少,其服务人员基本上是城镇下岗失业人员和农村剩余劳动力。他们的文化程度普遍不高,流动性较强。

2. 不同地区日间照料中心发展不平衡

不同地区的日间照料中心的发展水平存在较大差异,它们在建筑面积、服务设施、服务水平等多个方面差距悬殊。

3. 老年人日益增加的多样化需求与服务供给存在矛盾

如今的老年人生活需求更趋多样化。社区养老与居家养老服务理应提供给老年人所需的健康管理、医疗康复、精神娱乐等服务项目,但当前的社区日间照料中心因各种条件限制,远不能提供相应的服务项目。这种供需不平衡导致老年人更加缺乏获得感和安全感。

(二)浙江养老服务的目标与创新路径

根据 2017 年发布的《浙江省老龄事业发展"十三五"规划》,浙江省明确提出要整合社区服务资源,加快城乡养老服务综合性设施建设,2017 年基本实现农村社区养老服务照料中心全覆盖,全省城乡社区形成 20 分钟养老服务圈。与此同时,鼓励与引导社会组织、家政服务企业等参与居家养老服务,加强居家养老服务机构专业化建设,加快培训培养护理、保健、家政等各类专业服务人员,建立健全养老护理志愿者制度。①

2018 年 10 月,国家发改委、民政部、全国老龄办联合发文,公示一批养老服务业发展典型案例,旨在将此模式推广至全国。浙江共有 4 个典型案例上榜进入公示,分别是:浙江省通过创新驱动加速发展养老服务业;桐乡市借力"互联网大会"开创乌镇"互联网＋"养老服务新模式;浙江颐乐学院打造家门口的老年学习乐园;浙江绿康医养集团坚持医养护一体化发展打造健康养老"绿康模式"。

二、调研概况

本组从"学院式养老""互联网＋智能化""居家、社区、组织三位一体的嵌入式养老"三个创新路径出发,选择杭州市蒋村街道日间照料中心、大关街道日间

---

① 浙江发布老龄事业发展"十三五"规划,今年要实现 20 分钟居家养老服务圈[EB/OL]. (2017-06-18)[2018-12-01]. http://www.sohu.com/a/149997290_773919.

照料中心为调研地点,通过实地调研、采访工作人员、发放问卷等方式,深入调研两处日间照料中心创新模式运作的基本情况,以及老人对创新性养老模式的评价,最后总结其创新模式的显著优势与不足,提出相关建议,将更好的养老创新模式推广至全国。

(一)"学院式养老"模式创新

蒋村街道日间照料中心"椿龄荟"是全国首家学院式社区养老中心,除了常规的长者照料服务外,椿龄荟还融入了老年大学,以满足老年人"颐、乐、学、为"的全方位生活需求。现在,椿龄荟开设了五大系列课程,包括文化课、体育课、健身课、音乐课和手工课,课程设置的目的是锻炼老人动手、动脑、动眼的能力,最大限度地保持他们应有的生理机能。接下来,随着入住老人增多,还可能会给老年人分班,设"流动红旗""小红花"等,设立一些奖励机制,让老人能有意外的成就感,鼓励老人积极参与。

除了服务机构里的老人,蒋村长者服务中心的一楼也开设有老年课程,如健身气功班、瑜伽班、智能应用教学班、书画班、舞蹈班等,普惠社区周边的长者。这些课程都是固定的每周一次,每门课每学期10节课,可以让老人们更系统地进行学习。

椿龄荟的老年大学里,老师和学生都是在社区居住的长者。班级里有班长,有课代表,课后还布置"家庭作业"。在调研中,养老中心的李女士和我们说,现在班级的地理老师高爷爷退休前也是一名地理老师,85岁高龄的他有时候会忘记一些事情,但自从担任班级的地理老师后,他的精神状态越来越好,每天认真准备课程,记忆力也提高很多。我们也联系到了高爷爷的儿子高先生,他说:"看到父亲上课时活力满满的样子真的很感动,我又看到了父亲课堂上的风采,而不是那个有些糊涂的老头。"

"每个长者,都对社会做过贡献,在这里,我们努力挖掘每个老人的潜能,让他们发挥自己的价值。"中心负责人汤鑫解释,"这也是'老有所为'理念的体现。"

(二)"互联网＋智能化"模式创新

大关街道日间照料中心是由社区全套托管给"爱照护养老服务平台"经营的机构,其目前的日间照料老人共8位,其中1位为失智老人。我们到的时候共见到了2名工作人员和2位老人(其他老人一起出去逛市场了)。

工作人员说,中心平时是有很多老人的,"他们(老人)家里白天也没有人,一起来中心这里聚聚,搞搞活动也热闹"。我们看到,中心的基础设施建设十分完善,包括午休室、多媒体娱乐室、网络室、图书室等,也有方便腿脚不便老人搀扶的走道扶栏。我们还看到一位工作人员在带着中心唯一一位神智有一些失常的李爷爷散步、做操,他们说这些都是中心的日常工作。当时在场的另一位老人王奶奶说:"我们小人(指子女)怕我们白天一个人在家里没人照顾出意外,就安排我们到这里来。我们也喜欢来这里,大家都聚在一起,阿姨们也都很好,带我们做手工、做操,还给我们讲保健知识,都很好的!"

我们从网上了解到大关街道日间照料中心通过互联网技术与硬件的结合,实现"互联网+智能化"模式创新。老人就餐时,一次刷脸(人脸验证)就完成了就餐数据分析。负责打饭的管理人员看到老人的健康信息后,还可以利用"大数据"分析该老人以前的就餐数据,提供"定制版"营养配餐;如果发现老人没有就餐,还能将报警信息推送给社区工作人员或医护人员。但是,工作人员说,实际经营工作中并不像网上介绍的那样能够实现全面覆盖,"定制版"营养配餐是有硬件与软件条件要求的,且并非免费项目,所以并没有很多家属为老人购买该项服务。

同时,我们还了解到该社区依托"爱照护居家养老智能系统",将最新的互联网技术应用于居家养老照料服务之中,在不打扰老人生活的前提下,密切关注他们的生活、安全等。目前使用的"爱照护居家养老智能系统"借助"互联网+"模式,通过安装紧急呼叫响应等设备,为老人提供24小时远程监护和服务,可以让子女、照料中心等实时了解老人的生命体征和身体健康状况。比如异常离床警报,夜晚老人不在床上,智能护理床会发送信息到后台,服务人员可以查询7分钟内老人出门信息及在客厅中的感应系统,进行判断,并及时上门查看。

除了日常的远程监护外,中心还根据老人的实际需求,推出骨折照护包、认知症照护包和肿瘤照护包等套餐,为需要的老人提供照护。同时,我们了解到,大关街道的养老服务设施建设将进一步完善,配套服务设施齐全的星级日间照料中心力争在2020年实现全覆盖,让老人们将养老院"搬"到家中。

(三)"居家、社区、组织三位一体"的嵌入式养老

近年来,西湖区、拱墅区围绕实现"老有所养、老有所医、老有所教、老有所学、老有所乐、老有所为"的"六有"目标,全面整合社会资源,着力强化养老服务功能,积极创新养老服务形式,联合第三方实现高品质的社会化托管运营,竭力为辖区老人提供优质养老服务,持续提升老年人的满意度和幸福感。

据了解,"15分钟养老服务圈"已成为杭州养老服务的金名片。以西湖区为例,目前共有8家老年人日间照料中心、4家市级四星级照料中心、3家区级三

星级照料中心。老人们从家中出发步行 15 分钟,就能到达所在社区的老年人日间照料中心,享受日间照料中心提供的各类服务。椿龄荟是西湖区打造综合性养老机构的试点工程之一,也是政府与机构合作养老机构的样板工程,以嵌入小区内部的养老机构作为涉老服务的集中点,逐渐扩展到养老机构居家上门服务。除满足健康老人的需求外,还将拓展康复养老内容,打造医养护一体化综合智慧养老服务。

"养老需要专业化,高素质人才是关键。"工作人员说,"我们以政府兜底的方式,提供硬件支持,引导高质量涉老机构的布点及服务内容,努力构建'居家、社区、组织三位一体'的养老服务体系。"

我们此次调研的蒋村街道和大关街道的几个社区日间照料中心已形成了一套"社区+社会组织"的创新模式。其做法可以用 4 个"社区+"来概括。

社区+社会组织。如大关街道与爱照护养老服务中心等较为成熟的社会组织合作,蒋村街道与浙江柏康养老服务机构进行合作,通过服务团体的专业化运作,利用各自优势,取长补短,共同发展养老事业。

社区+医疗机构。蒋村街道联合绿城医院,大关街道联合辖区范围内的社区卫生服务站、和睦医院等医疗资源,开设家庭病床,设置养生保健屋,依托"爱照护居家养老智能系统",实现医院社区医疗一体化,为老人提供健康保障。

社区+志愿团队。大关街道专门推出了以"巧媳妇"为品牌的系列特色服务,如:"巧媳妇"银龄互助志愿团,推行"以老助老"长者志愿活动,提供打扫卫生、洗烘衣被等家政服务;"巧媳妇缝纫工坊"爱心基金,为生活困难老人渡过"燃眉之急"提供资金援助。

社区+院校。大关街道与杭州师范大学护理学院合作,开展居家养老服务及管理研究,不断优化养老服务。

三、调研总结与借鉴意义

(一)调研总结

我们发现,椿龄荟这样类似老年大学的日间照料中心,非常适合离退休老人。他们白天可以进行一些社交、文化活动,在收获陪伴与快乐的同时,重新实现自我价值,形成自我认同,而这对于离退休老人来说是至关重要的。同时,这种形式的日间照料中心也极大地体现了我国养老体系从"老有所依""老有所养"到"老有所用"的改革、提升与进步,可以说这样的照料中心已经不局限于对老人生理上的照顾,更多的是服务于老人心理上的健康与满足。

大关街道日间照料中心则是在硬件设施上实现了技术进步,引入"互联网+",使老人们即使在家也能远程接受到无微不至的关怀与照顾。我们对比了日间照料中心与社区老年活动中心的情况,明显发现由专业机构承包的照料中心能够为老人提供更为细致全面的服务。因此,建设日间照料中心仍然需要依托专业的团队与机构,并且从技术上革新养老服务。这一方面可以节约人力成本,另一方面也符合我国社会主义现代化建设中关键的技术革新路线。

(二)借鉴意义

综上所述,日间照料中心可以从服务模式与服务硬件两方面去改进与完善。

服务模式方面,首先要做到日间照料中心数量充足,辐射范围全面(如蒋村街道)。在此基础上,可以在同一个生活区的不同中心以不同的需求开展服务模式创新。切实站在老人的角度分析他们的生理与心理需求,把中心的规范化、优良化建设落在实处。

服务硬件方面,主要还是要依托蓬勃发展的互联网信息技术,引入"互联网+",让互联网的发展真真切切地惠及寻常百姓。技术引入要注意两个方面:一是真正有需求,能解决问题;二是对使用者(尤其是老人)不能存在技术壁垒。如"爱照护居家养老智能系统",监控、紧急呼叫都是无按键或者单按键操作,这是大多数普通老人都会操作的。

我们希望,社区与养老服务承包机构能够继续加强合作,对老人及其家属情况和服务反馈持续跟进调研,从而不断地改进服务与完善设施,做到互利共赢、实惠利民。

指导教师:林小芳

几家欢乐几家愁

——杭州部分老年食堂经营情况调研*

一、调研背景

随着杭州市人口老龄化的加剧,空巢老人家庭也呈现不断增加的趋势。空巢老人家庭的增多,首先带来的是老年人的健康保障、精神慰藉、安全保障等方面的问题。很多老人年事已高,可能平时生活中无力自行买菜做饭,无法解决日常的吃饭问题,哪怕是两个老人共同生活也可能面临这样的问题。因此如何解决社区内老年人的吃饭问题,需要各级政府、社会各界的关注和重视。

建立社区老年食堂,可以解决空巢老人无力自行买菜、无力做饭的问题,同时能减轻子女的照料负担,又能在社区内增加更多就业、创业岗位,不失为一举多得的措施。早在 2005 年,杭州市翠苑一区就建设了杭州市第一家社区老年食堂,同时,杭州市政府这些年来对发展社区老年食堂、增加社区老年食堂的覆盖率提供了大力的帮扶。

据杭州市民政局基层政权与社区建设处统计,2009 年,杭州市共有 150 家社区老年食堂,到 2010 年,社区老年食堂已经上升到 197 家。[①]但相对于以百万人计的老年人,这还远远不够。2017 年 6 月,杭州出台《关于推进老年人助餐服务体系建设的指导意见》,提出到 2017 年年底,杭州将通过改造提升或新建社区老年食堂、建设社区助餐服务点、社会餐饮企业送餐上门等模式,实现高龄、

 * 本文由伍雨晴、张栩清、袁沁尔、金凡、陈怀谷、陆煜晨、田泽南、郑惟学、樊戈琦合作完成。

 ① 陈静,何丽娜,钱祎,等.8 月底杭城最大社区老年食堂关门,社区"小饭桌"的喜与忧[N].今日早报,2014-09-04.

孤寡、独居、空巢老人助餐服务全覆盖,有效缓解老年人吃饭难问题。而到了2017年年底,杭州市城乡助餐体系不断完善,建成老年食堂(助餐服务点)1176家,形成了"中心厨房＋中心食堂＋助餐点""互联网＋配送餐"与邻里互助等多元就餐模式。①

那么,现如今杭州市的老年食堂状况如菜品质量、价格、优惠政策、经营模式、配送和用餐人群的组成等究竟如何呢? 我们小组决定进行一次实地调研,旨在深入了解社区老年食堂发展状况以及人们对社区老年食堂的看法,并提出一些建议。

二、调研结果

(一)基本情况

1.老年食堂历史与现状

2003年9月,杭城第一家社区老年食堂开业,截至2017年年底,杭州的实体老年食堂共有1176家,首家老年食堂已经15岁了。②

以翠苑街道为例,目前街道60周岁以上老年人有1.2万余人。从2003年的第一个老年食堂投入使用以来,翠苑街道累计投入100余万元,已先后在翠苑一区、二区、三区、四区以及九莲和花园等6个社区开办了老年食堂。③

2.老年食堂有关政策

自2017年6月5日起,《关于推进老年人助餐服务体系建设的指导意见》(以下简称《意见》)开始正式实行。《意见》首次明确了社区老年食堂、社区助餐服务点和社会餐饮企业送餐上门三类助餐模式,并分别制定了食品安全和服务管理规范。《意见》指出,需要改造提升或新建社区老年食堂,建设社区助餐服务点,规范社会餐饮企业送餐上门。④

统一备案制度。2017年,杭州市对现存所有社区老年食堂、社区助餐服务点、为老服务送餐上门社会餐饮企业进行了摸底排查和统一备案,对新建立的为老助餐企业(单位)及时予以备案。每年7月底前,对已经备案的为老助餐企

① 杨茜,郦丽.杭州把老年食堂办到网上政府补贴并有人送餐[N].钱江晚报,2018-07-03.

② 杨茜,郦丽.杭州把老年食堂办到网上政府补贴并有人送餐[N].钱江晚报,2018-07-03.

③ 王帆,葛健,李金.记者走近杭城首个社区老年食堂:翠苑一区老年食堂[EB/OL].(2010-11-10)〔2018-12-10〕.http://iptv.zjol.com.cn/05iptv/system/2010/11/10/017079505.shtml.

④ 品质养老在杭州[N].每日商报,2017-05-31.

业(单位)根据规范管理要求进行检查。

信息化管理。社区老年食堂将食品经营许可证、健康证、收费价格,以及对老年人的优惠、食品安全管理制度、食品安全承诺书、举报电话上墙公示。对老年人以外群体开放的社区老年食堂、社区助餐服务点,应设置相对独立的老年人就餐区域。为老助餐企业(单位)应采取刷卡等信息化手段,对老年人就餐情况进行实时记录;条件确实不具备的农村为老助餐企业(单位),也应做到每餐登记,通过签字、记账等方式记录每日就餐人数。

加大资金补助力度。各区、县(市)民政部门加大对老年人助餐服务的资金补助力度,根据为老助餐企业(单位)服务老年人的数量和规模予以补助。对连锁化、规模化运营的为老助餐企业(单位),在资金补助时给予适当倾斜。逐步探索资金补助从补"食堂"向补"人头"转变的途径。

(二)老年食堂经营失败案例

1.案例简介

善邻食堂位于武林路 141 号的环西社区,在两幢居民楼之间的一个小院里,2016 年 9 月底宣布停办。善邻食堂外包给第三方社会组织运营,但开办后一直处于亏损状态。一个月营业额 3 万～4 万元,其中包括员工薪水与运营基本开销。每个月都是赤字,亏损率在 30% 上下。

为了提高利润,食堂采取过对外开放的措施,但是由于食堂原本只是社区配套用房,没有按照餐饮标准做排烟管道,对社区环境造成了影响。即使花了几万元专门购置了净化油烟的设备,但依然起不到效果,导致了经营方的彻底放弃。[①]

2.案例分析

善邻食堂的失败主要是因为经济效益问题。为了解决收不抵支的问题,善邻食堂曾采取向年轻人开放的措施。但由于食堂建设之初考虑的主要食客是老年人,菜式清淡,在向年轻人开放后,菜品有所丰富,运营时间加长,导致油烟排放不达标。解决油烟排放的问题又会增加成本,从而成为一个恶性循环,进而导致整个食堂的经营失败。从这个案例中我们得出的结论是:只有用科学合理的方法解决成本与收入、环境保护与经济效益之间的矛盾,才能使老年食堂很好地经营下去。

---

① 罗传达.杭州最火的食堂今起停业[N].都市快报,2016-09-30.

(三)老年食堂经营成功案例

1. 案例简介

(1)翠苑四区老年食堂

翠苑四区老年食堂是示范食堂,由个人自主经营,营业时间长达 11 年,不仅面向老人,也向其他群体开放。优惠政策为:本街道 60 岁以上的老人可办卡享受福利。中午为老人提供盒饭套餐,一份 5 元,晚上可以点菜,最贵的菜品社区老人可以半价购买,还可打包。11:30 前主要服务老年人,年轻人和上班族主要在 11:30 之后前来用餐。

实地调研中我们发现,店内环境干净雅致,桌椅布局合理,内部装潢明亮,店内播放轻柔舒缓的钢琴伴奏曲,店面只有一层,没有楼梯,食堂的总体环境对老人用餐十分友好。

厨房为半开放式,由玻璃板分割厨房和餐厅,可以看见大厨烧菜又不受油烟干扰。服务员手脚麻利,热情亲切,老板常常和前来用餐的老人用方言唠嗑。食堂完全由老板自主经营,没有政府补贴,在为老年人提供用餐服务的同时,也为附近的居民提供普通饭馆的服务,老年食堂的部分补贴就来自于饭馆的经营。同时,根据采访回馈,该社区老人对该老年食堂有一定的依赖性,认为老年食堂给他们的生活带来了极大的便利。

(2)翠苑一区老年食堂

翠苑街道翠苑一区的社区老年食堂是杭州第一家社区老年食堂。翠苑街道专门花了数万元对老年食堂进行了提升改造,统一配备了空调、锅灶、油烟机、消毒橱等设施,卫生情况、饭菜价格、用餐环境良好。这两年社区老年人越来越多,现在每天在这里用餐的人数超过了 300 人。

翠苑一区老年食堂提供两种套餐,老人可分年龄段享受优惠:套餐一为一荤两素一汤一米饭,60～69 岁老人 8 元,70～79 岁老人 7 元,80～94 岁老人 6 元,户籍在翠苑一区的 90 岁以上孤寡、独居和失聪老人以及 95 岁以上所有老人免费;套餐二为两荤两素一汤一米饭,60～69 岁老人 12 元,70～79 岁老人 11 元,80 岁以上老人 10 元。

从计划经济式的纯补贴模式发展到现在的整体承包,从原来的面积不足 20 平方米扩大到现在的 2 层楼近 160 平方米,翠苑一区的老年食堂旧貌换新颜。经过 6 年的探索运作,现在社区老年食堂在提供基本套餐的同时推出了各种特色服务:为行动不便、孤寡高龄、生病卧床等特殊困难老人实行送饭上门;为需要代购菜蔬的老人提供免费代购服务;根据老人的不同经济状况和要求,食堂还开设小炒服务;提供净菜选购服务,为社区老人提供更多的选择。

(3)西湖老年食堂

西湖老年食堂位于杭州市上城区尚农里8号西湖养老院内,老年食堂位于小区中心位置,进入敬老院,大厅就是老年食堂。老年食堂配合敬老院工作,敬老院有床位32张,老年食堂最多可服务50人,目前有工作人员9~10名。普通服务可做到4位老人配1名工作人员,遇到行动困难等情况可以做到二对一甚至一对一。所以工作人员数量会随入住老人数量变化而有所增减。

食堂服务对象以敬老院老人为主,同时在签订合同(防止发生意外情况时产生一系列纠纷)后接待附近社区老人,不接待非老年食客,不提供搭伙服务。由于人手原因原则上不提供配送服务,但也不刻板,遇到具体情况还是以老人为中心。比如:搭伙的老人来往家和食堂时,工作人员常在后面悄悄跟随以负责老人安全(为迁就老人自尊心不能让老人发现),确认老人安全回家才会返回。这体现了老年食堂工作人员认真负责的工作态度和邻里间的人文关怀。

伙食费用为每人每日20元。但观察食堂内张贴的一周菜单,其价格远不止这个标准。食堂供应三餐,搭伙老人一般只用午餐、晚餐;夏日炎热时备有解暑饮品;每个季度会在敬老院为老人承办集体生日会;节假日和社区合作,厨房加工好食品参与邻里活动。

敬老院从2009年接手社区老年食堂后对其进行了改造装修,直接受所属集团公司管理,不负盈亏。食堂的日常收支情况是收入小于支出,平常照顾老年人需要大量人力物力及时间付出,而收费又不足以弥补开支(这可以从伙食标准上看出),所以需要所属集团补助支持。

2.案例分析

纵观这些经营成功的老年食堂,再对比那些经营失败的案例,我们可以发现,成功的老年食堂往往更加包容。尽管有来自政府的补贴,老年食堂本质上还是一个自负盈亏的企业单位,因此,如何盈利、如何继续发展就成了一个难题。开办成功的老年食堂有以下共同特点:首先,食堂有一定的面积和较好的基础设施,一些由居民楼改造而成的食堂不仅所费资金庞大、容易被居民投诉,而且菜品质量不高。其次,食堂的老板更多的是怀着公益心而不是赚大钱的心态开展经营。最后,食堂不仅面向老年人,在其他时间段还对年轻人开放,提供一些小炒等菜品,以对外的盈利来弥补老年餐的亏损。

三、我们的看法

通过此次调研,我们对老年食堂有了更加深刻的认识,老年食堂要办下去,需要从以下几个方面考虑。

(一)精准补助

相比于一般的食堂,老年食堂由于服务对象的特殊性,收入会比较低,许多老年食堂无法继续经营的原因主要是收支不平衡、亏损太多。因此,政府应该发挥其调节作用,加大对老年食堂的补助,制定一些向老年食堂倾斜的政策,扶持老年食堂的长期稳定发展。

但政府财力有限,其补助应该精准有效,力求将资金花在刀刃上。政府要将对食堂的补助从补"食堂"向补"人头"转变,对不同运营情况的食堂进行不同程度的补助。对于运营情况较好的食堂可以进行奖励,对于情况不佳的食堂针对问题给予特定的补助,从而维持老年食堂在不同情况下的持续经营。

(二)不断升级,提高竞争力

老年食堂是具有公益性质的企业,作为一个企业,就需要自身有足够的竞争能力。因此,老年食堂自身需要不断升级。这个升级包括方方面面,比如,食堂的店面装潢可以更加好看,更加符合现代大众的审美;食堂菜品的种类可以更加丰富,口味更加清淡可口;食堂可以发展一些类似配送餐食的配套服务,方便行动不便的老年居民。老年食堂可以通过这些升级来提高食堂的吸引力,吸引更多的老年人及年轻人前来就餐,以获得更高的收益。

但值得注意的是,这些升级需要量力而行。老年食堂的收益本就不高,要准确预估升级带来的成本和产生的收益,不可因为急于提高外在的装修效果而忽略了老年食堂本身菜品优质和价格低廉的特点,导致得不偿失。

(三)借助互联网改革

近年来,互联网的发展十分迅猛,改变了人们许多的生活习惯和企业的经营方式。老年食堂可以跟随时代的潮流,利用互联网对食堂进行信息化建设,以获得更理想的收益。食堂可以通过记录每日就餐人数、餐品评价状况等,依据信息化处理结果制定每日菜谱,制定合理价格,在一定成本下实现最优配制;并可以适当加入配送等服务,使老年食堂更加人性化。点菜方面,考虑到老年人对智能手机不熟悉,可以采用专门的一键点菜机的形式。同时,一些配送服务也可以鼓励志愿者参加,在献爱心的同时也可以降低服务成本。

指导教师:傅夏仙

一口热饭菜的温度

——建德杨村桥镇老年食堂运营模式调研*

一、调研背景

中国的老龄化问题十分严峻,截至 2017 年年底,我国 60 岁及以上老年人口有 2.41 亿人,占总人口的 17.3%。[①]随着社会经济的快速发展,农村老龄化问题也越来越突出。

目前,在广大的农村地区,家庭养老、土地养老、社会保险养老三种模式是基本的养老保障方式,而社区养老模式则是一种新的尝试。"老年食堂"是社区养老模式的重要举措之一,在政策和制度的保障下,落实和解决了许多农村户口老人的饮食问题。

杨村桥镇是隶属浙江省建德市的一个行政村镇。在 138 平方千米的行政区域里,辖 13 个行政村,总人口 2 万余人。当地政府公开数据显示,60 周岁以上的老年人就有 4426 人,占总人口的 21.45%。且因杨村桥镇以"中国草莓之乡"而著名,青壮年劳动力大多外出种草莓或打工,导致全镇留守的"空巢"老人达 1779 人,占老年人口比重的 40.2%。[②]

在杭州市民政部门、建德市民政局的大力支持下,杨村桥镇从 2014 年开始,准备用 2 年时间实现老年食堂全覆盖,到 2016 年 2 月,杨村桥镇 13 个行政村全部创办起了老年食堂,并于 5 月全部开张运营,真正实现老年食堂全覆盖

---

* 本文由方思晔、徐美琳、刘晓礼、沐贞、汤婕、米玛次仁合作完成。

① 我国 60 岁及以上老年人口数量达 2.41 亿,占总人口 17.3%[EB/OL].(2018-02-27)[2018-12-01].http://www.xinhuanet.com/health/2018-02/27/c_1122457257.htm.

② 数据来源于建德市及杨村桥镇政府公开文件。

目标。作为杭州地区唯一一个实现老年食堂所有行政村全覆盖的乡镇,其所探索出的"倾力建设、规范管理、持续运营、特色鲜明"的老年食堂运营模式受到广泛关注。

本次调研就围绕建设老年食堂这一农村养老举措,以建德市杨村桥镇为例,通过对该镇老年食堂建设、运营情况与效果进行考察,对该养老模式的可推广程度进行评估,并尝试给出一些合理的改善建议与意见。

二、调研方法

本次调研我们采用了文献查阅法、实地考察法和访谈法,理论结合实际开展实地调研。

第一,通过上网查询、查阅书刊及到相关部门搜集文献资料,查看一些优秀案例,了解政府的相关政策和制度,指导本次调研活动。

第二,通过采访政府相关部门工作人员,了解杨村桥镇老年食堂的建设和运作情况。

第三,采用非概率抽样法,选择上山村和绪塘村两个模式不同的典型老年食堂进行实地考察,了解实际情况。

第四,考虑到老人们写字不便、方言交流困难,我们采用访谈法随机采访了两村部分老人,并询问了他们对老年食堂的满意度。

第五,将本次调研采集的数据结果经过系列整理后,采用定性研究方法,寻找诸如饮食卫生、伙食质量、饭菜价格及口味等因素,与老年食堂运营、老人的满意度等之间的关系,并查阅相关文献和资料,分析杨村桥镇老年食堂还存在的不足和短板,同时结合老人的实际愿望和要求,尝试给出一些合理化建议。

三、调研结果

(一)克服初建难题

杨村桥镇政府准备开始建设老年食堂时,首先面临两大难题:资金不足、场地不足。因为没有足够的专项资金,也没有明确的政策支持,政府没有足够的钱和地直接在村里新建老年食堂,为解决这两项难题,杨村桥镇采取了两种解决方法。

1. 租建结合,解决建设难题

13 个行政村充分整合农村闲置资产,因地制宜,采用改建、新建或者租赁的方式解决老年食堂的场地难题。共改建 7 家、新建 5 家、租赁 1 家。结合"三改一拆"、畜禽退养等中心工作,对闲置房屋进行改建,既克服了无土地指标建设的问题,又节省了资金。

2. 政府资助为主,社会资助为辅

在资金保障方面,该镇给予新建的老年食堂 3 万元的建设补助和每年 2 万元的运营补助,并通过市、镇两级补助,社会爱心捐助解决资金难题,2 年内共争取到扶持资金 110 余万元,接受社会团体、爱心人士捐助 115 万元。

(二)规范日常运营

除了上文提到的租建结合和官方、社会共同提供资金资助,杨村桥镇老年食堂还通过一系列的办法来保障食堂的日常运营。

1. 整合资源,实现规范化管理

各村的老年食堂实行"名称、培训、管理、价格、监督"五统一。尤其是统一价格,70～79 岁老人和低保老人,每人每餐收取 3 元,80～89 岁老年人,每人每餐收取 2 元,90 岁以上老人及特殊困难老人免费用餐。此外,老年食堂还整合了居家养老服务照料中心和文化礼堂的功能,照料中心设有老年食堂、卫生室、理发室等,给老年人提供生活照料、医疗保健、法律维权、文体娱乐等服务,为老年人提供了学习、娱乐和交流的平台。

2. 因地制宜,促进可持续运营

杨村桥镇老年食堂以自营为主,外包为辅,11 个自主经营,2 个外包经营。根据不同村的实际情况采用不同的运营模式,尽可能地在满足老年人用餐需求的同时,节约食堂的运营成本。

3. 两大运营特色:送餐服务和蔬菜自给

针对行动不便的老人,村里提供送餐上门服务;每个老年食堂都安排2～3分农田作为爱心蔬菜基地,并指定专人管理,种植蔬菜供应食堂,实现蔬菜基本自给自足,既节约开支,又安全放心。

(三)实施效果

在实地调研中,由于时间和精力有限,调研小组无法走遍杨村桥镇所有的行政村,故专门选择了其中运营模式不同且颇具代表性的绪塘村和上山村老年食堂进行实地走访。

1. 实地考察

(1)绪塘村

绪塘村的老年食堂占地面积 280 平方米,由原来村里闲置的房屋改建而成。村里共有 206 名 70 岁以上老年人,稳定在食堂就餐人数 45 人,其中 90 岁以上 3 人。食堂实行自主经营,由行政村负责日常经营管理,村老年协会会长负责具体管理,2 名村干部分别负责食材采购和记账,确保资金使用规范明晰,并聘请 1~2 名厨师负责中晚餐。

食堂所在的院落对面就是村文化礼堂和活动中心,在同老人的谈话中我们得知,老人们平常吃完饭就会在活动中心一起聊天、看电视或打麻将,大部分老人不管子女在不在家、来不来老年食堂吃饭,都很喜欢过来一起玩。

(2)上山村

上山村老年食堂由政府和个人资助,于 2015 年 1 月新建而成,占地面积 400 平方米。村里共有 60 岁及以上老人 392 人,70 岁以上老人 153 人,稳定就餐人数 25 人,此外还有 5 位 90 岁及以上的老人也在此稳定就餐。

上山村老年食堂运营采取外包模式,将老年食堂承包给个人管理经营,根据实际用餐人数按月支付补贴费用,外来人员或非老年人也可以在此用餐,但不享受特殊优惠。食堂通过这样的市场化运作,既满足了村内外食客的需求,又节约了食堂运营成本。

2. 老人采访

在实地走访的过程中,调研小组还在两个村分别对 5 位到老年食堂就餐的老人进行了采访,了解他们对老年食堂的满意度。我们发现,所有接受采访的老人都是丧偶或伴侣长期外出且子女不在身边的独居老人;所有接受采访的老人都对老年食堂表示了肯定,他们认为食堂价格实惠、菜式不错、卫生放心,而且位于村内中心地带,来往也比较便利,大家一起吃饭氛围也比较好;此外还经常有志愿者或政府领导来这里看望他们。而问及食堂是否还有问题存在,老人们都表示食堂没有什么需要改进之处。

3. 数据分析

虽然调研小组未能采访不在食堂就餐的老人们,但根据镇政府提供的数据(见表 1)可以看出,随着年龄的增大,来用餐的老人所占比例也增加了,这说明年纪更大的老人对老年食堂的需求更大。

表 1　杨村桥镇各行政村老年人口及在老年食堂就餐情况

序号	行政村	总人口/人	60岁及以上老人/人	70岁及以上老人/人	90岁及以上老人/人	稳定就餐人数/人	就餐人数占60周岁以上人口比例/%	就餐人数占70周岁以上人口比例/%	90岁以上就餐人数占90周岁以上人口比例/%
1	绪塘村	2571	551	206	7	45	8.17	21.84	42.86
2	梓源村	2116	446	206	4	20	4.48	9.71	50.00
3	杨村桥村	3003	593	236	9	30	5.06	12.71	55.56
4	十里埠村	760	157	48	2	35	22.29	72.92	100.00
5	官路村	1225	265	99	8	20	7.55	20.20	50.00
6	上山村	1748	392	153	5	25	6.38	16.34	100.00
7	路边村	758	154	56	2	25	16.23	44.64	50.00
8	岭源村	1994	430	172	11	38	8.84	22.09	18.18
9	黄盛村	1301	227	109	3	15	6.61	13.76	66.67
10	龙溪桥村	928	210	94	4	12	5.71	12.77	40.00
11	长宁村	1449	362	159	5	25	6.91	15.72	40.00
12	徐坑村	928	213	94	2	20	9.39	21.28	50.00
13	龙源村	1072	253	106	6	35	13.83	33.02	50.00
	合计	19853	4253	1738	68	345	8.11	19.85	50.00

数据来源:杨村桥镇政府公开文件。

关于稳定就餐人数占老人总数比例不高的问题,负责人表示,一方面是很多老人还有子女或老伴在,身体健康,可以自行解决一日三餐问题,更喜欢在家烹制适合自己口味的饭菜;另一方面,有一些老人比较节俭,虽然一餐饭价格并不高,但是他们还是愿意自己在家里吃;此外,雨雪、高温等天气会影响老人出行,一些老人不愿意长期在老年食堂就餐。

四、调研总结

(一)老年食堂建设成效

1.带动乡镇的公共服务能力进一步提高

目前,人口老龄化是中国社会面临的一大问题,对政府的公共服务能力和水平提出了巨大挑战。杨村桥镇从本镇人口老龄化的实际出发,着力解决老年人特别是空巢老人及困难老人的就餐问题,实现老年食堂全覆盖,打造独具特色的为老服务品牌,提高了公共养老服务水平,为政府公共服务能力的提升树立了典型。同时,该镇还将以老年食堂全覆盖为基础,不断推进社会各项民生事业的发展,进一步提高政府公共服务水平。

2. 使干群关系进一步融洽

老年食堂为密切干群关系搭建了良好平台,实现了双赢。行政村作为老年食堂建设、管理、经营的"主力军",帮助老年人解决就餐问题,为村民特别是外出工作的村民解决后顾之忧,得到了多数村民的认可。这些村民在感激并提供物资捐助的同时,更加积极支持村两委开展工作,确保了"三改一拆""五水共治""杭黄征迁"等重点工作的顺利推进,从而提升了村两委班子的公信力,融洽了干群关系,促进了和谐乡村建设。

3. 社会良好风尚进一步凸显

尊老敬老既是传统美德,也是良好的社会风尚、社会主义核心价值观的体现。杨村桥镇将老年食堂和居家养老服务照料中心作为尊老敬老的服务平台,充分发挥了党建引领作用,积极推进"党建＋为老服务"。各村利用党员固定活动日,组织志愿服务进老年食堂,党员主动结对帮扶困难老人。近年来,集中开展为老服务活动 30 余次,党员共结对帮扶困难老人 80 余对。通过党员的先锋模范作用,带动广大群众积极参与到为老服务中,有利于形成尊老、敬老、爱老、助老的良好社会风尚。

(二)优势与不足

1. 优势

资金保障方面,老年食堂采取"政府补一点、村里贴一点、自己出一点"的开办模式,拥有市镇两级补助,由镇上给予建设补助和运营补助,具有基础的政策资金保障。同时还发挥社会捐助的扶持作用,吸纳爱心组织、爱心人士,充分调动各方积极性筹集资金,为老年食堂的建设提供了更加充分广泛的资金来源,也为政府和个人减轻了负担。

在实际落实方面,首先,所有村老年食堂实行统一的管理模式,保障了运营的规范化、透明化,使得村内日常监督有据可依,充分保障尊重村民利益。其次,各村因地制宜,以自营为主,外包为辅,根据不同村的实际情况进行合理的规划,充分利用"两委"管理与市场化运作两种模式,既满足了村民需求又节约了食堂运营成本。这种政府与市场并行的方式也顺应了我国目前的经济发展模式,符合我国国情。

杨村桥镇的老年食堂具有两大运营特色:送餐服务和蔬菜自给。送餐服务针对有特殊需求的老人提供专门的服务,使老年食堂的运营范围更广泛更切实。蔬菜自给保证了食堂食材来源的天然可靠,有利于提高食堂的可信赖度,同时还可以节约开支,充分利用当地自然资源,具有双向性的优势。

2. 不足

在人员配给方面,由于人手短缺,食堂的特色送餐服务并没有充分有效地展开。许多上了年纪的老人在恶劣天气时不能自行走来老年食堂,但食堂也没有足够的人手为每一位老人提供送饭菜上门服务。

在资金来源方面,现在老年食堂的运行补助除了政府补贴,绝大部分依靠爱心人士与社会组织的捐助。但是,个人公益行为的不确定性很大,这就导致老年食堂的捐助资金来源不稳定,存在一定的资金断裂风险。

(三)我们的建议

第一,将社会志愿者服务与老年食堂运营结合起来。招纳定期的志愿者为老人在雨雪天气提供送饭、在后厨清洗厨具等服务,利用社会爱心资源弥补人员不足问题。

第二,对于社会资金的管理应更加规范。建立慈善基金会,统一招募管理社会捐助资金,以基金的收入作为老年食堂的稳定资金来源。注重资金的公示与管理,使资金使用更加透明,资金到位更加及时恰当。对于资金捐助方与资金使用方实行双方负责机制,将资金的来源、去向都予以公示,自觉接受社会监督,使社会爱心能够得到充分利用。

我们希望每一位辛勤耕耘了几十年的老人都能在晚年过得舒适愉快,即使家中常年不生灶火,也能不管春夏秋冬、无论风吹日晒,都能够享用到一餐美味可口的饭菜,感受到他人与社会的温暖。

指导教师:傅夏仙

杭州市西湖区灵隐街道垃圾分类情况调研

一、调研背景

当前,我国主要采用填埋和焚烧发电这两种方式处理垃圾。前者会对土壤产生严重污染,后者会污染大气,产生有毒有害气体。这两种方式都不是处理垃圾的最优方式。高效正确的垃圾分类,将垃圾资源化再利用,才符合可持续发展理念。那么,"八八战略"实施以来,浙江省垃圾分类取得了哪些成效呢?

2018 年 2 月 5 日,杭州市灵隐街道智能化垃圾分类启动仪式在里东山弄 16～18 幢院内举行。灵隐街道作为西湖区垃圾分类的模范街道,有众多独到的治理和宣传推广经验。其多样化的宣传和配备的智能化垃圾箱大力促进了垃圾分类的实施和深化。我们小组一行于 2018 年 11 月 23 日下午来到灵隐街道考察垃圾分类相关情况。

二、灵隐街道垃圾分类的主要做法

(一)智能分类垃圾箱,按键开启防止误投

灵隐街道配备的是环特智能分类垃圾箱,设置在里东山弄社区 16～18 幢院内,一组垃圾房共配备有 5 只垃圾分类桶,备有 2 组替换桶。智能分类垃圾箱通过云端平台建立社区居民的垃圾分类档案,电子档案可在系统中随时调出以读取信息,实现垃圾分类管理工作简易化、智能化、高效化。住户在处理对应分类垃圾时可通过刷"绿色护照"芯片卡积累积分,住户总积分在云端实时更

---

* 本文由吴润哲、郑千路、谭婷、匡晨阳、翟瑞锟、沈微、陈雨薇、宋秋杰、陈海鹏、朱书颖合作完成。

新。而社区居民和工作管理人员也可随时通过云端档案督查垃圾分类的情况。

使用智能分类垃圾箱十分简便，只需按对应按键即可开启箱门，投入垃圾。电动化、智能化垃圾箱避免了手与垃圾桶盖板的直接接触，保证了清洁卫生，同时也可保证垃圾完全入箱，保证了垃圾箱整体的清洁性。备用的垃圾桶能保证满桶及时更换，防止垃圾堆满外溢。该智能化分类垃圾箱在盖板未开启时有良好的密封性，有效防止了垃圾臭气的外溢。此外，在该组垃圾房旁还配备了有毒有害垃圾箱，减少化学物质对已分类垃圾的污染，最大限度地保证了分类垃圾的资源可利用性。

(二)刷卡领取垃圾袋，厨余垃圾单独处理

灵隐街道各社区的居民可利用"绿色护照"芯片卡，每月在智能垃圾袋发放机上领取一卷厨余垃圾袋(30 个)。利用垃圾袋发放机可准确控制发放的数量，并可通过云端传回实时数据，杜绝了浪费，也保证了社区居民之间的公平性和覆盖性。每月 30 个垃圾袋也保证了每户家庭每日有 1 个垃圾袋专门放置厨余垃圾，回收后可作为焚烧发电的燃料，不产生有毒有害气体的同时大大减少了垃圾的总量，也避免了传统火力发电造成的环境污染。灵隐街道中的 117 社区是整个街道的标兵社区，已经完全做到了厨余垃圾百分百拣落袋。此外，发放的每个厨余垃圾袋上都有特定的二维码，信息存储在云端数据库。若出现错误投放，可通过智能分类垃圾箱扫码追溯到具体住户，扣除住户芯片卡中的绿色积分，从而保证了垃圾分类的效果。

(三)积极宣传垃圾分类，组织活动全民参与

灵隐街道办十分注重宣传垃圾分类，经常组织各种活动让居民了解垃圾分类信息，让大家知道垃圾分类的益处。例如，在辖区内各社区的小广场上举办垃圾分类宣讲活动，组织居民用回收物品自制肥皂。同时，宣讲活动还进入幼儿园，让孩子们从小就培养起垃圾分类意识。比如，灵隐街道城管科联合 117 社区、幼儿园共同举办"大家齐动手，我是垃圾分类小能手"垃圾分类宣传活动，让小朋友了解垃圾分类相关知识，从小培养良好的习惯，"真真切切地把垃圾分类从幼儿抓起，让环保、文明的理念在他们心底扎根"。

此外，社区还通过画墙绘、树立宣传牌和悬挂标语横幅来宣传垃圾分类。发放带有垃圾分类知识的宣传册和笔记本供居民阅读使用。灵隐街道办通过丰富多样的宣传让居民从各个方面了解垃圾分类的重要性和正确分类方法，并通过精彩有趣的活动调动和提升了居民对垃圾分类的热情和参与度。

(四)由点到面扩散,示范效应做好分类工作

灵隐街道从 2010 年开始做垃圾分类工作,这是一个由点到面、循序渐进的过程。最初是从机关单位、街道办等政府部门开始,每个办公室要求做到垃圾分类,并且由专人进行检查。对于垃圾分类不到位的办公室,扣除津贴补助以示惩罚。然后是在酒店、饭店等大型重点单位实施垃圾分类。对拒不配合垃圾分类或者垃圾分类错误率高的酒店、饭店进行惩罚;屡次不整改的将停止进行垃圾清运,直到整改完毕。在机关单位和大型企业都已做好垃圾分类工作后,开始进入社区宣传,并在社区实行,从榜样示范社区开始,再到灵隐街道全社区全面推行。通过这种由点到面扩散的模式,将垃圾分类工作覆盖到整个街道的全部社区。同时,通过举办街道评比竞赛,让优秀的社区起到示范作用,将垃圾分类的经验推广到其他的社区和街道。

(五)奖惩机制并重,确保垃圾分类效果

灵隐街道为了推动垃圾分类的信息化建设,给每户居民都发放了"绿色护照"。这是一张包含了住户信息的芯片卡,可用于垃圾分类相关的设备。其中 117 社区作为首批试点社区之一,在 2013 年 8 月全面推广。利用这张"绿色护照",可以积累垃圾分类积分用于兑换礼品,例如免费停车小时数、家居用品等。而对于不规范的投放,也能够根据信息追溯到住户源头。通过采用"绿色护照"的模式,原先不愿意进行垃圾分类的中青年居民的积极性都被调动起来了,主动参加各类有关垃圾分类的活动。同时,街道通过垃圾分类游戏、有奖问答、广告演示等形式,使小区居民对垃圾分类的热情高涨,形成了良好的社区氛围。垃圾分类、绿色生活的理念已经完全融入灵隐街道居民的生活。

在惩罚措施方面,物业会对垃圾分类不理想的单位、企业开抄告单;对没有在规定时间内整改好的,开第二次抄告单,并上报城管局备案;开第三次抄告单即可要求城管部门介入,进行执法管理和处罚。对于垃圾分类不理想的居民住户,则会要求第三方垃圾清运公司增加该住户的垃圾清运费用,并对其进行宣传教育,要求其参加社区志愿活动。对于不配合垃圾分类工作或者分类正确率低下的宾馆饭店,垃圾清运公司会拒运,增加其垃圾清运费用,同时予以罚款,直到整改到位。

(六)公职人员尽心尽责,机制合理、监督到位

灵隐街道办的垃圾分类负责人经常在各个社区内轮流检查,监督保证垃圾分类的质量和正确率。整个垃圾分类工作由街道办垃圾分类事务小组负责,主任牵头作为组长,各级干部作为组员参与监督管理,是整个街道的领导管理团

队。街道辖区内的各个社区成立垃圾分类管理小组,设置负责人,管理小区内的垃圾分类工作。同时,每个单元楼都设置一位负责人,负责单元楼内的垃圾分类工作。此外,管理小组与物业和垃圾清运公司配合,对垃圾分类进行管理和监督;还在社区内招募志愿者,配合管理小组工作。从上到下,整个监督管理团队齐心协力,保证了垃圾分类工作井然有序地进行。

三、灵隐街道垃圾分类的基本成效

(一)垃圾分类正确率名列前茅

通过各方面长期积极、广泛而深入的宣传、教育和监督,"垃圾分类"的理念已深深扎根于居民心中。结合合理的垃圾分类管理机制,灵隐街道在 2018 年西湖区所有街道的垃圾分类正确率排行榜上高居榜首。[①] 整个灵隐街道垃圾分类的正确率接近 80%,实现垃圾几乎完全分类,这点非常值得骄傲。灵隐街道中名列前茅的 117 社区,垃圾投放的准确率和分类的准确率目前已经达到了 90% 以上。该社区接下来的目标就是冲刺 100% 即全部正确投放的目标,成为灵隐街道的标兵社区。

(二)智能封闭式垃圾箱全面覆盖

全街道辖区内的社区都配备了全封闭式的智能化垃圾箱,通过微电脑进行控制。平时,智能垃圾箱始终保持封闭状态,防止夏天垃圾发酵后的臭味外溢,也减少了流浪猫、流浪狗造成的垃圾散落。采用按键开启的模式,整个投放垃圾过程无须触碰垃圾桶,大大改善了卫生状况。因此,灵隐街道社区的智能垃圾房比其他社区的普通垃圾箱要干净许多,整个社区的面貌也得到了极大改善,变得更加整洁有序,社区的环境水平显著提升。

(三)全体社区居民齐心协力办大事

灵隐街道所有的居民都一起参与到垃圾分类的工作中来,大家都为了达到更高垃圾分类正确率的目标而努力。在互相监督、互相比拼的过程中,垃圾房更加干净,社区得到美化,环境得到改善,邻里关系更加和睦,社区居民的集体荣誉感大大提升。

(四)"垃圾分类"知识竞赛载誉而归

垃圾分类的理念深入人心,相关知识也深有储备。灵隐街道的居民参加了

---

① 杭州市区 7 月份生活垃圾分类专项检查结果[EB/OL].(2018-09-09)[2018-12-01]. http://www.hangzhou.gov.cn/art/2018/9/9/art_1256340_20976034.html.

2017年度杭州市生活垃圾"三化四分"知识竞赛,荣获社区组一等奖。而在之前参加的2017年度西湖区生活垃圾"三化四分"知识竞赛中,灵隐街道居民也荣获街道组第一名的优异成绩。整个社区在垃圾分类上狠下功夫,监督落实分类事项,宣传讲解分类知识,让居民对于垃圾分类的相关信息有了全面而深入的了解。

四、我们的看法

下面,我们针对灵隐街道垃圾分类处理现状,指出其中存在的问题。同时,结合灵隐街道垃圾分类的成功经验提出推广建议。

(一)存在的问题

1.垃圾袋发放成本高,垃圾分类效果欠佳

我们了解到,灵隐街道办每年为垃圾分类工作投入巨资,但收到的效果甚微,与投入不成正比。例如,街道办一年采购优质厨余垃圾袋的开销就达到了70多万元,但是仍有部分居民不使用街道免费发放的厨余垃圾袋盛放厨余垃圾,而是用于其他用途。因此灵隐街道办下一步的计划是取消厨余垃圾袋的免费发放,要求住户对厨余垃圾进行拆袋投放。在减少不必要开销的同时也便于后续对经过居民初步分类的厨余垃圾的进一步精细化处理。

2.缺乏监督导致分类正确率低,部分居民自觉性亟须提高

居民缺乏足够的自觉性是垃圾分类工作推进受阻的根本原因,而街道监督管理缺乏足够约束力又使得工作推进十分缓慢。街道对居民垃圾分类信息的科普主要通过宣传和教育,对于不配合垃圾分类工作的居民缺乏相应的惩罚措施。例如,少部分居民为了逃避垃圾分类,选择在无人监督的夜晚投放垃圾。对于这种情况,街道办的工作人员也只能劝告和指导分类,希望居民自我改正。这种措施显然没有足够的法律约束力,也无法实现全天候24小时的监管。进一步提高垃圾分类的正确率,需要全体居民具备较高的素质和较强的自觉性,但在目前难以实现。只有通过建立一整套完善的法律体系和规章制度,并提高下一代的素质,才能够从本质上推进垃圾分类工作,而这还有很长的路要走。

(二)我们的建议

1.强化政府指导协调,落实各方主体责任

推进垃圾分类工作,要将垃圾处理设施的建设纳入城乡建设总体规划,制定好生活垃圾分类的规划目标和阶段性实施方案,做到规划先行,统筹兼顾,完善生活垃圾处理设施的建设条件。制定完善的垃圾分类标准和正确投放方法,

对生活垃圾分类工作开展已相对成熟的区域,应在原有基础上,适时地对分类工作进行深化,进一步细化垃圾分类标准(如按材质分为金属类、塑料类、陶瓷玻璃类等),完善垃圾分类基础设施。为再生资源回收行业提供政策扶持,培育引进一批再生资源回收企业,鼓励社会民间资本参与到生活垃圾分类处理全过程中,缓解政府资金不足的难题,推进生活垃圾分类处理产业化进程。[①]

2.增加政府预算拨款,改造完善基础设施

政府应适当提高在垃圾分类工作上的资金投入,并且作为改善民生、保护环境的基本措施。还可通过适量引入民间资本来弥补资金的缺口,并提高管理的灵活性。此外,通过新建、改建、扩建等形式,将生活垃圾分类分拣中心建设起来,增加智能分类垃圾箱的投放数目,并加强对生活垃圾的资源化利用,探索运用高科技手段提高分拣的效率和正确率。还可以通过改善不可回收垃圾的焚烧条件,减少填埋占地,进一步提高生活垃圾焚烧处置效能。同时,还应提高从事垃圾分类相关人员的薪资,纳入政府机关单位编制,以鼓励更多人进入垃圾分类行业。

3.广泛开展宣传引导,强化群众分类意识

合理利用政府资源,通过知识竞赛、志愿服务、公益演出、公共活动等形式,以寓教于乐的方式开展垃圾分类知识的推广和普及;以环保手袋、绿色日历等居民日常生活用品作为载体,将垃圾分类知识潜移默化地渗透到居民日常生活中,逐步增强居民对生活垃圾正确分类的意识和能力。[②] 在社区街道范围内的商场、宾馆、景区等人流量大的区域,播放垃圾分类宣传片,设置温馨提示牌、标语等,引导居民对垃圾进行正确分类。

此外,应重点推进未成年人垃圾分类意识的培养,将垃圾分类知识纳入义务教育教学体系,作为德育课的教学模块,使幼儿园、小学、初中学生从小树立正确的环保理念,从而使"生活垃圾正确分类"成为青少年群体的必备技能,并通过"小手拉大手"等亲子活动,带动家庭成员和身边人群自觉地参与垃圾分类。

4.强化分档考核评比,完善居民奖惩制度

社区层面是实施高效垃圾分类最重要的环节。因此针对社区垃圾分类有以下两个建议。一是实行积分奖励制度。建立居民垃圾分类信息档案,借助信息化管理,提升垃圾分类的监管效力。通过对正确投放进行积分奖励,设立分

---

① 褚明兴,王汉逸.我国城市生活垃圾分类处理现状及推进对策[J].山西建筑,2014(18):226-227.

② 贾子利.北京市生活垃圾分类及处置方式研究[D].北京:北京林业大学,2011.

类投放荣誉榜,作为兑换奖励和荣誉评比的依据。二是完善评价管理机制。将社区文明创建活动、生态保护活动与生活垃圾分类工作有机结合,协同推进。建立健全生活垃圾分类考核评价机制,以分档考核结果为主要评价标准,实行绩效化补贴的机制。坚持考核内容精细化,考核过程完整化,考核方法科学化,考核结果效用化,努力推进垃圾分类处理规范化进程。对不配合垃圾分类工作的居民进行记录,累计次数超标者除要求其接受垃圾分类知识培训外,还可予以一定程度的处罚,例如罚款、参加社区垃圾分类志愿活动等。

5.探索先进环卫技术,提升垃圾分类成效

推动全社会范围内智慧环卫技术的运用和普及。为所有垃圾清运车辆统一安装 GPS 定位装置,便于主管部门对垃圾收运全过程的实时监管,防止垃圾分类清运死角的存留;利用云端计算,统筹全市智能垃圾房、垃圾中转站、城市垃圾分拣中心、垃圾焚烧企业一体化管理,智能调节垃圾转运车辆清运频率,进一步提升垃圾清运效率。推进"互联网＋"在垃圾分类领域的应用,例如开发社区垃圾分类专用 App,并与居民个人征信体系挂钩。用 App 记录社区居民进行垃圾分类的情况,并实施相应的奖惩。长期不配合垃圾分类的居民应被列入社会征信失信人名单,限制其相关活动。

五、总结

近年来,我国越来越注重生态文明建设,"绿水青山就是金山银山",保护环境是当务之急。传统的生活垃圾的处理方式——填埋法和无分拣焚烧法不再适应时代发展的潮流,我们亟须探索新的垃圾处理方式。而垃圾的分类回收利用是易于实现而又行之有效的解决方式。它能保护珍贵的土地资源,减少对环境的二次污染,构建绿色环保的生态环境。

实行生活垃圾分类是一项长期而艰巨的任务。它不仅需要政府层面的倡导和扶持,更需要全社会的理解与参与。为此,让我们同心协力,宣传生活垃圾分类回收的理念,倡导绿色生活方式,提升垃圾分类处置能力,打赢垃圾分类攻坚战,共建美丽中国。

指导教师:傅夏仙

杭州益乐河的剿劣样本*

一、调研背景

2013 年 11 月 29 日召开的浙江省委十三届四次全会作出了"五水共治"的重大战略部署,其内容为:治污水、防洪水、排涝水、保供水、抓节水。这是一个大目标、大思路,是浙江省政府推出的大政方针,是推进浙江新一轮改革发展的关键之策,跨出了"建设美丽浙江,创造美好生活"的重要一步。

浙江因水而名、因水而兴、因水而美。水是生命之源、生产之要、生态之基。而杭州面临着诸多水资源方面的问题:水资源污染严重、污染治理任务艰巨、供需矛盾日益尖锐等。因此,抓"五水共治"倒逼产业转型升级,是由客观发展规律、特定发展阶段、科学发展目的决定的,既扩投资又促转型,既优环境更惠民生。可以说,抓治水就是抓改革、抓发展,意义十分重大,任务迫在眉睫。

我们小组的第一次小组展示就是以"五水共治"为主题展开的,组员已经对"五水共治"的背景、政策及整体治理成效有了初步的学习和了解,但我们希望看到这项政策落实到实际生活中,希望看到杭州市民对"五水共治"的重视程度日益提高,水资源保护意识日益加强,于是我们开展了以下调研。调研中,我们选取了"治污水"中的"剿灭劣 V 类水"作为重点,对古荡街道的益乐河进行了实地考察,并且与相关部门进行了交流。

我们小组通过调查古荡街道的益乐河"剿灭劣 V 类水"的治理情况,对"五水共治"中的"治污水"有了更全面的理解,我们希望在增强杭州市民水资源保护意识的同时,也为污水治理提供范本和经验,使"五水共治"工作扎实推进到位。

---

* 本文由葛勇强、晏嘉卿、周洋、方鑫如、周朔雯、钟雯怡、席钰、许鲍昕合作完成。

二、益乐河概况及污染原因

(一)益乐河概况

1. 地理概况

益乐河是一条位于杭州市西湖区古荡街道的河流。起于莲花港河,止于冯家河,全长 1600 米,为区级河道,具有排涝和景观功能。目前河面宽 5~15 米,水域面积约 1.5 万平方米。

2. 河道水质

根据 2016 年水质监测结果,该年 8 月和 11 月水质为劣 V 类,主要表现为氨氮和总磷指数超标。其主要污染源为生活污水、施工污水,除此之外还受上游配水的影响。2017 年 1 月的水质监测结果为 Ⅳ 类。

3. 河长

调研期间,益乐河区县级河长为柴闻乐,镇级河长为郑德良。

(二)河道污染原因分析

1. 生活污水随意排入

世纪新城和益乐南村部分住户存在阳台水流入河道的情况。一些居民将洗衣机出水管道与阳台雨水排水口连接,使含磷废水未经污水处理就直接排入河道,导致河道总磷指数变高,造成水体富营养化。

2. 工地施工

受地铁 2 号线施工影响,间歇性存在施工区域污水和施工工棚生活污水流入河道的情况,大量的污水涌入河道内,造成了巨大的污染。这也是 2016 年 8 月和 11 月益乐河在水质监测中成为劣 V 类水的一个主要原因。

3. 淤泥淤积严重

益乐河已三年多未实施清淤工作,淤泥堆积影响到防洪、排涝、灌溉、供水等各项功能的正常发挥,河道的稳定性受到影响。

4. 建筑材料肆意倾倒

在河道周围的小区建设过程中,开发商贪图方便往河里扔了很多大石块及大量的建筑垃圾,这些巨石和建筑垃圾拥堵了河道,使得水体流速变慢,影响河势稳定,同时影响河道的防洪排涝功能。

5. 存在排污暗管

在河道治理过程中,发现沿河还"藏"着 7 个排污暗管,大多是周边小餐饮店的污水排放,排出的污水较脏,油腻也较重,污水中还伴有厨余垃圾,对河道的水质造成极大影响。

6.受上游莲花港河水质和配水影响

莲花港河水位较低,引起配水不足,导致益乐河水体流动缓慢,水体自净能力降低,水体污染加剧。

三、益乐河的治理措施

(一)河道清淤

河道清淤一般有三种作业方式。

带水作业:将清淤船只直接开入作业河道,利用清淤装置直接清淤。这种作业方式最为常用,但存在着明显的缺陷,即清淤不彻底,清淤效果不佳。

生态作业:向河道底泥中送入作业微生物,利用微生物帮助降解底泥。这种作业方式对于生态保护有着很好的效果,但是存在降解周期长的缺陷,在短时间内不能很好地看到治理的效果。

干水作业:将河道中的水排干,使得整个河底暴露出来,可以有针对性地解决河道出现的问题。这种作业方式直接有效,但是相比前两种作业方式,需要投入更多的人力、物力。

益乐河这次的河道清淤工作投资 150 万元,由城管局牵头对益乐河进行全面清淤工程,采取干水作业方式,将河道水排干后,对淤泥进行挖掘作业,产生的淤泥用于填洞、填地等。对于河床底及两岸残留的淤泥,则利用消防加压水枪冲击淤泥,使得淤泥伴随泥水冲到沉淀池中沉淀积淤。本次益乐河清淤效果显著,清淤总量达 8462.56 立方米。除此之外,将河水抽干后,河床显露出来,发现了多处暗排管道,进行了针对性整改。(牵头单位:区城管局。实施主体:区城管局。完成时限:2017 年 4 月底)

(二)截污纳管

在众多的治理措施中,截污纳管是最为直接有效的治理措施。所谓截污纳管,就是指对那些在河道两侧的工厂、单位及居民生活区等污水排放单位或排放点直接排放河道的污水管道进行一定的改造和建设,并且将这些改造和建设之后的管道按照就近原则铺设在城市道路下的一些污水管道系统当中,这样就可以将河道两岸的排污单位直接排放入河道内的污水收集并输送到城市的污水处理厂进行处理。

益乐河的截污纳管安装主要分为三部分。

1. 公共部分的安装,即雨水与污水的管道分流

益乐河附近的旧管道采用的是合流制的排水方式,即将雨水与其他污水通过同一管道排放。将道路上的积水直接排放入益乐河中,这在一定程度上会造成污水排入益乐河的现象,产生一定的污染。

整改工作开始后,益乐河附近的管道采取了分流制,利用截污纳管对流入排水系统的道路积水、雨水同污水进行分流。雨水通过管道,可直接排入益乐河。而污水则通过相应的管道进入污水处理厂。

但是这种排污方式也存在着一定问题,即在雨水量大的季节,排水压力增大,容易产生雨水倒灌的现象,导致污水经由雨水管道排入河道中。针对这个问题,相关部门通过每月检测的方式来监控,定期对排水口的排水进行检测,以防止污水倒流入河道。

2. 居民生活区的安装

居民生活污水是益乐河的主要污染源之一,而其中影响最大的是居民生活污水中的阳台污水。早期居民住宅建设中,阳台污水不被重视,没有按照污水处理的标准来处理,而是直接接入了排水系统。

在本次益乐河的整治过程中,相关部门对益乐河周围居民区的阳台污水进行了集体整改,确保每家每户的生活污水都进入污水管道,进行相应的污水处理。

3. 周围餐厅、商铺等污水排放源的整改

在益乐河的清淤过程中,发现了河床底有 7 处暗排管道,大多是周围商铺的暗排管道。相关部门采用了堵、改的方式来整改暗管。同时,安装了新的排污管道,确保相应的污水通过污水管道排入污水处理厂,保证了河道"零直排"。

本次整改共投资 150 万元,结合 2017 年实施的益乐河断水清淤工程,对益乐河沿线直排口进行查漏补缺,对岸上污染源进行截污,进一步巩固了"零直排"成果。(牵头单位:区城管局。实施主体:古荡街道。完成时限:2017 年 6 月底)

(三)配水与生态治理

益乐河的污染问题也同其本身净化能力弱有关。益乐河受上游莲花港河水质和配水影响。莲花港河水位较低,配水不足,导致益乐河水体流动缓慢,自净能力较弱。在本次整改中,相关部门协调市里做好了水闸管理,优化了配水方案,加强了水体流动。

除了配水增加其自净能力外,相关部门还进行了生态修复工程。

1．人工增氧技术

通过一定的增氧设备来增加水体溶解氧,加速河道水体和底泥微生物对污染物的分解。

2．水生植物修复技术

通过种植水生植物,利用其对污染物的吸收、降解作用,达到净化水质的效果。水生植物生长过程中,需要吸收大量的氮、磷等营养元素,以及水中的营养物质,通过富集作用去除水中的营养盐。

通过生态修复工程,可增强水体的自净能力,提高水质。生态修复是一种科学、可持续的治理方式。(牵头单位:区城管局。实施主体:区城管局)

(四)巡河制度

1．河长巡河

益乐河河长每月需要巡河三次,监察河道周围偷排、沿河垂钓、沿河堆积等问题,同时上传巡河日记及巡河轨迹,确保每次巡河落到实处,对河道进行有效监管。

2．志愿者联合巡河

益乐河招募巡河志愿者,主要由社区党员、热心居民组成。志愿者通过微信群的方式可以和河长进行沟通交流,发现问题能做到及时上报、及时处理。

两种巡河方式的有机结合,组成了益乐河治理后的后期监管机制,保障了益乐河治理工作的良性发展。(牵头单位:古荡街道。实施主体:古荡街道)

四、益乐河的治理成效和治理经验

(一)治理成效

在调研中我们了解到,益乐河已完成了截污纳管、淤泥清理这两项步骤,日常巡查也在同步进行中。河道水质监测结果显示,2016 年 8 月以来,益乐河水质已由劣 V 类转变为 II 类到 III 类,水质得到了明显的改善。另外,益乐河的生态治理项目也在规划中。

(二)治理经验

在益乐河的治理过程中,我们总结了如下治理经验。

1．一河一策,对症下药

对河道进行治理时,应充分认识到每条河道的情况是不同的,出现水质问题的原因也各不相同。因此治理前首先要充分了解一条河的问题根源所在,然后对症下药,即"一河一策"。我们从工作人员那里了解到,如果一条河主要的问题是周边小区或企业等的污水排放造成了污染,那么首先就要进行针对性的截污纳管,从污染的源头上进行整治;如果一条河周边没有污水的排入,但水质仍存在问题,那么可能是河道有断头,导致河道水体没有沟通,流动性不强,那么只要加强配水,就能改善水质;如果河道不存在明显的问题,各方面都相对成熟,那么就着重做一些清淤、生态治理等日常养护性的工作。通过对河道根本问题的发现与解决,可以提高治水效率。

2.各司其职,共同协作

河道的治理涉及的工作繁多,有前期的河道排查检测、中期的河道整治处理、后期的保护维持,不同的整治项目也需要不同部门来参加配合。因此,在治水过程中涉及的部门众多,相关工作也比较繁杂,协调好各部门的职责与分工是非常重要的一点。我们在调研过程中了解到,治水办负责协调各个部门之间的分工与联系,统筹安排整个治水项目,另外,包括城管局、农业局、环保局、工商局、住建局等单位在内的各级单位和部门都有其明确的职责分工,在完成相应工作的同时,受治水办的统一协调管理,从而提高了治水工作的效率。

以下是我们此次调研过程中收集到的各个部门的职责分工明细。

治水办:负责协调各部门之间的分工与联系工作。

城管局:负责河道的养护保洁与河道水质的考核。

农业局:负责农村生活污水的治理。

环保局:负责对企业的排污进行查处管理。

工商局:负责对商铺的监管。

住建局:负责河道整治及阳台水的治理。

小区物业:负责化粪池污水管的清除。

3.群众参与度较高,治理成效好

在益乐河的治理中,我们发现群众的参与度高也是治理成效高的重要原因之一。治水不仅仅是政府的职责,也需要群众的积极响应,无论是河道水质App的开发,还是志愿者巡河,都能让关心河道治理的居民切实地参与到治理过程中来。群众的积极参与使得河道的问题能及时发现与解决,从而将"五水共治"这项民生工程做得更好。

更重要的是,群众的参与度提高了,其背后的教育意义也得到了充分的体现。大批来自身边的志愿者积极投入巡河治水的行列,能对河道附近其他居民起到很好的引领作用,在潜移默化中,乱排污水、乱扔垃圾等危害水质的不文明行为也大大减少。从更长远的角度看来,这不仅仅是对一代人的教育,这些优良传统还可能一直延续下去,引导更多的后人为保护河道水质做出努力,因此可以说意义非同一般。

指导教师:傅夏仙

"绿色浙江"生态社区营造调研*

一、调研背景

生态社区建设是社会主义生态文明建设中的一个新概念,体现了人与自然和谐相处的理念,是符合可持续发展理念的社区发展模式。生态社区建设离不开国家的政策指导、制度设计,但其发展又具有独立性。生态社区建设的主体是居民,范围是居民所赖以生存的社区环境,负责协调的是政府、居委会、村委会、企业及相关组织,其与社区建设最大的不同就在于生态性。生态社区建设遵循生态设计原则,以人为本,因地制宜,统筹兼顾,力求保护自然的绿水青山。

我国生态社区建设目前主要还处于理论研究阶段,政府为大力推动社区建设,出台了大量政策,各地也积极响应,典型的社区营造案例有广州南华西街、广州科学城、杭州生态园、上海及西安老城区改造等项目,但是试点工作或多或少存在一些问题,有待改进。

二、"绿色浙江"生态社区概况

"绿色浙江"是浙江省最早建立、规模最大、在中国首家获得社会组织评估5A级的公益性民间环保组织,也是目前在中国最具影响力、党团工妇建制最完整、专职人员较多和参与国际事务较多的环保社团之一。

(一)生态社区项目

"绿色浙江"的生态社区建设独具特色,为社区建设增添了一股生态新动

* 本文由钱高琳、王阳、马骏、胡相宜、陈瑜、姚新芳、张梦琴、姚星宇、许佳、赵杭月合作完成。

力。目前主要项目有："智慧绿房"，含可回收垃圾的智能回收系统和太阳能发酵天然有机垃圾处理系统；"绿士多"，具体代表有春晖慈善商店和绿浙公益便民超市；"衣物重生"，开展废旧衣物回收再用试点项目，在社区、学校和企业进行废旧衣服的回收再利用。

(二)样板社区

"绿色浙江"在杭州市上城区西牌楼社区尝试推广建立生态社区的示范样板，在此基础上形成了"三横四纵"的生态社区运营模式。"三横"为生态知识传播、生态技术植入、参与式社区治理，"四纵"为能源、水资源、绿化和种植、废弃物。

2013年，"绿色浙江"受中央财政支持和万通公益基金会资助，在杭州市下城区文晖街道现代城社区开展生态社区项目。现代城社区建立了环保志愿者团队，建立废弃物智能回收平台，实现了屋顶400平方米的绿化，带动50户居民开展屋顶种植；项目与家庭餐厨垃圾产生的肥料形成小循环。

三、"绿色浙江"生态社区营造的创新点与存在的问题

为进一步了解"绿色浙江"在生态社区营造过程中的创新点和存在的问题，我们来到样板社区——野风现代城和黄湖自然体验园进行了实地调研。

(一)调研情况概述

在实地调研中，我们发现野风现代城的建设情况和资料介绍相比存在一定落差，并非生态社区营造的成功典型。尽管现代城社区环保设施较为完善，甚至设有宠物便袋，但仍存在明显问题，主要有："大熊猫衣物回收箱"中虽有衣物，但是数量偏少；"智慧绿房"没有设置在社区内，规模与规划面积相比小了不少，功能也减少了许多，并且目前仍没有投入使用；居民对"绿色浙江"这一组织及"绿色浙江"进行的社区营造活动了解较少。

相比现代城社区，黄湖自然体验园发展态势良好。作为"绿色浙江"的环保理念教育基地，黄湖自然体验园和周边中小学合作，通过举行活动宣传环保理念。同时，体验园通过招募志愿者在大学生群体中宣传自身。在体验园中我们看到种种蕴含科技创新元素的环保设施：太阳能电池板、屋顶雨水收集装置、各种废物利用装置等。然而，偏僻的地理位置导致参观体验人数较少，工作日时体验园就更加冷清了。另外，针对周边居民的社区营造活动开展较少，目前仅限于停止使用农药相关宣传，以及绿色农业理念的宣传。

(二)创新点

在生态社区营造过程中,"绿色浙江"有不少值得肯定的创新点。

1. 团队的专业性和高素质

生态保护、环境工程等相关专业的人才,牵头政府与社会的联络大使,能为公益项目争取资金支持的项目推手,巧手嫁接理想与现实的策划人才……在这些关键方面形成能力互补、专业突出的团队,使"绿色浙江"和生态社区营造项目走得更为长远。"绿色浙江"旗下的彩虹人生公益平台,网罗了大量人才资源,具有较大的社会影响力和较高的知名度,为生态社区与其他社会力量的合作打下了坚实基础。

2. 外部力量的巧妙对接

生态社区营造是一个涉及多方合作、协商的过程。一方面,项目的发起和开展需要外界资金的支持、政府力量的推动;另一方面,生态社区的理念想要真正进入居民的生活,需要居委会和志愿者组织持久的活动开展和宣传教育。以野风现代城社区的春晖慈善商店为例,通过与政府的合作,"绿色浙江"成功将慈善商店项目在贫困家庭中推广,通过与居委会的合作,慈善商店的商品来源得到了一定的保障。此外,"绿色浙江"联系了许多爱心企业,得到了企业的认捐,以及以成本价买进卖出慈善商品的优惠,为慈善商店的稳定运营提供了一定保障。

3. 人性化的项目营造

生态社区营造不同于建造,营造无关乎资金与科技项目引进的多少,而在于发动社区居民参与进来,将社区改造成绿色家园。熊猫回收箱、智能垃圾回收系统等生动体现了"绿色浙江"将如何触及居民的切身利益、调动居民的环保参与积极性看作项目设计的重点。

(三)存在问题

现代城社区项目的搁置反映了生态社区营造中一个很大的问题:人才管理机制缺陷,即环保组织内部的人员流动导致项目搁置或延期。现阶段,公益性环保组织的社会认同度不高,群众对于环保组织的定位及其价值缺乏了解,使得工作人员处于一种"孤军奋战"的境地,也造成了环保组织内部人员的不稳定。

此外,多个利益方的关系难以协调。例如在与企业合作时,伙伴选择与项目监管不到位。在"衣物重生"项目中,"绿色浙江"的合作伙伴申奇废品回收有限公司被曝出由其处理的回收衣物的大部分被挪作他用获取利益。和居民协调时,很多时候项目无法满足居民的需求和利益,大家的积极性难免受挫。社区组织活动覆盖层面大多是小孩和老人,而对于其他群体来说,他们并没有过多地参与社区活动,对社区营造这一理念的了解和重视程度不足。

四、我们的看法与建议

我们小组就生态社区建设提出了相关建议,以期在促进"绿色浙江"发展的同时,为各地生态社区建设提供参考。

(一)探索环保产业化,寻求可持续发展

环保产业化优势明显,比如,可以促使产业组织结构朝合理化、规模化方向发展,提高市场化程度,利用市场化特点调动群众参与的积极性,等等。在社区营造的过程中,我们认为"绿色浙江"可以通过以下三种途径探求产业化发展道路:政府、企业直接购买生态社区营造服务;作为社区与社区环保设施供应商的中间人可以直接提供相关服务;环保设施可以作为灵活的广告宣传平台。同时需要注意,环保产业化绝不是一味追求经济效益。

(二)加强多方合作,保证项目完整性

着重提高社区居民、志愿者和居委会参与"绿色浙江"生态社区项目的自觉性、主动性和积极性。要通过更多的体验活动让人们真正了解生态社区营造的理念和重要性,认识到这些项目与自身利益是密切相关的。

进一步协调和政府之间的关系,协同合作,互惠双赢,共同为生态社区营造、为中国特色社会主义生态建设而努力。"绿色浙江"在继续获取政府资助的同时,要努力减少由于和政府之间的协调而产生的执行阻力和组织内耗,要找到政府合作和自身建设之间的平衡点,不要舍本逐末。

(三)加强宣传力度,贴近人民群众日常生活

就目前状况而言,"绿色浙江"在社会基层的知名度并不高。因此,建议"绿色浙江"加大宣传力度,多举办贴近居民生活的活动,使更多人了解"绿色浙江"这一公益性环保组织,了解生态社区营造的概念,从而推广"绿色浙江"生态社区营造的各个项目。宣传可以从高校学生入手,通过组织开展活动、微信推送、黄湖自然体验园实地游览等形式进行。

参考文献

[1] 在中堂. 飞骠匠师唤醒沉睡古镇:古川町的重生之路[EB/OL]. (2015-09-27)[2018-12-01]. http://www.wtoutiao.com/p/J22taD.html.

［2］刘国翰,郅玉玲.生态文明建设中的社会共治:结构、机制与实现路径——以"绿色浙江"为例[J].中国环境管理,2014(4):38-43.

［3］习近平.生态兴则文明兴:推进生态建设打造"绿色浙江"[J].求是,2003(13):42-44.

［4］王玲.绿色浙江让衣物重生[J].中华环境,2015(Z1):106-107.

指导教师:宇正香

章太炎故居保护与利用情况调研*

一、调研背景

近年来,随着城镇化的快速推进,承载着浓厚人文价值的农村历史建筑正在慢慢消失。令人欣慰的是,杭州的农村历史建筑修缮工作于 2009 年便已开展,并且走在了全国前列,其中一个十分成功的例子便是章太炎故居。

京杭大运河的南端,仓前镇的余杭塘河畔,中国近代民主主义革命家、思想家和国学大师章太炎诞生于此。2011 年 1 月 12 日章太炎先生诞辰 142 周年时,章太炎故居正式对外开放。在 2018 年的"家在钱塘——杭州市农村历史建筑保护九年成果展"中,其作为全国重点文物保护单位,获得了"杭州市十佳农村历史建筑最佳利用单位"的称号。我们小组前往章太炎故居调研,希望对杭州市政府在农村历史建筑保护方面的举措及所获得的成效等进行深入探究。

二、章太炎故居的保护与利用情况

(一)故居保护情况

1. 修缮情况

章太炎故居本身是十分破败的两间旧房子,在政府出台政策后被里外翻修了一次,虽然已经无法完全恢复昔日的样子,但也足以让人感受到几分当年的风采。故居的前厅是章太炎先生的文学展览,展示这位国学大师的人生智慧与人生经历,经过天井,再走进客厅,则可以看到清末木式家具,传递出庄重严谨

---

    * 本文由邵奇、王睿、蔡蔚、陈家安、傅晨冉、胡宇宸、黄天宇、李晓萱、林伟健、王聪、王立珲、朱方洛合作完成。

的家风。大厅右转就可以看到厨房,再往右走就是用于举办国学讲堂、书画展览的其他房间。整个故居的建筑呈现出浓郁的古风,如木式家具、白墙青瓦,但也装饰了现代化的灯具。

2."文物守望者"政策

我们事先了解到杭州市对农村古建筑的保护有一项独具特色的政策——"文物守望者"政策,幸运的是,我们在调研的过程中采访到了章太炎故居的"文物守望者"。这位守望者原本就是研究历史建筑的学者,对古宅古建筑有很深厚的感情,非常希望为保护好这些建筑尽一份力,而"文物守望者"政策正好提供了契机。我们一行人就在章太炎故居门前听他讲述近些年来章太炎故居一带的历史变迁,透过他多年来保护章太炎故居的经历,我们深切感受到了"文物守望者"在历史建筑保护工作中所起到的不容小觑的作用。

3.志愿者参与

在调研过程中,我们遇到了来自邻近的杭州师范大学的志愿者。杭师大每隔一段时间就会与章太炎故居进行志愿者服务的对接,几乎每个周末都会派一些大学生来做志愿者,负责维护游客参观秩序和向游客介绍故居的历史文化。让大学生参与到这一项工作中来,既有利于古建筑的保护,也培养了大学生的社会责任感。

(二)故居利用情况

1.兴办国学讲堂,传承国学文化

章太炎故居的保护工作不仅实现了对原有建筑的修复,而且最大限度地利用了原本闲置的空间。在参观章太炎故居的过程中,我们注意到一间十分特殊的屋子,与其他仅仅用来参观的房间不同,这间屋子准确来说像是一个学堂,里面摆放了很多书桌,还设有书架,上面有琳琅满目的国学书籍。

原来,这个房间是专门用来给当地的小孩子举办国学讲座的,在这里讲解国学知识,既可以让孩子们在故居的氛围中更好地理解、传承和发扬中华民族的传统文化,又充分发挥了章太炎故居的独特价值。

2.举办书画展等文化活动

除了举办国学讲座,故居的后院还有一间屋子用于承办书画展览。我们调研的那一天正赶上章太炎故居举办"家风家训"书画展,我们一行人,还有陆续来到这里的游客,就在这个书画展的小长廊中,一边感受故居的历史气息,一边接受书画带来的视觉与心灵的熏陶。可以说,利用章太炎故居这种带有文化气息的历史建筑来举办书画展,不仅增强了游客的艺术体验,也让游客在这种历史氛围中传承了优良的传统文化。

3.作为观光景点吸引游客,促进当地经济发展

仓前街的章太炎故居,虽然不及西子湖畔、雷峰塔下那般游人如织,但也吸引了不少历史文化爱好者前来。我们采访了一位数十年来一直生活在章太炎故居附近的老人,从他的讲述中我们了解到农村历史建筑改造计划对当地的经济发展和居民生活环境的影响。老人对我们说,修缮之前仓前镇的面貌总结起来就是两个字——"破烂",而在政府实施修缮工程以后,整条街区都被带动实施了改造,新店铺相继开设,来游览的人也多了,环境变得非常干净整洁,大家也非常愿意出来活动散心。可以说,章太炎故居的修缮很大程度上改变了这里的经济状况。

三、章太炎故居保护与利用的基本成效

(一)创新保护理念

杭州市政府修缮农村历史建筑,不仅仅注重物理空间的修复,更着重加强其内在历史价值和文化价值的"再修复"。在章太炎故居,一张张简单的古旧桌椅、一间间朴素的古旧房屋,传递的是章太炎先生朴素典雅、淡泊名利的崇高境界。由此,历史建筑便不再沉闷,而是变得更有深度、更有内涵,真正拥有了在当今社会传承的价值和立足点。

(二)"活"化利用,寻求双赢

对历史建筑进行"活"化利用,让历史建筑"活"得精彩,是一个非常重要的命题。杭州市政府在这一方面做出了有益的探索,针对农村历史建筑的保护,除了延续其原有功能外,还创新了历史建筑的利用方式。如针对像章太炎故居这类文化名人故居,设立文化主题陈列馆;针对其他的建筑,开设村民文化礼堂等,丰富群众的文化生活。杭州市政府的实践启示我们,只有找到经济发展与历史建筑保护之间的最佳平衡点和最大"公约数",才能保证这项系统工程的顺利落实。

(三)重视发挥群众作用

从章太炎故居的保护工作中我们看到,"文物守望者"发挥了非常重要的作用。"文物守望者"岗位的设立,充分发挥了群众的作用,激发了群众的主人翁意识,从而引导群众有效地参与文物保护工作。这些"文物守望者"就像一颗颗火种,活跃在杭州各个角落。正是有了他们不舍不弃的守护,杭州的这些历史建筑才得以发掘出来,受到人们的重视,从而得以延续,人民的家园情怀才有了

守望之地,各种传统文化、核心价值观也才有了承载之所。

四、总结与展望

此次调研,我们不仅了解了历史建筑保护工作的成效,更感受到了章太炎先生的气度风韵,我们仿佛看到了一个坐在天井之下读书、用毛笔蘸着墨水在方砖上练字的孩童,如何成长为一位热衷革命、热爱文化的国学大师。相信杭州市政府着力推进的农村历史建筑保护工作,定能使市民找回更多老城记忆,提升杭州的城市品位,从而更好地向世界展示魅力杭州。

指导教师:宇正香

从小河直街改造工程看历史文化街区的保护[*]

一、调研背景

(一)小河直街简介

小河直街历史文化街区位于杭州市北部,地处京杭大运河、小河、余杭塘河三河交汇处。东临小河,西临和睦路,南临小河路,北临长征桥路。小河直街历史文化街区以小河直街为中心,沿运河、小河分布的民居和航运设施整体风貌和空间特征仍基本保存,具有一定的规模,在杭州市历史文化街区中应属于传统风貌保存较为完整的街区之一,其建筑、街巷、运河航运遗迹仍然展现着独特的风貌。街区真实地反映了清末民初运河沿线底层人民的生活环境。

(二)改造背景

随着时代发展,小河直街作为历史文化街区,面临着许多重大问题。

1. 街区居民居住条件差

建筑以木结构为主,年久失修导致残损严重。大量搭建破坏了原有建筑格局,影响了通风采光。住房缺乏基础设施,居民生活不便。环境脏乱,街道地势低,一遇大雨就严重积涝。

2. 历史文化遗存保护情况差

街区立面历史元素不断流失,历史构筑物散落无人管理。

居民要求改善居住条件和保护街区风貌的呼声强烈,但依靠自身力量难以实现。

---

* 本文由许玉洁、胡鹏升、龚侃华、柯玉箫、徐榛阳、张洪申、刘洋、陈稼诚合作完成。

二、小河直街主要改造措施

(一)改造原则

一是要坚持历史的真实性,不能成为假古董;二是要保证风貌的完整性、延续性;三是要再现清末民初运河边城市平民的市井生活。落实到具体改造方案上,就是"重点保护、合理保留、局部改造、普遍改善"。

基于这几点原则,小河直街改造采用了"旧包新"的修缮办法,尽可能保持民居的古旧貌。外立面在旧房的基础上原样修复和加固,保留了雕花木柱、花格窗、木楼梯等清末民初的建筑元素。以修缮翻新住宅、增设基础设施、部分外迁稀释住户为主,改善居民居住条件;以拆除搭建、整治风貌、加强管理为主,保护历史文化遗存。

(二)面临的难题

1. 居民搬迁安置问题

居民搬迁安置问题是历史文化街区保护和危旧房改善工作中的重点、难点问题。针对这一问题,小河直街对居民采取了部分就近异地安置、部分原地回迁、部分货币安置的解决办法。

就近异地安置,指安置地点选定在项目附近,契合居民不愿远离原住所的心理,从而避免了异地安置中由于迁移过远造成的阻力。

部分原地回迁,指保留部分原住民。一方面,这满足了部分居民强烈的回迁意愿,并增加了人均住房面积;另一方面,历史街区的传统文化很大程度上要由原住民维系,部分回迁有利于街区传统文化风貌的传承。同时,居住密度的适度降低有利于延长建筑的使用寿命。

原地回迁和就近异地安置的居民,每户都将获得不小于 48 平方米的住房(实际提供的住房面积分别为 56~100 平方米和 66~90 平方米);新住房与原住房面积的差额部分,以优惠的价格进行资金结算。

选择货币安置的居民,可以根据原住房的市场评估价值得到相应的资金补偿。

由于搬迁政策合理,短短 2 个多月时间,285 户居民全部迁出,约 60% 的居民选择在保护工程结束后回迁。

2. 保护历史文化遗存与提高居住质量的冲突问题

历史文化遗存保护要求保持建筑原貌,而改善居住条件则要增设必需设施,提高建筑安全质量又需进行结构加固。为了处理好保护与改善的关系问题,本着"重点保护、合理保留、局部改造、普遍改善"的保护方针,根据不同建筑历史文化价值和保存状况的差异,采取三种保护模式区别对待。

原模原样型——选择极具代表性的结构尚为完好的房屋,将其原封不动地保留下来,对其中受损的构件进行加固及调换,对室内的卫生、隔音隔热、通风等设施进行适当改善。这一类约占街区总建筑面积的36%。

原汁原味型——对结构不再完好、存在防洪排涝问题的建筑,提高原房屋地坪后,利用尚能利用的原构件在原址复原,并改善室内环境。这一类约占街区总建筑面积的40%。

似曾相识型——拆除街区内1949年后修建的砖混结构的房屋,将其恢复清末民初的风格。这一类约占街区总建筑面积的24%。

政府为每户家庭配置了厨卫、自来水及排污水、电力电缆、电信电缆、电视电缆等各类市政设施。同时,拆除各类违章搭建、严重影响历史风貌的建筑物,综合整治街区环境,清除原来不协调的厕所、垃圾站、广告牌、招牌、路灯、座椅等设施,按照历史风貌进行统一设计,重新配置设施。

3. 资金问题

小河直街保护工程资金投入约为2.5亿元。资金来源于运河周边企业搬迁后的地块市场拍卖收入。由于该项目的出发点在于保证百姓安居和保护历史文化遗存,政府没有从短期内的资金平衡出发。从长远看,保护整治后的小河直街作为杭州市最具运河两岸传统文化特色的地区之一,将为运河恢复一道独特的风景线,带来更多的旅游经济收入。同时,经过建筑、基础设施和环境的全面改善,该街区周边的房地产价值也将获得提升。

三、小河直街改造结果调研

(一)改造进程

小河直街的改造是一项长期工程,一期和三期的改造已经结束,街区也已经开放,二期计划于2018年下半年开街,我们组进行调研时已有部分商铺开始对外营业。

一期在小河支路以西、长征桥路以东,主打历史文化街区,最先开街,是比较成熟完备的游览型街区,也是文化遗存重点保护区。

三期在小河路以西、湖墅北路以北,2012年开街,弄堂里、新腾飞等餐厅都坐落于此,还有一些小酒吧,主打餐饮,也是小河直街内最具商业气息的区域。

二期定位:文化创意零售与工作室,规划上属于风貌协调区。二期的建筑是新型仿古建筑,仍采取"下店上宅"的形式,但面积更大,街面更宽,房子更新,装修改造起来也更方便。

(二)改造优点及成果

1.具体改造结果

这次综合整治,小河直街在建筑外观上保留了老房子"下店上宅"的传统模式,恢复酱园、米铺、孵房等老字号、老店面,充分保留了特有的人文气息。

跟过去一样,街上房子还是木结构,地面还是青石板,穿过厢房,后门就紧挨着铺着石板或鹅卵石的洗衣淘米河埠头,是自己熟悉的老房子味道;不一样的是,房子里的设施改善了,下面厢房每间宽虽不到 3 米,但纵深却有8~9 米,客厅、卫生间、厨房也都一应俱全。

2.总体改造成果

小河直街历史文化街区保护工程取得了较好的社会效应和文化效应。

从社会效应看,政府不仅出资为百姓改善居住条件和居住环境,而且在整个过程中遵循公开、公平、公正原则,注重居民切实需求,取得了社会的普遍认同,增强了社会凝聚力。

从文化效应看,整治中不仅认真对待街区内的每一处历史遗存,尽可能地保护这些有形的历史信息,还对传统民居、商业功能等无形文化特征进行了延续。街区不仅保留了大量物质文化遗产,还保留了一半以上的原住民,有效延续了运河居民传统的民风民俗和生活方式。

四、小河直街改造中存在的问题

(一)部分改造计划未到位,改造未能完工

按原计划,政府将为小河直街每户家庭配套厨卫,解决网络、煤气管道铺设等问题。据采访调研,现在仅为每户人家新建了一个卫生间,其他部分由于种种原因被搁置。

居民现在仍采用煤气罐这一方式,没有煤气管道,会带来居民生活上的不便和消防上的隐患(木质房屋,出现火灾时煤气罐可能带来巨大隐患)。煤气管道铺设还存在三个方面的问题。

施工问题:多为大块青石板铺路,重新开挖铺设煤气管道难度大。

地质问题:重新开挖可能引起房屋基坑沉降,产生安全隐患。

文物保护单位的阻挠:文物保护单位出于保护古建筑的目的不建议铺设,认为煤气管道入户将会产生安全隐患,对基本为木质结构的建筑群产生较大威胁。

另外，根据居民反映，小河直街二期改造完成后，网络覆盖情况依然较差，网速仅达到移动 2G 网络水平，远不能满足居民生活和观光游客的上网需求。

（二）停车位不足导致的交通问题

一期改造结束后小河直街只有一个停车场，双休日停车高峰时十分不便。这对于立足打造商业旅游模式的小河直街来说，极大地限制了其客流量和后期发展。

（三）消防问题

一期改造完成后老建筑消防设施未达标，存在安全隐患。2008 年小河直街一期改造完工一年后政府曾为此重新翻修了消防系统，但文化旅游管理单位认为要保持街区古建筑风格就不能安置内部消防系统，而过多的外部消防箱则会影响街区整体风貌，因此部分旧改新建筑中存在消防隐患。

（四）人为做旧等处理使街区失去了历史韵味

小河直街二期工程中为了文化风貌的协调，对部分建筑采取了人为做旧的处理，然而实际效果却很糟糕，反而引发了人们对街区历史韵味的怀疑，而且人为做旧工程很大程度上也影响了原住民的生活环境。

五、我们的建议

（一）针对改造计划遗漏的问题

建议政府加大投资力度，完善基础设施改造。政府应该兑现之前做出的改善小河直街居民生活条件的承诺，进而让他们在小河直街安心居住。

（二）针对煤气问题

建议寻找其他接入管道的方式，在施工难度和施工安全中寻找平衡。考虑到煤气罐带来的隐患更大，基于以人为本的原则，应当尝试铺设管道，由政府发起竞标，各大公司进行竞争。

（三）针对停车位问题

该问题已基本解决，二期建设结束后，新增 300 余个车位，小河支路和古运路也有一个新停车场在建。

（四）针对网络问题

尝试 Wi-Fi 全覆盖，政府建设小河直街主题的公共 Wi-Fi，打造小河直街又一品牌象征。同时可考虑加大投资，解决网线铺设问题，更好的网络环境也能吸引更多游客前来旅游消费。

(五)针对消防隐患问题

消防安全部门明确指出小河直街一期老建筑消防设施未达标,要求必须补救(防火喷铃、报警器、灭火器的安装)。同时,文保单位要求"必须保持古建筑的原貌"。对此,可将一些必需的消防设施,在规定允许的范围内设置在相对隐蔽的地方,不影响建筑整体外观,同时对消防设施的外观进行美化,与古街的风格保持相对一致。

六、总结

小河直街的规模并不大,但是整体建筑风格和意境完全体现了其作为古街区的历史文化价值。实际调研发现,小河直街的旅游模式和商业发展模式都处在兴起阶段,但也存在许多实际的问题,集中反映了"我国城镇化进程中历史文化街区未来要如何走"这一问题。这次小河直街历史文化街区的调研活动,是出于对我国特色本土文化流失的担忧而开展的。随着社会的进步,"什么是中国人,什么是华夏文明,什么是中国文化"似乎越来越难以描述。文物、历史街区则可以说是"文化"较为具象化的表征了,能够在潜移默化中给人以熏陶。所以我们选择了研究小河直街这一历史文化街区的整改情况,整合调研结果,我们想要初步回答以下三个问题:

第一,这类历史文化街区能否保留?

第二,如果能,怎么规划出一份标准的整改答卷?

第三,目前对这类街区做的整改方案还有哪些不足和可以完善的地方?

针对第一个问题,核心是文化保护的精神需求和社会发展的物质需求的冲突。从逻辑上说两者并不是不可调和的。以小河直街为例,它的整改就可以说已经基本平衡了物质层面和精神层面的冲突,在保留了历史文化街区文化特征的同时,赋予了其新时代的经济功能与意义。

第二个问题则复杂一点。首先,通过资料查阅,我们认为产业结构调整能起到关键作用。发展符合历史文化街区特色的产业链,能够最大限度地利用历史文化街区本身的特色和优势。以小河直街为例,三期工程分别发展了餐饮、旅游、工艺品(古琴、瓷器等),又做到了和谐统一。其次,需要政府在政策上提供支持和补贴,创造一个不错的发展环境。最后,小河直街改造需要和周边地区发展相适宜。

针对第三个问题,我们应当看到,在整改过程中,文保单位在某些方面过分强调文物的保护,忽视了原住民的基本诉求和一些安全隐患,这一点需要注意。其次是政府整改力度不足,小河直街很多后续的完善工作没有落到实处。最为关键的一点,是文教不足,对历史文化街区的保护更像是一次经济上的再开发,经济发展的考量多,文化上的考量少,传统文化保护流于形式。

对此,我们的建议是,多开展社区文教活动。以小河直街这一特殊的环境为基础,在开展庙会、传统美食节等活动之外,还可以和周边教育机构(小学、初中、高中皆可)联系沟通,不定期(也可发展为长期项目)举行学习传统文化经典(文化经典诵读课、书法展)、了解传统文化瑰宝(参观博物馆)等方面的活动,充分挖掘历史文化街区本身的内涵。

指导教师:章前明

中国非物质文化遗产的传承

——从杭州中山南路老底子箍桶匠说起*

一、箍桶手工艺的历史与现状

箍桶是江浙一带传统手工艺的代表,属于非物质文化遗产的范畴。箍桶是民间风俗的集中体现,主要指脚盆、浴盆等木制品的制作。

作为一种谋生行业,它起始于哪朝哪代,已无从考证,也无法考证,而它作为民间的传统手艺,一代代传承下来。到目前为止,只有少数老箍桶匠仍然保留着这一项传统技艺。

(一)箍桶店的历史

杭州中山南路一带,63岁的箍桶匠戚建飞坐在桶刨上,熟练地推动着手中的刨刀,伴随着"嗤嗤"的声音,刨花成片地散落在周围。

戚师傅的手艺是从爷爷那里传承而来的,那是20世纪四五十年代,物质匮乏,会一门木匠手艺,格外受人尊敬。"我学的时候,手艺是很吃香的。"戚师傅眼睛里闪出亮光,"因为农村里面都是种地的,做手艺比种田要好一点,那个时候工资是一天1块8角6分,比生产队2天的工分还多。"

戚师傅的箍桶店从成立起,已经经历了5次搬迁,"从杭州卷烟厂搬起,到江城路,再到望江门、鼓楼,最后就在中山路这里不动了"。几次搬迁,也见证了箍桶店的兴衰。

---

* 本文由严铭、刘芳、尹豪、郭泳良、朱嘉麒、李嘉祺、张睿、陶媛、周方浩、邴钰淇合作完成。

（二）制作流程

"手工艺这个东西，不仅靠手势，还要靠眼睛看，很需要经验。原木板是一样的，但是我们大大小小都有做，所以，眼睛一定要会看。"

一个木桶看似简单，但实际上要经过下料出粗、刨斜边、拼板上箍、铲沟槽、上底、打磨出细等几道工序，其中涉及的弯曲造型是技艺的难点和特色。箍桶匠下料时就要计算好板块的弧度，刨斜边又是加工桶器造型好坏的关键，拼板上箍需要箍桶匠具备一次就能加工成型的绝技。成型后，要在底部锯出一圈槽缝，并铲出沟槽，接下来上圆底、箍紧再出细，一只滴水不漏的桶器制作才算真正完成。

（三）行业现状

随着生活水平的提高，箍桶这项传统手艺离人们的生活越来越远。20世纪三四十年代出生的人是对箍桶最有感情的群体，而随着时间的推移，七八十年代出生的人对箍桶的熟悉程度大大下降，我们这群90后也只是在调研过程中才有所耳闻。箍桶技术和这群手艺人一样，正在逐渐退出历史的舞台。

二、箍桶行业没落的原因分析

"做手艺太累，年轻人都不喜欢。"除了这个，箍桶行业逐渐没落的原因还有哪些呢？

（一）生活水平与消费结构改变引起的市场衰弱

20世纪五六十年代，我国的生产力水平与制造业实力低下，百姓家用的大多是木制品。而在改革开放之后，生产水平上升，塑料、五金制品进入市场，同时人们生活水平提高，更愿意接受现代化的生活方式，对传统文化的认可度逐渐下降。塑料桶虽然耐用度不及手工箍桶，但其在生产效率、生产成本、携带方便程度上比箍桶更具优势。箍桶行业受到了机械化生产的冲击。

（二）行业现状造成的继承者缺失

首先，随着塑料、金属制品的大规模机械化生产，传统的箍桶市场被排挤，市场需求与市场占有率逐年下降，箍桶行业逐渐衰弱。其次，社会行业种类日益增多，现代工业逐渐取代手工劳动，高效率的生产流水线更能满足社会的需求。

诸如箍桶等传统手工艺很多是家族世代相传，而当今越来越多的年轻人选择出去闯荡，这是为了追求更好的物质生活，同时也是为了选择属于自己的生活方式。传统手工艺的世代相传模式被打破,年轻一代不愿承袭父业,父辈不愿传授外人,即使是思想开明的老手艺人愿意传授外人,也总苦于无人来学。家族传统手工艺开始出现断层。

不仅如此,年轻一代在进行职业规划时,选择学习传统手工艺的人甚少。另外,很多老一代手工艺者在市场经济冲击下生活拮据,于是也选择适应工业化浪潮。

(三)手艺人观念保守,创新能力不足

手艺人观念保守与创新能力不足体现在:其一,家族世代传承,保守的观念根深蒂固,手艺人不仅选择封闭化的生产模式,而且也不愿意将技艺传给外人,形成手艺壁垒;其二,传统手工艺适应现代化生产的能力不足,手艺人的思维惯性使其对手工艺品的改造与创新能力不足,手工制造的产品不适应社会的需求。

(四)政府层面保护机制的不完善

其一,传统手工艺种类繁多,普查的力度不够大。中国民间积累了众多优秀的传统手工艺文化,但是政府对于传统手工艺的整体情况了解不够透彻,缺乏系统性的普查。

其二,保护传统手工艺的资金、技术匮乏。传统手工艺的保护需要花费大量的人力、物力和财力,政府投入资金有限。

三、箍桶行业的未来展望

(一)箍桶手工艺者改进生产销售模式,与时俱进

箍桶手工艺者要加强对当今社会生产模式的学习,不断改进与创新手工艺,提高核心竞争力,承担起传承非物质文化遗产的责任。例如,随着人们对高品质生活的追求日益强烈,木桶和木盆再次成为抢手货,戚师傅利用这个契机推出定制木桶和澡盆的服务,生意有了很大起色。

另外,随着电商的发展,人们更愿意从网上选购商品,传统手工艺者可以通过网络途径来销售手工艺品。比如戚师傅正在尝试通过电商渠道销售箍桶,一定程度上增加了销售量。当然,戚师傅也说,虽然销量提高,但是现代物流对运输中的木制品保护不够,损坏率较高。因此,手工艺者需要寻找更多的技术创新点及市场销售方式。

(二)民间手工艺者自发建立"传统手工艺保护与发展协会"

民间手工艺者通过建立"传统手工艺保护与发展协会",集中宣传传统手工

艺的特色,动员群众参与到非物质文化遗产的保护行动中来。同时,可以定期举行传统手工艺的展览,通过协会活动让更多的人了解传统手工艺,共同传承非物质文化遗产。

(三)政府履行职能,寻求传统手工艺新出路

第一,各级政府要高度重视箍桶等传统手工艺的保护,加大普查力度,尽快建立鉴定与评估传统手工艺的专家委员会,并且投入一定的资金编制中国民间非物质文化遗产名录。

第二,政府可以与相关企业合作,用补助的方式来设立传统手工艺的现代化生产基地,招聘手艺人进行培训与生产,创建能发挥手艺人优势的平台,从而吸引更多的年轻人传承手工艺。

第三,政府可以通过与学校合作,在素质教育中加大传统文化的宣传力度,增强人们对正在消逝的传统文化的认同感与责任意识。

第四,政府可以建立诸如"箍桶博物馆"等传统手艺的陈列室,与"传统手工艺保护与发展协会"一起,通过展览、表演、影像等方式来提高传统手工艺的社会影响力。

四、总结

正如戚师傅所言:"手艺上有一句话:'活到老,还是学不了。'手艺这个东西,是永远学不完的,要多进步。"他与箍桶的感情在一刨又一刨中变得深厚。"我对手艺传承下去有信心!"希望戚师傅与箍桶能够成为传统手工艺中一道闪亮的光!

指导教师:宇正香

国产影视作品如何"走出去"

——以杭州九样文化传媒有限公司为例*

一、调研背景

2018 年夏天,《延禧攻略》成为名副其实的"剧王"。在迅速占领中国互联网话题榜的同时,这部剧也几乎以同步速度火到了海外。《延禧攻略》走出国门,成功发行至亚洲、北美洲、南美洲、欧洲、非洲、澳洲,覆盖 70 多个国家和地区,并在海外的论坛和社交媒体上引发了热议。比如,英国《每日电讯报》的报道中称中国的热播剧在海外也很吃香。

而将《延禧攻略》发行至海外的幕后推手,是浙江杭州的一家专门做海外发行的影视公司九样文化传媒有限公司(以下简称九样传媒)。九样传媒成立于 2015 年,是一家专业从事影视节目海外发行的公司。除了 2018 年最火爆的电视剧《延禧攻略》,2017 年由胡歌主演的时装剧《猎场》也是该公司向海外发行的。

2003 年,时任浙江省委书记的习近平同志在省委十一届四次全会上提出"八八战略",这是引领浙江发展的总纲领,是推进浙江各项工作的总方略。"八八战略"包含的很重要的一项内容就是:进一步发挥浙江的人文优势,积极推进科教兴省、人才强省,加快建设文化大省。为此,我们小组以国产影视作品的海外发行为主题,对浙江杭州的九样传媒文化有限公司进行了调研。在实地调研过程中,我们还对杭州电影电视家协会、在越南出售中国影视文化版权的商人及杭州百美汇影城进行了调研和采访,以达到对影视文化出口更加全面和深入的了解。

---

* 本文由黄倩如、汪杉杉、沈翔匀、程凡瑜、倪苗苗、单镭婧、喻文轩、应海铭合作完成。

二、九样传媒的主要做法与基本成效

相关统计数据显示,2016 年我国电视剧市场规模达到 882 亿元,出口总额为 5.1 亿元,对比这两个数字,国产影视剧的出口额还不到市场规模的 1%。我国影视文化产业的发展,在全球影视产业的大舞台上还比较稚嫩,发展受限,竞争力不够强,出口量在世界影视业市场所占的份额比较小,贸易一直处于逆差状态。2017 年,进口外国影片 109 部,出口近百部,基本持平,但在票房及总收入方面差距过大:中国影片海外票房及销售总收入为 42.5 亿元,外国影片在华票房收入为 258.1 亿元,是前者的 6.1 倍。

针对此困境,国内的海外影视发行公司依靠政策大背景,根据自身运营经验和现有资源,做出了有益的探索。我们主要对九样传媒公司在国内影视作品"走出去"方面的做法与成效进行了调研。

(一)打通渠道

九样传媒有着丰富的海外发行渠道,能够从大型的内容制作公司挑选出优质的影视作品,进行版权国内采购和版权海外分销。

九样传媒依托中国电影著作权协会官方平台,提供影视剧著作权认证系统服务。其版权海外分销所发行的国家和地区主要有:日本、韩国、东南亚、北美、中东、欧洲、大洋洲、非洲等。不止步于成熟的亚洲市场,九样传媒还不断积极拓展海外新的市场,已成功开拓俄罗斯、波兰、阿联酋、秘鲁等地市场。九样传媒独家海外全媒体发行的主要项目有《延禧攻略》《猎场》《国士无双黄飞鸿》等电视剧,以及《中国新歌声》《放开我北鼻》《拜托了冰箱》《饭局的诱惑》等热门综艺。

九样传媒在海外发行渠道上做到了以下几点。

第一,绕过第三方海外发行代理商,直接面对国外平台。

第二,将每个市场细分到不同终端(包括电视台、电影院、网络平台、DVD)。九样传媒会根据不同国家市场不同终端所占比重,具体制定不同的发行策略。比如日本的 DVD 市场比较庞大,九样传媒就会更多地选择发行 DVD;但在东南亚国家,DVD 的发行就会减少很多,更加侧重电视台、电影院、网络平台上的发行。

第三,已经打开了渠道,积累了人脉与经验。九样传媒投入了很多资金、人力,并在长时间的积累中充分了解并打通了几十个国家的发行渠道。比如越南有 200 多家电视台的播出渠道,九样传媒的领导层通过多年的合作,掌握了诸多发行渠道上的细节,如哪个客户是可合作的、哪个客户的收视率是最高的、哪一个客户的收付款是及时的,可以说已经掌握了所有当地海外发行代理商的基本信息。九样传媒已经摸清了这些主要的海外发行渠道,能够做到一布局就将影视作品在海外全部发行完。

(二)降低文化折扣

1. 充分的受众偏好调研

九样传媒通过与海外电视台、新媒体平台日常的沟通来了解海外受众的喜好。而每个地区有不同的喜好。九样传媒通过调研了解他们喜欢的影视类型、题材,甚至是导演、演员。然后根据他们的偏好(比如越南观众喜欢看婆媳剧、蒙古国观众喜欢看都市剧、美国观众喜欢看武侠片),在国产影视中进行筛选,买下那些影视作品的海外版权,接着再去做海外发行。

2. 挑选符合人类共同价值追求的作品

九样传媒尽量在市场上筛选出符合人类共同价值追求的影视作品,比如胡歌主演的《猎场》讲述的是一个草根的逆袭过程、一个实现梦想的励志故事。为实现梦想而拼搏无疑是人类共同的价值追求,而职场上的风风雨雨也是一个能让观众跨越国别、找到共鸣的话题。

3. 寻找当地的翻译公司进行译制

九样传媒会在海外播出地区找当地的翻译公司进行译制,尽量追求翻译的地道性,且不损失中国文化特色。

(三)创新宣传与发行模式

九样传媒以全球化的视角去完善发行模式,在新媒体时代搭建国内制片方与海外播出平台的桥梁,创新了海外影视宣传模式。九样传媒会配合购买方做很多海外的宣发工作,也就是在为影视作品真正的落地宣发努力。在他们的理念中,不是说赚到钱就完事了,他们希望这部剧在对方的播出平台能取得高收视率,双方都能赚到钱,这样既能延长产业链,又有助于建立长久合作的基础。

具体的做法有两个方面。一是国外配合。九样传媒会与当地播出平台沟通,应该投入怎样的广告(细致到哪种类型、在何处投放),播放怎样的宣传片,并将其投放在不同的传统媒体平台和新媒体平台上,这与国内的宣传套路在一定程度上相似。二是国内配合。九样传媒会找到国内该影视作品的制片公司和剧组的演员,让他们帮忙录制宣传视频,安排演员到国外做一些现场宣传。

(四)打击盗版

从九样传媒对所发行的热播剧《延禧攻略》在越南遭遇严重盗版这一危机

的处理中,我们可以直观地了解九样传媒在面对盗版行为时强烈的维权意识和清晰的维权思路。

《延禧攻略》在海外市场播出覆盖超过 70 个国家和地区,在各地掀起一股追剧热潮。但与该剧热度居高不下持续相伴的是,各种盗版资源不断出现在网络平台上,不仅该剧的剧本被流出,越南及内地还发生大规模剧集盗播,且超过独家首播的爱奇艺 VIP 会员进度。

面对这一盗版危机,九样传媒迅速采取了应对措施。首先,九样传媒在2018 年 8 月 15 日当晚组建了 17 人的专项法务团队(均为知识版权领域资深专业律师),对越南上述盗播平台进行取证,调查运营主体,并发送律师函进行交涉。其次,通过技术手段追查盗版源头,排查运营服务器和相关 IP 地址,联合欢娱影视、爱奇艺等合作方进一步排查《延禧攻略》越南片源泄露原因。再次,将相关证据和线索同步授权胡志明电视台开展维权工作。

同时,《延禧攻略》官方微博及九样传媒相继发出"严正声明",表示散布未播出剧集内容的行为已构成侵权,情节严重的涉嫌触犯刑法,望相关人员立即停止侵权且删除该内容,并将依法追究侵权人员的相关民事及刑事责任,呼吁广大网友共同抵制不法行为,打击违法犯罪,维护良好的网络市场秩序。这一举措通过国内媒体,从源头上向在国内网站进行盗版行为的不法分子敲响警钟。

九样传媒的做法取得了显著成效,在越南公安部等政府部门的支持下,大部分盗播网站都于次日将《延禧攻略》下架。8 月 17 日,网友登录 Zing TV(盗版网站)时,已经找不到《延禧攻略》的页面,取而代之的是国内其他未经授权的热播剧。与此同时,九样传媒启动海外大平台实时盗播监控,针对 YouTube、Dailymotion 等新媒体平台,截至 8 月 26 日,累计发现《延禧攻略》侵权链接1797 条,累计阻断侵权链接 1797 条。

九样传媒的越南正版合作方也因在此过程中严厉打击当地盗版网站,一度在越南各大媒体引起了极大关注。能够如此大力度打击盗版且快速大规模阻断盗版网站,这在越南是史无前例的。

九样传媒在《延禧攻略》之前的独家海外发行项目是胡歌主演的《猎场》,在播出期间,海外同样面临大量盗版盗播情况,九样传媒通过法律和技术手段累计阻断来自海外各地的盗播链接超过 1000 条,维护了版权方及海外合作方的合法利益,获得首肯与好评。

总的来说,作为一家专业的中国优质影视内容海外发行企业,一方面,九样传媒希望通过自身努力将中国电视剧带出国门,传播中国文化;另一方面,其对盗播侵权行为尤其是借机传播不当言论的现象深恶痛绝,坚决予以打击。如今,通过自律、专业、诚信的处事方式,九样传媒为国内版权方、海外合作方提供了更多周到的服务,保障了共有利益。

三、我们的看法

中国广播影视产业化发展起步较晚,虽然已经涌现出华谊、华策、光线等具有一定市场影响力和竞争力的上市公司,互联网巨头BAT(百度、阿里、腾讯)也进入了影视行业,但总体来看,这些公司不论是资金实力、精品创作能力还是海外营销渠道建设,都处于发展初期,非常弱小,尤其是与国外影视巨头相比,都不在一个重量级上。

著名电影学者饶曙光曾多次呼吁将"中国电影'走出去'工程"转换为"中国电影对外传播战略",并将之提升为国家战略。的确,当下中国电影"走出去"还仅仅是中国部分民营企业诸如光线、万达、博纳等竞逐名利的商业化行径,这些企业旨在利润的牟取,并未站在国家层面的战略高度以中国电影为媒介去传播国家形象及本民族文化内涵,常因图一时之利而忽略长远利益,无法起到提升电影产业层次的作用,自然无法形成以光影语言讲好中国故事、传播好中国声音的新格局。

(一)经济扶持、外交保障,让对外文化产业更茁壮

国产影视文化出口的从业者,往往带有对自身民族文化的自豪感,希望通过自己的工作为"讲好中国故事"出一份力。

九样传媒的负责人曾说:"目前这两年,中国有一种大国崛起的姿态,之前中国多是以经济援助的手段提高影响力。但那些其实收效甚微,更重要的是要将中国的文化输出去,让大家认可中国文化。"

通过调研,我们感受到了国产影视文化出口的从业者对于国家在经济上、在外交力量上的扶持和帮助的渴望。九样传媒认为,"韩国政府的支持是'韩流'能在十几年内席卷全球的重要原因",而他们也特别希望我国政府可以参考一下韩国政府的做法,一方面,为企业"走出去"提供更多的渠道,另一方面,提供更多激励与奖励政策。综上,我们认为政府可以从以下四个方面帮扶影视产业"走出去"。

1. 纳入国家外交,加强国际版权保护

美国将电影出口纳入国家外交,将其作为重要外贸谈判内容,并加强在全

球的版权保护,同时在世界范围内打击盗版,为美国电影产业进入国际市场提供了重要支撑。

2.举办国际电影节或影展,扩大国际影响力

世界影视强国普遍通过举办国际电影节或影展扩大本国影视业的国际话语权与影响力,推动本国影视作品的海外销售。如美国通过举办奥斯卡奖,极大地提高了自身在影视领域的权威性与话语权,也为奥斯卡获奖影片带来了巨大的市场影响力和票房号召力。

3.实施税收优惠政策,吸引国际合作

韩国、新加坡、新西兰、英国、俄罗斯等国家通过合拍影视作品实施退税优惠政策,吸引国际合作,实现本国影视"走出去"。法国对本国影视作品出口予以资金补贴。2015年,法国国家影视动画中心出台多项拨款政策,对法国节目配音和字幕工作、跨国联合制作等予以资金支持。

4.重视中小影片(包括艺术电影)的生产和输出

文艺片同样能传播民族文化,获得海外收益。目前,国内的中低成本影片投放规模小,缺乏有效推广模式,国内外票房相对低下,许多影片是靠参加国外各类电影节或影展、出售版权等方式收回制作成本,甚至有许多优秀的小成本影片至今与观众绝缘。所以,对于优秀的中小成本影片,有关部门应该给予专项扶持,比如市场开发、全国宣传、海外推广等方面的支持。

(二)对内提高质量、对外传播精品,让文化产业更健康

要成长也要长得健康,不要让烂片走出国门。"讲好中国故事"强调一个"好"字。我们希望这些对外文化企业传播精品,而对外文化产业的从业者,也不单单是以营利为目的,他们也抵制"垃圾剧",期待着国产优质剧、正能量剧大量出现,并走向海外。

1.对外传播正能量剧集

在与九样传媒的交流中,他们提到,"中国现在很多都市情感剧,讲的都是家长里短、小三、婆媳矛盾、出轨、虐恋之类,这种电视剧家庭主妇爱看,国外观众未必爱看,这种情感和价值观他们根本就理解不了"。

作为一家专业的发行公司,九样传媒能做的就是尽量挑选出符合要求的剧。比如《猎场》这部剧讲述的是主人公在职场中浮浮沉沉的人生轨迹,能够传播正能量,而海外观众也很认可这部剧。

2.要堵住历史"神剧"的出国之路

何谓历史"神剧"?近年来,我们的电视屏幕、银幕上,出现了大量违背历史

常识、胡编乱造的历史"神剧"、历史"神片"。有些剧本不但胡乱改编中国的历史,连与国外相关的细节都改动了。让这些作品走出国门,只会被人笑话。

3.采用合拍,讲好"中国故事"

在挑选精品影视"走出去"的同时,我们认为政府可以在大环境方面适当引导,让优秀影视作品减少文化折扣,通过巧妙的文化混搭或者国际合作,让文化交流的桥梁变得更加畅通。一方面是国际联合发行,其基本模式包括卖断版权发行和分账发行。通过与有优势的国外大公司建立战略伙伴关系,利用其发达的发行网络,外向配置资源,能提高产品的渗透速度和市场占有率。另一方面是在传播内容方面采用合拍,讲好"中国故事",使之成为对外文化传播的内驱力。

(1)根据不同国家和地区的趣味及审美心理,精心设计并用心讲好不同的"中国故事"。

要准确把握海外观众口味,实现电影生产范式的转移(即以受众为导向)。例如,以剧情片在东南亚市场推广,以喜剧片、宗教片在南亚市场形成主打,以纪录片供应西亚、北非市场,以恐怖片打开东北亚国门,以动作片进军欧美,等等。只有以当地的文化传统为契合点,根据区域性文化差异而采取相应的传播策略,降低文化折扣,中国电影才能真正深入人心。

(2)电影类型的多元化是中国类型电影发展的应有态势。

《银皮书:2015中国电影国际传播年度报告》显示:在中国所有类型片当中,最受海外国家及地区观众青睐的片种即功夫片。当然,中国功夫片如今已在海外形成了一定的知名度,但是国外观众对中国电影的认知却仍旧停留在以李小龙为代表的武打片、动作片时代。因此,中国电影必须打破海外观众的固定思维,尽量避免"一刀切"的做法,大力发挥其他电影类型的优势,呈现各种类型片齐头并进的态势。

(3)把"中国故事"讲述成为人类的故事。

在越南出售国产影视剧版权的商人曾提到,中国与越南有许多相近的文化,婆媳剧在越南也很有市场。鉴于此,过于民族化和本土化的表达显然是制约本国电影对外传播的不利因素,中国电影应该转换文化表达路径,跨越文化鸿沟,求同存异,突围文化逆差,将"中国故事"讲述成为人类的故事。

因此,唯有以国际观众共有的价值、情感元素为电影导向,以世界可以接受的叙事方式为电影手段,方能打破海外观众看不懂中国电影的尴尬处境,也才能确保中国电影能实现跨文化传播,赢得国际观众的高度认同,进而讲好"中国故事"。

参考文献

[1] 张悦.中国电影海外发行渠道探析[J].文化产业导刊,2014(12):35-40.

[2] 詹庆生.2003—2017年:中国电影的海外商业发行[J].当代电影,2018(5):55-63.

[3] 张佳峰.浅析中国电影海外市场发行模式[J].消费导刊,2014(3):162.

[4] 李宇."走出去"导向下的影视精品创作与译制[J].传媒,2017(9):43-45.

[5] 闫伟娜.影视产品跨文化传播中的"文化折扣"问题研究[J].西部学刊,2013(11):42-44,47.

[7] 刘娜,刘山山."一带一路"背景下我国影视作品对外传播研究[EB/OL].(2017-13-14)[2018-12-01].http://theory.people.com.cn/n1/2017/0314/c83848-29143947.html.

[8] 张森.推动中国影视剧更好地"走出去"[EB/OL].(2018-07-03)[2018-12-01].http://www.cssn.cn/zx/bwyc/201807/t20180703_4492735_1.shtml? from=timeline.

[9] 华谊兄弟研究院.海外电影在中国市场的营销"套路"[EB/OL].(2018-05-15)[2018-12-01].https://mp.weixin.qq.com/s/7-loxf2sScHXgM6xb8CH-w.

[10] 学学好莱坞电影人怎样做海外发行[EB/OL].(2016-05-02)[2018-12-01].https://mp.weixin.qq.com/s/tgWkTmtg27qdrasors1P7A.

[11] 田秒."一带一路"背景下中国电影对外传播研究:从中国电影在俄罗斯的传播现状说开去[J].中国电影市场,2017(10):27-29.

[12] 王德胜,吴锦宇.国产电影对外传播策略研究[J].现代视听,2009(10):24-28.

指导教师:熊卫平

从西溪文化创意产业园看杭州文化创意产业的现状和发展[*]

一、调研背景

(一)杭州文化创意产业现状

文化创意产业是指依靠高科技对文化资源进行创造与提升,生产出高附加值产品,并且具有创造财富和就业潜力的产业。文化创意产业处于产业价值链的高端环节,不仅具有高知识性、高附加值等特征,而且具有经济、文化、技术等强融合性特征以及带动相关产业发展的强辐射力特征。

杭州市从 2007 年提出打造"全国文化创意产业中心"以来,文化创意产业在十余年来取得了高速增长,走出了一条经济"新常态"背景下的文创产业逆势上扬之路。杭州市文创产业中的信息服务业、动漫游戏业、设计服务业、休闲旅游业持续增长,涌现出一批领军企业;现代传媒业、文化会展业特色鲜明,"互联网+"、品牌化战略效应明显;艺术品业、教育培训业后续跟进,文化氛围浓厚;一批小微企业茁壮成长,取得了良好的社会效益和经济效益。

杭州市还打造了十大文化创意园区,包括:西湖创意谷、西溪文化创意产业园、西湖数字娱乐产业园、杭州之江文化创意园、运河天地文化创意园、白马湖生态创意城、下沙大学科技园、杭州创新创业新天地、创意良渚基地和湘湖文化创意产业园。《2015 年杭州文化创意产业白皮书》显示,杭州文化创意产业增加

---

    * 本文由许晟杰、包雨青、褚博宁、拉巴普尺、林沛颖、刘派、陆家林、么依璇、潘思成、张泽超合作完成。

值从 2007 年占全市 GDP 的 10.5％,增长到 2015 年占全市 GDP 的 22.2％。①

(二)西溪文化创意产业园简介

西溪文化创意产业园作为杭州十大文化创意园区之一,是西溪国家湿地公园的重要组成部分,园区隶属于西湖区委、区政府和西溪国家湿地公园管委会,是西湖区倾力打造"全省文创第一区"的重要基地之一。

园区占地 0.95 平方千米,共有 59 幢建筑,建筑面积约 2.6 万平方米,投资近 1.4 亿元,以影视传媒业为主要产业类型。西溪文化创意产业园 2008 年被列入杭州市十大文创产业园,2009 年 11 月开园以来,先后被授予北京电影学院教育创作实践基地、浙江省影视创作拍摄示范基地、浙江省广播电影电视局电影审查中心及全球文化产业特色园区创新引领奖等荣誉称号。

西溪文化创意产业园坚持以"名人立园,影视强园"为发展战略,逐步吸引众多的一流人才和名人大师。2011 年产值高达 8.31 亿元,西湖区纳税达 4350 万元,浙江省纳税突破 1 亿元。创意园影视剧产量高达 1220 集,占杭州市出品总量的 70％以上,占浙江省的 50％以上。创意园已形成以剧本创作、影视拍摄与制作、电影发行、院线放映为主要特色的文化产业布局。

西溪文化创意产业园依托周边丰富的自然景观、深厚的文化积淀和优异的人才资源,努力构建国内具有一定影响力的高端创意人才聚集地,影视产业的原创地,以及高端影片、电视剧的制作地,不断提升园区影视产业总体实力和竞争力,全力打响"西溪创意名家""影视西溪造"两大品牌,致力于成为国家级的影视创作拍摄示范园区,成为全国最美丽的文化创意产业名园。

二、西溪文化创意产业园建设的主要做法

近年来,我国政府大力支持文化产业发展,各地文化产业园项目纷纷上马,但只有不到 10％的文化创意产业园真正盈利,超九成处于亏损局面。在这样的大环境下,西溪文化创意产业园成功跨入杭州十大文化园,我们认为关键在于以下四个方面。

(一)独特的管理模式

与其他的文化园仅有一个整体的园区执行某种主要的功能不同,西溪文化创意产业园分两大功能区块和三大主力业态。

两大功能区块包括:西区为艺术村落区,主要由各类创意工作室、艺术创作

---

① 浙江:《2015 年杭州文化创意产业白皮书》发布[N].杭州日报,2016-01-27.

和展示、艺术经营机构和配套商业组成,除了接待提前预约好的组团游客外,不接待任何散客;东区为创意产业区,主要由创意产业企业总部、大型创意产业机构和研发中心等组成,作为半开放区,只要登记便可以进入。

三大主力业态包括:艺术创作及艺术经营类、创意设计类和总部基地类。力争在三年内成为以艺术创作为主体,集艺术展示、艺术交易及文化、休闲、旅游于一体的艺术商业空间。

(二)发挥名人效应

西溪文化创意产业园坚持以"名人立园,影视强园"为发展战略,在创立初期,就以低廉的价格,签约了杨澜、潘公凯、余华、刘恒、邹静之、赖声川、朱德庸、蔡志忠、麦家等20位名人入驻。园里的几十栋房子,每栋房子根据地势的不同,依湖而建,房子都以工作室命名,如杨澜工作室、蔡志忠工作室、潘公凯工作室、赖声川工作室等都坐落于此。麦家理想谷也是其一大文化特点。麦家理想谷是由麦家创立的一个公益性书店综合体,是国内唯一一家只看书不卖书、免费提供咖啡茶水等饮品的书吧,而且会不定期举办读书沙龙、见面会等读者活动。借助名人优势,发挥名人效应,让这些关注杭州发展、融入杭州发展的名家大师们在西溪文化创意产业园内将生活和创意融于一体,以国际的视野繁荣杭州文化创意产业,以杭州的文化激发创意的灵感和热情。园区可借力创意企业总部基地、名人工作室及举办各类文化创意交流活动,进一步打响"西溪创意"品牌,为杭州的文化创意产业发展创造新的亮点。

(三)打造影视产业链

在西溪文化创意产业园,最不缺的就是影视相关的产业,随处可见影视公司、工作室,甚至连浙江省广播电影电视局电影审查中心也有工作点设立于此。在询问了其中的一位工作人员之后,她热情地为我们介绍了西溪文化创意产业园在影视方面的成就。在早期,随着《非诚勿扰》的上映,西溪湿地声名远播,华策影视、长城影视等影视"大佬"入驻西溪文化创意产业园,使得西溪文化创意产业园成为名副其实的影视梦工场。与其他孵化型创业园不同,西溪文化创意产业园的企业已相当成熟,西溪文化创意产业园的目标就是利用集群效应和西溪湿地的生态、文化底蕴,让企业做大做强。西溪文化创意产业园共有42家影视企业入驻,影视作品年产量占全市的90%以上,占全省的55%以上,占全国黄金时段播出量的15%。同时以"一条龙"服务为特色(契合其邀请多位编剧名人入驻的早期政策),从编剧、拍摄到审查、出品,都能在园区内完成。

(四)创设良好的生态环境

西溪文化创意产业园建设在西溪湿地的一角,作为珍贵的自然资源和重要的生态系统的改建工程,西溪文化创意产业园在生态上尽量保持了湿地的原汁原味,植被茂密,物种丰富,经常可以看到松鼠、飞鸟之类的小动物。各类建筑也是绿荫环绕,镶嵌在绿色海洋中,基本都是单车道的路面,也更偏向于小径而不是大路,很好地保留了原有的生态环境。空气清新并且远离市中心,安静而舒适。这里独特的自然景观和深厚的文化底蕴能最大限度地激发创意的灵感和艺术的冲动。创意是文化产业园的灵魂,文化产业园建立在生态环境优美、文化资源丰富、交通便捷、基础设施完善的区域,将有利于形成良好的创意氛围,成为文化产业园长远发展的基石。不仅如此,良好的生态还为这里的影视工作者和慕名前来的游客、读者提供了舒适的环境。

三、西溪文化创意产业园建设的基本成效

关于这些文化创意产业园区的成果,如果是指经济上的收益或者对周围地段经济带来的利好效益,似乎很难找到一个统一的指标进行衡量。一方面,似乎并没有这样的指标来衡量这些文化创意产业园区的相对"良好"程度,也无从比较这些园区与其他城市的相似或相同经济体。另一方面,如果仅仅是寻求一些单一的指标、一些可被称为具有代表性意义的指标做对比,似乎又缺乏严谨性。诸如使用该产业区周边地区房地产的增值情况来衡量,又与当前中国社会经济的大环境相关而不具备太强的说服力。即便如此,如果降低对严谨性的要求,我们还是可以从一些方面来简单说明这些文化创意产业园区的成效与收益。

(一)文化与人才

专业化人才是文化创新活动中最重要的创新资源。如果我们把这个指标作为衡量的标准,在某种程度上它的确非常直接地展现了文化创意产业园的活力和发展潜力。文化创意产业集群内的高等院校、科研机构、培训机构等会吸引大量人才慕名而来。集群中的劳动力通过学习与锻炼,专业化程度迅速提高,这就形成了创意人才的有力供给。在这一方面,西溪文化创意产业园邀请了诸如杨澜、赖声川等文化艺术家入驻。通过艺术作品的创作、展示、交易等活动,园区正逐渐成为国内最活跃的艺术交流基地。园区内各类艺术人才的专业水平有了明显提高。

(二)经济收益

2016 年上半年,杭州市文创产业实现增加值 1144.68 亿元,同比增长 23.7%,占杭州市 GDP 的 22.8%。[①] 另外,企业的互相竞争及技术的融合创新在推动文创产业发展的同时,也为相关企业创造了广阔的发展前景。

按照"文化＋创意＋科技"的文创产业发展思路,利用高新技术和文化创意的融合发展优势,用高新技术改造传统文化产业,大力培育新兴文化业态,有助于推出更多兼具科技含量与文化含量的新兴文化产品。目前,西溪文化创意产业园已形成年产电影 3 部、电视剧 30 部、影视剧作品 1500 集的制作能力。2015 年,园区实现总产值 9.6 亿元,税收 9488.76 万元。西溪文化创意产业园已经在重点领域和关键环节形成更多具有自主知识产权的创新技术,正在抢占文化创意产业发展的制高点。这些逐步发展的产业和不断积累的人才与资源,将大力推动文创产业与旅游、体育、信息、工业、农业、建筑等行业的不断融合,促进创意与生活相融合,推动西溪文化创意产业园走向更美好的明天。

四、我们的看法

(一)园区优势与借鉴意义

1. 合理的区位选址

西溪文化创意产业园坐落在西溪国家湿地公园,地理位置优越,周边配套完整。一方面,西溪湿地独特的自然景观和深厚的文化底蕴能最大限度地激发创意的灵感和艺术的冲动;另一方面,西溪文化创意园借助西溪的人气可对自身的文化做进一步的推广。

2. 特色突出的发展战略

西溪文化创意产业园定位于影视制作。近年来园区吸引了大批大型影视企业入驻,目前,西溪文化创意产业园的影视作品产量领跑全省。

3. 政策扶持——短期内实现快速崛起

在发展初期,提供了大量政策优惠,特别是房产、房租方面,由此吸引了大批名人入驻,使园区在短期内就打出了响亮的旗号,从而吸引了更多的艺术家、创业者,形成良性循环。

4. 完善的产业链

西溪文化创意产业园的产业链纵贯影视制作全过程,形成了良好的产业聚

---

① 　林轶洁,陈世超. 在杭州点击鼠标,联通整个世界[N].钱江晚报,2016-09-22.

集效应。产业链不完善是我国文化产业园的最大"心病",严重影响了产业园内龙头企业的孵化和品牌的建设,而西溪文化创意产业园则对产业链进行了合理的规划,产业链完善,进而推动了文化产业园的有序发展。

(二)存在的问题与改进建议

1.关于商业与文化的关系

西溪文化创意产业园的现状是:一方面,文化生态已经不足以支撑园区超负荷的策划开发,园区除了影视产业以外,与大众文化本身的关联已经很少了,甚至与大众的联系也不紧密,市场逼迫其进行商业化转型;另一方面,产业园投入产出比重高,文化产业发展程度不够,旅游业和文化事业在此处于一种尴尬的位置。相比西溪湿地以风景取胜的战略,文化产业园缺乏吸引游客的资本,难以进行商业化。而如果要走"文化强园"的道路,西溪文化创意产业园的文化气息又很淡(除了仅剩的麦家理想谷会举办一些沙龙活动),而且还不加以推广。虽然靠着影视作为间接的文化体现,西溪文化创意产业园也走出了一片天地,垂直化体系特点明显,但这与建园初衷并不完全吻合,甚至产业外的人群中很少有人知道在西溪湿地旁还有一个这样的创意产业园。

经济和文化在这里产生了一种碰撞。文化生态资源不够,市场要求走商业化的道路,但就目前来说,西溪文化创意产业园的文化气息淡薄,商业化并不利于文化资源的开发,并且一味地商业化也违背了建园的初衷。是选择商业化还是发展文化,是目前西溪文化创意产业园发展需要面对的重要问题,其实这也是国内文化创意产业普遍面临的问题。

文化创意园要发展,避免沦为一个时尚消费场所或者单纯办公区,需要具备深厚的文化根基和鲜明的特点,但是很多城市的文化创意园区并没有深厚的根基,而且其本身又有投资周期长、见效慢的特点,因此需要长效的扶持机制来奠定文化根基。

我们认为,西溪文化创意产业园在未来的一段时间内要把更多的关注点放在奠定文化根基上,在积累到一定程度以后,比如说能够以自身文化特色而不是仅仅依靠政策吸引更多的自然人和企业时,那就可以走商业化道路。目前,一方面,政府要继续保持积极扶持与吸纳人才的政策,如之前提到的租金优惠政策(视名气大小给予不同租金优惠,部分低至每天每平方米1元,甚至免租)应该在未来的一段时间内保持。另一方面,应继续鼓励在杭金融机构为文创企业提供金融服务,如杭州首创的全国首家文创专营支行——杭州银行文创支行。

2.关于政府扶持的力度

西溪文化创意产业园一开始的发展有赖于政策的大力扶持,这让西溪文化创意产业园在短期内有了飞速的发展,而在未来的一段时间内,想要营造西溪文化创意产业园的文化氛围也离不开政府的支持。但是,政府的过度干预会影响正常的市场秩序,并且艺术的创作过程、艺术氛围的培养是不可控的,政府的扶持力度控制在怎样的范围内,是需要思考的问题。

我们认为,政府不可过度干预文化创意园的发展。自上而下的推动对创意园来说,不会起到实质的效果,政府有计划地设计创意角、企业角,人才不一定就会往里面搬迁。吸引有活力的艺术创意人回来,才是创意园发展的关键。政府扮演的角色是扶持者而不是掌控者,蓬勃的创意产业基地都是自下而上有机生长的。

3.平民创意的安置

在前期,西溪文化创意产业园的引人政策主要是针对影视企业及国内知名的艺术家,并没有包含平民艺术家,为了前期能够快速扩大规模和打响名气形成品牌效应而采取了这样的政策,可以理解。但是未来是否要引进民间艺术家甚至是创业初期的大学生呢?

我们认为,创意人才的培养和引进是文化创意产业持续发展的动力,西溪文化创意产业园的未来发展不能仅靠为数不多的知名艺术家提供创意支持,更需要大批的平民艺术家提供新的灵感。因此,在未来的发展策略中,要注重引进一些处于起步阶段的文艺工作者甚至是创业初期的大学生。

但目前存在一大问题,即文化创意专业人才总量不足、"厚度"缺乏、分布不均匀,而既擅长创意产品开发又精通经营管理的复合型人才更是可遇不可求,这也是全国创意产业园普遍面临的问题。因此,我们建议,西溪文化创意产业园可以同相关院校进行合作,致力于培养符合条件的文化产业人才。此外,还可以选拔人才外出学习进修,吸收国外知名文创园的成功经验。

4.其他建议

(1)文化创新还应与时俱进,企业应加强传统产业与新媒体产业的叠加发展,采取融合发展模式,依托互联网的优势,推动产业创新。内容才是影视业的主体,要做强产业源头,不断丰富创作题材。

(2)打造更完整的影视产业链,推动产业规模和产业实力做大做强,做实影视基地产业,使之成为引领中国影视产业潮流的重要力量。

(3)定期举办影视分享、展览活动及电影沙龙,如举办影视人物 cosplay(角色扮演)活动,加强文化工作者之间的交流,增加创意之间碰撞的机会,在沉淀文化氛围的同时提升园区的人气。

指导教师:杨冀辰

文化礼堂

——外桐坞人的精神家园[*]

一、调研背景

在建设中国特色社会主义的道路上，精神文明须与物质文明相辅相成。党的十九大报告指出，要深化群众性精神文明创建活动，提高全社会文明程度，从而发挥社会主义核心价值观对国民教育、精神文明创建、精神文化产品创作生产传播的引领作用。

浙江省政府为满足农民群众日益增长的精神文化需求，根据农村文化发展实际，从 2013 年开始打造以"文化礼堂，精神家园"为定位的农村文化礼堂这一基层思想文化宣传阵地，先后制定出台了《关于推进农村文化礼堂建设的意见》《浙江省农村文化礼堂建设实施纲要（2018—2022）》等指导性文件，使文化礼堂建设有序推进。

短短数年间，农村文化礼堂从无到有，从少到多，至 2017 年年底，浙江省已建成农村文化礼堂 7916 个。① 传承着传统文化和文明新风的文化礼堂，成为集学教、礼仪、娱乐于一体，弘扬社会主义核心价值观，实现民有所乐的"精神家园"。其中，五星级文化大礼堂之一——外桐坞村文化大礼堂，就是其中的典范。

---

* 本文由刘青松、周子寅、陈晓丽、唐婷兰、曹畅、陈丹、张玮逸合作完成。

① 袁家军.2018 年浙江省政府工作报告[N].浙江日报,2018-01-26.

二、外桐坞村文化礼堂的发展现状

（一）基本情况

外桐坞村位于浙江省杭州市西湖区转塘街道东北面 3 千米处。该村民风淳朴，基础设施完备，从我们的实地调研来看，村民的房舍大多为复式小楼。早在 2010 年，外桐坞村便开始建设文化礼堂，在村"两委"的带领下，西湖区委不遗余力的支持下，建成村文化大礼堂。

外桐坞村文化礼堂是由原有的旧祠堂、古书院、大会堂等建筑改建而成。礼堂建有 100 多米长的文化长廊，上面有村情村史、民风民俗及优秀党员榜、道德模范榜、新外桐坞人榜、美好家庭榜和能人榜等内容；旁边设有桐坞书院，配有文房四宝供村民练习书法；还有仿古的文化讲堂，墙上有多幅展示外桐坞村历代流传的孝道故事的展板；而文化礼堂的核心区是一幢带有"文化礼堂"标志的二层小楼，一楼是村民集体议事、组织文化知识学习和技能培训的地方，二楼有陶艺馆、心理辅导室、图书室、创意吧等场所，是村民开展文艺、体育、道德教育、民俗等活动和驻村文化名人集会创作的地方。

（二）主要活动

1. 开展传统礼仪活动，让孝道扎根于外桐坞村民心中

文化礼堂不仅仅在重大节日发挥作用，在平时也潜移默化地影响着村民。外桐坞村村民有 80% 是仇氏后代，仇氏历来注重孝道，家族孝贤辈出。祖祖辈辈的外桐坞人，一直将"百善孝为先"作为家规族训的重要内容。"孝"文化作为该村文化脉络的扎根之处，也是文化传播的重点。

文化礼堂针对中小学生不定期地开设"道德经""弟子规"等课程，讲德、讲礼、讲孝。礼堂建有传播圣人名理、仇氏家规族训的聚贤堂。聚贤堂作为启蒙礼、成人礼、敬老礼等传统仪式的文化圣地，使传统文化的精华得以传承。因此，孝以事亲的理念深深地扎根于每个外桐坞人心中。现居住于外桐坞村的"全国孝亲敬老之星"葛小妹十几年如一日地照顾腿脚不便的婆婆，她总是比别人起得更早、睡得更晚、做得更多、想得更细，在她的精心照顾下，婆婆的身体日渐恢复，现已能勉强拄着拐杖简单活动了。葛小妹用实际行动诠释了外桐坞村代代相传的孝文化。

文化大礼堂外的村道主墙上也刷上了"新二十四孝"的宣传画，时刻提醒着村民们要谨守祖训，将"百善孝为先"的理念传承下去，让传统文化的花朵继续璀璨！

2.开展大型节日活动,丰富精神生活

承办村里的大型文化活动,是外桐坞村文化礼堂的一个重要功能。其中,一年一度的"年糕节"不仅备受村民的喜爱,还吸引了杭州各地的游客。最近一次"年糕节"在 2019 年 1 月底举办,人们对传统打年糕的热闹场面和年糕味儿很是怀念。

文化大礼堂的年糕坊是"年糕节"的主场。年糕师傅们在村民和游客的簇拥下忙得热火朝天。手工打制年糕的传统在外桐坞村有 600 余年历史,"年糕节"也已经延续了 8 年。外桐坞手工年糕的制作,借助文化大礼堂的活动场所和文化气息,继承和发扬了传统文化与技艺。

3.开展经常性的文化演出,丰富村民生活

热热闹闹、充满民俗气息的乡村文化演出,是村民生活的重要环节。外桐坞村的文化礼堂也同样为村民搭建了自己的舞台,鼓励村民唱出、跳出、演出对新生活的美好向往。在党的十九大召开之际,西湖区喜迎十九大文化活动在礼堂召开,外桐坞村自编的越剧《龙坞茶镇新面貌》在晚会中展演,气氛热烈。2018 年 9 月,文化礼堂举办"我们的家园"丰收节,村民带着自编自演的丰富多样的活动积极参与进来,欢乐融融聚一堂。大家对此类活动十分欢迎。总而言之,文化礼堂作为村民的大舞台,极大地丰富了村民的文化生活。

三、外桐坞村文化礼堂建设的基本成效

(一)文化礼堂让外桐坞村的经济、文化、生态得到了全面改善:村民收入大幅增加、艺术修养更加深厚,村庄风景分外秀丽

文化礼堂的建成,筑起了村民的文化阵地、精神家园。以文化人,以文惠民,以文乐民,文化礼堂在外桐坞村的扎根,不仅改善了村庄治理,而且提升了村民文明素养。文化礼堂已成为民有所乐的乡村集聚地和传承文脉记忆的乡愁基地,成为打造全面小康、全域美丽、全民幸福的首善之区的重要载体。

文化礼堂给外桐坞村带来的最大改变是将艺术引进了这个普通的村镇。礼堂建成后,吸引了中国美术家协会秘书长刘健、韩国著名书画家闵庚灿等 50 多位艺术家在外桐坞村"扎根落户"。他们成立了油画、国画、雕塑、陶瓷、摄影等艺术工作室,建设了"创意吧"供艺术家创作交流,还积极参加"书画家送文化进农村文化礼堂"等特色活动,回馈村里。

艺术家的进驻,给外桐坞村各个方面带来了改变。首先,村民素质明显提高。众多艺术家的入驻,潜移默化地影响了村民。以前随地扔东西、乱吐痰,现

在人人讲卫生、懂礼仪,村里非常清洁。"更有意思的是,这两年村民纷纷喜欢上书画,礼堂的桐坞书院就是因为村民的这个爱好新建起来的,里面挂满了村民的书法作品。"村委会主任仇维胜说道。

其次,艺术的发展带动了当地的旅游业。艺术家的入驻,使得外桐坞村成为艺术的圣地,被评为"中国版的枫丹白露",具备了开展旅游业的有利条件。2016年11月下旬,村里联合旅行社正式启动乡村游专线,千年茶叶村成功转型成为风景村,经济效益大幅提升,村民的生活得到极大的改善。由此,物质文明和精神文明相互促进,形成良性循环,文化大礼堂就是启动这一循环的触发点。

(二)外桐坞村为全国精神文明建设提供了良好的样板

外桐坞文化礼堂建设的成功,还为全市全省乃至全国农村地区的社会主义精神文明建设起到了示范作用。

2015年1月,央视新闻记者走进外桐坞村,对该村文化建设成果进行了深度报道,让外桐坞村的文化礼堂建设第一次走进全国人民的视野。

2016年12月起,西湖区对湖北宣恩开展了对口帮扶工作。外桐坞村文化礼堂作为西湖区两家五星级礼堂之一,将文化礼堂建设的概念和经验传播到了遥远的湖北。2018年11月15日上午,湖北省宣恩县文化广电新闻出版局一行人来到外桐坞村开展了对文化礼堂的考察工作。在考察过程中,他们对礼堂崭新的陈设、礼堂承担的实用惠民功能赞不绝口。这次对口帮扶将在互助协作中促进两地文化建设日益繁荣,在资源共享中推动两地发展更加平稳。

由此可见,文化礼堂建设在惠及外桐坞村的同时,还让全国人民了解到了文化礼堂建设的重要性,为全国其他地方的文化礼堂建设、文化建设乃至精神文明建设工作提供了具有指导意义的经验。

四、总结

从外桐坞村文化礼堂的成功经验可以看出,文化礼堂在传承乡土文化、提升乡风文明、促进经济发展等方面发挥着积极的作用,是落实乡村振兴战略的重要举措,值得各地借鉴推广。

首先,文化礼堂建设促进了乡土文化的弘扬和传承。传承乡土文化就是保护我们民族文化的根脉,不少文化礼堂是在原有古祠堂、古建筑的基础上改造而成的,里面摆放着承载乡村记忆的特殊物件。文化礼堂为乡土文化找到了承载的场所,使得人们的乡村记忆得以保留,又能让外地游子看得见乡愁。

其次,文化礼堂建设促进了群众文化道德素养的提升。文化礼堂聚集了一批文艺文化活动爱好者。作为礼堂的管理者、组织者和参与者,他们定期在这里开展多种文化活动,既丰富了群众的精神文化生活,又提高了群众的道德素养,锻炼培养了乡村文化人才,促进了乡村精神文明建设和乡村文化的持续发展。

最后,文化礼堂建设促进了乡村经济的振兴。从外桐坞村的经验来看,在浙江,文化礼堂不仅是群众的精神家园,还是群众的致富家园,顺应了党的十九大提出的"产业兴旺、生态宜居、乡风文明、治理有效、生活富裕"的乡村振兴战略总要求,是促进乡村振兴的重要载体。

如今,农村文化礼堂已如繁花次第盛开在浙江省广大农村,成为民有所乐的乡村"会客厅"、传承文脉记忆的"乡愁基地"、凝心聚力的"精神家园",是建设"两富""两美"浙江的重要举措。

指导教师:傅夏仙

余姚谢家路村文化礼堂建设情况调研*

一、调研背景

自 2013 年起,围绕党的十八大建设社会主义文化强国的战略部署,为贯彻落实"八八战略"、满足建设"两富""两美"现代化浙江和新农村文化建设的根本需求,浙江省委、省政府在广泛调研和先行试点的基础上,决定在浙江全省农村广泛开展"文化礼堂"建设,并将其列为十大民生实事项目之一。①农村文化礼堂的建设,是浙江省加快建设文化强省,进一步丰富乡村精神文化生活,打造农民群众精神家园,推进文化建设和社会主义新农村建设的重要举措,是浙江省打造公共文化服务体系的创新之举,并以此为依托,"弘扬社会主义核心价值观的精神旗帜,将社会主义核心价值观的丰富内涵和实践要求充分融入农村思想教育、道德建设、科学普及、继续教育、生活娱乐等方方面面"②。

余姚市目前已建成数十家各具特色的文化礼堂,并以"文化礼堂,精神家园"为主题,形成了"一馆一台二堂五室"的余姚特色,农村文化礼堂都配备家园馆、欢乐大舞台、礼堂、讲堂、文体活动室、图书阅览室、教育培训室、道德评议室和春泥活动室,使之成为集思想道德建设、文体娱乐活动、知识技能普及于一体

---

* 本文由董逸儒、毛锶超、吴烨、周鑫、许宁盈、郑家齐、张凯达、王灵一、朱逸菲、潘治东、陈卓楠合作完成。

① 中共浙江省委办公厅、浙江省人民政府办公厅关于推进农村文化礼堂建设的意见[EB/OL].(2014-10-12)[2018-12-01]. http://sx.zjol.com.cn/07sxtk/system/2014/10/12/018545023.shtml.

② 葛慧君.打造弘扬核心价值观新阵地:关于浙江省农村文化礼堂建设的实践与思考[N].人民日报,2014-08-17.

的农村文化综合体。[①] 2015 年年初,余姚市根据文化礼堂的面积、配置不同,启动文化礼堂星级化建设标准,其中谢家路村文化礼堂便是建设较好的五星级文化礼堂。谢家路村自 2013 年开始筹备建设文化礼堂,投资 200 余万元,筹备一年,建设一年,将村中原本的社区活动中心改建成现在的集学教、礼仪、娱乐于一体的文化礼堂。2015 年 10 月,谢家路村家园馆开馆,通过图文、实物、视频等形式综合展示了村史村情、乡风民俗、崇德尚贤和美好家园等内容,是集思想道德建设、文体娱乐活动、知识技能普及于一体的农村文化综合体,是传授文化知识、开展文体活动,让农民群众身有所憩的场所,是展示乡土传统文化、汇聚乡村文化底蕴,让农民群众心有所寄的家园,是宣讲理论政策、弘扬主流价值让农民群众圆梦追梦的精神源泉。

二、谢家路村文化礼堂的基本做法与成效

文化礼堂面向农民群众传承传统文化、展现乡土风貌、弘扬主流价值观、宣讲理论政策、传授文化知识、开展文体活动等,逐渐成为新时期凝聚农民群众的精神殿堂、文化乐园和教育基地。

根据我们的调研情况,谢家路村文化礼堂建设取得了显著的成效。以下从精神文明篇、党建村建篇、文娱活动篇、便民利民篇四个方面进行归纳总结。

(一)精神文明篇

按照"文化礼堂,精神家园"的定位,谢家路村文化礼堂的家园馆设置多个展厅,展示了"村史党史""风土人情""家乡骄傲""学习交流""集体荣誉""领导关怀""美好愿景"七个部分的内容。其中,"村史党史"部分集中介绍了本村的历史沿革、文化古迹等;"风土人情"部分集中讲述了本村淳厚的民情风物等;"家乡骄傲"部分集中诠释了优秀学子榜、孝星榜、寿星榜、文明标兵户、劳模榜、英烈榜等;"集体荣誉"等部分则集中体现了本村的建设成就、美好愿景等。另外,文化礼堂还设有图书阅览室、道德讲堂等,传播道德文化知识。广大村民还自发捐赠老古董、旧物件等,组建了"乡愁馆"。

在精神文明建设过程中,文化礼堂既发掘了悠久的历史文化,传承了优秀的传统美德,又增进了村民的诚挚热爱之情,丰富了村民的精神文化生活。

(二)党建村建篇

在党建村建方面,文化礼堂同样发挥着重要的作用。一方面,谢家路村文

---

① 余姚:农村文化礼堂 村民的美好生活从这里起步[N].余姚日报,2018-03-02.

化礼堂展示了村里的党组织建设情况,并提供了促进党员交流、加强党员教育的平台,如开展微党课等活动;另一方面,谢家路村文化礼堂设有人民代表交流室,尤其值得一提的是,谢家路村首创"小板凳"群众工作法,推动了党群互动、民主管理和信息互通,从而更好地实现党员密切联系群众,为村民服务。

(三)文娱活动篇

为了发展既接地气又积极向上的文化娱乐活动,谢家路村成立了门球队、铜管乐队、腰鼓队等文体团队,这些团队由村民组成,村民自己管理,他们参与热情高,并在各种比赛、表演中获得了不少荣誉。此外,文化礼堂还设立了绿色网吧、老年人电视室、书画室等,给村内留守的青少年和老年人提供了适度娱乐、交流沟通的场所。

谢家路村围绕"文化殿堂,精神家园"的要求,创建了很多积极向上同时又接地气的活动,让村民的精神文化和娱乐生活跟上了经济快速发展的脚步。

(四)便民利民篇

文化礼堂的建设与成效还体现在村民的日常生活之中。谢家路村文化礼堂提供了一些便民服务,比如由爱心捐款和物资捐赠组建而成的爱心商店,给条件不够好的外来务工人员及发生紧急状况的家庭提供了很大的便利。同时,谢家路村文化礼堂还设有"妇女之家",帮助家庭妇女解决日常生活中遇到的一些问题。

将文化礼堂的建设融入日常生活,是一个从基础设施建设扩展到具体的待人、待物和对待自我的行为之中的过程。文化礼堂的建设,促进了村民之间的互帮互助,从而更好地帮助村民解决问题,真正构筑起了农民群众的温馨家园。

三、谢家路村文化礼堂存在的问题探究

(一)问题挖掘:隐形的形式主义

村级文化礼堂在政府的引导和政策的支持下,物质设施建设迅速完成。从目前部分示范村的情况看,村级精神文化活动虽然迅速升温,但在健康、持续、均衡发展方面,仍存在一些问题,有的文娱活动参与人数偏少,有的文娱活动只在节假日及特定时间才能开展。

1.实地调研直接体验

我们小组在实地调研时发现,村民对文化礼堂的利用率偏低,这与较为完善的基础设施并不相配。例如春泥图书馆和绿色网吧,虽然有一套完善的制度,但却很少有村民来借书或上网。

2.管理者采访间接了解

我们对谢家路村一名文化礼堂活动的组织者进行了访谈。她首先向我们展示了一套完整的活动体系与活动成果,但当问及活动中的困难时,她也直言不讳地告诉我们,上级部门对活动举办数量与频率有要求,但活动人手缺乏,活动参与者少。很多时候,她要一家一家去找人,但是参与活动的人数不足,只能拜托亲朋好友前来参与。虽然确实存在真心喜欢文化礼堂活动甚至次次都参与的村民,但这样的人终究是少数。

(二)追本溯源

我们认为,过于看重展示性成效的高速建设,是文化礼堂"领头人"与"被带动者"之间存在一定程度脱节的主要原因。

1.数量与质量、自上而下与自下而上之间的矛盾

浙江省的文化礼堂建设在全省乃至全国确实都算得上创新之举。自2013年以来,余姚市已经建成各具特色的文化礼堂57家,形成了"一馆一台二堂五室"的余姚特色。从2015年开始,余姚全面推进文化礼堂星级化建设,在坚持浙江省定标准的基础上制定出台了三星级、四星级、五星级三个建设标准,注重扩大数量和提升质量。他们不只是设定了目标指标,还同时推出了一套管理体系,"文化礼堂"管理实施"市—镇(街道)—村"三级管理,相关部委办局负责业务指导,各镇(街道)负责统筹推进,各村是管理主体,强化规范化管理。在考核监督方面,余姚督促乡镇(街道)将文化礼堂建设纳入工作考核范畴和精品村创建的考核指标体系之中,并建立相应的激励和监督机制。

这种规范化的建设标准和管理体系、指标化的目标要求和活动频率、竞争性的考核机制和激励办法,更多地被视为本级和上级组织的设计与要求,虽然可以保证文化礼堂建设和文化活动开展数量上的硬性要求,但在质量是否有保障、是否符合群众内生性精神需求等方面仍有存疑之处,容易引致形式主义。因此,需要协调数量与质量的关系,做好政府自上而下的发动与村民自下而上的自觉的结合。

2."领头人"与"被带动者"之间的脱节

在农村,有一些走在前列的村民(可称为"领头人"),意识到村民之间联系涣散、农村文化底蕴流失的问题。为了延续文化记忆,让村民拥有一个寄托精神的家园,他们积极响应并参与文化礼堂建设。

"领头人"走得快是理所当然的,因为有精神诉求,而其他村民(可称为"被带动者")却可能缺乏内生的认同感。我们认为"被带动者"缺乏认同感的原因

有三：①注重柴米油盐的基础生活，没有精神寄托的诉求；②党性修养缺乏，认为文化礼堂是党建要求，缺乏主动参与的热情；③有些活动质量不高、响应者少，未能带给参与者真正的认同感和归属感。

精神层面的需求诚然可以在参与活动的过程中被逐渐激发出来，但要令"被带动者"真正产生认同感，还需要一定的时间。

四、调研总结

(一)文化礼堂的理想目标

文化礼堂的理想目标是成为广大农民群众的文化家园、精神殿堂。它有别于一般形式的文化活动阵地，而是内容和形式上的有机结合，不仅能满足农民群众精神文化需求，更能成为提升农民群众道德修养和文化素养的主平台，让每个走进文化礼堂的村民在心灵上得到感动、净化，真正把文化礼堂当作时时想起的寄放心灵的场所。因此，"文化礼堂"只是外在形式，"精神家园"才是其内在本质。

(二)我们的建议

1.强化村民主体性

农村文化建设的根本是依靠农民。农民是农村文化建设的主体，农村文化建设需要调动农民文化建设的积极性，突出农民文化建设的主体地位。只有农民在农村文化建设中表现出自主性，农村文化建设才有基础；只有农民在农村文化建设中表现出能动性，文化建设才有可持续性；只有农民在农村文化建设中表现出创造性，农村文化建设才有活力。农村文化建设不仅需要本级、上级组织的规划和设计，更需要农民的自主决策和积极参与。

2.培育地方特色

谢家路村的文化礼堂建设，最明显的特征是综合性，但也可以说没有自身的特色。一个拥有特色的村落，村民对于本村文化的认同感和归属感也较强，文化礼堂建设和乡村文化发展也就有了切入口，例如上田村的武术和书法、花戏村的戏曲艺术、光辉村的农民画。这里的地方特色，更多是自下而上内生性的文化体现，而不是自上而下规划性的口号，是融合主流文化与乡土文化、具有生命力的文化，这种特色文化形成的土壤就是农村。

因此，要鼓励村民自发开展特色文化活动，对农村的文艺骨干进行培训，对特色文化活动予以补助，形成农村文艺创作的激励机制，防止文艺骨干脱离创作或文艺创作脱离农村。在激励农民积极参与的同时，要鼓励他们把日常生产生活融入文化活动,使文化形式和内容与村庄实际、村民生活密切相关,使农村文艺作品具有浓厚的乡土气息,并为当地村民喜闻乐见,这样的农村特色文化才具有生命力,才能弘扬社会主义核心价值观。

指导教师:林小芳

浙江农村文化礼堂调研[*]

一、调研背景

党的十九大报告提出，要完善公共文化服务体系，深入实施文化惠民工程，丰富群众性文化活动。①

自 2013 年正式启动农村文化礼堂建设以来，浙江省委、省政府始终把农村文化礼堂建设摆在重要位置，连续 6 年将农村文化礼堂建设纳入十件为民办实事项目，并以"文化礼堂，精神家园"为主题，在文化特色鲜明、经济社会发展较好的历史文化村、美丽乡村精品村或特色村，建起了一批集学教、礼仪、娱乐于一体的综合性农村文化礼堂，使其成为群众开展文化活动、丰富精神的家园。

截至 2017 年年底，全省已建成 7916 个文化礼堂，总建筑面积约 6.34 平方千米，相当于一个西湖(6.39 平方千米)。近八成浙江网民点赞浙江省文化礼堂的建设发展情况；在全国主要省份基层综合性文化服务项目热度对比中，浙江热度值为 96.82%，居第一位。②

我们组通过实地调研、问卷调查、采访和搜集资料等方式了解了浙江省文化礼堂建设的一些情况，并形成了这篇报告。

---

* 本文由叶佳丽、姚卓、李艺萌、李晨阳、赖纯予、黄耀秋、张超媚、沈宇燕、房钰、赵海粟、丁鑫江、胡亦舟、罗睿合作完成。

① 习近平. 决胜全面建成小康社会，夺取新时代中国特色社会主义伟大胜利[N]. 人民日报，2017-10-19.

② 李月红. 浙江文化礼堂有大数据了，六年总建筑面积相当于一个西湖[EB/OL]. (2018-03-20)[2018-12-01]. http://ent.zjol.com.cn/zixun/201803/t20180320_6839387.shtml.

二、浙江农村文化礼堂建设的主要做法

(一)整体情况

浙江省主要通过统筹建设场所设施、合理设置展示展览、组织文化礼仪活动、建立健全工作队伍来展开文化礼堂建设工作。

在统筹建设场所设施方面,选择群众方便聚集、环境优美的地区进行建设或利用现有设施进行改建扩建,建设一个有舞台、讲堂、文化活动室、农家书屋、群众体育活动设施和广播室等设施的文化礼堂,便于群众举办文体活动、村民议事集会,开展思想政治教育等活动。

在合理设置展示展览方面,建成展览墙(室、馆)等不同展陈形态,以图片、文字及实物等展示村史村情、乡风民俗、崇德尚贤、美好家园等内容,传承文化、弘扬文明,构建村民的集体记忆场所。

在组织文化礼仪活动方面,举办各种文化活动,吸引群众广泛参与。一方面,结合中华民族传统节日和重要节庆假日,重点开展春节祈福迎新、庆祝国庆、重阳敬老等文化活动;另一方面,经常性组织各类文体娱乐活动,丰富群众精神文化生活。

在建立健全工作队伍方面,建立一支农村文化礼堂管理队伍,保障文化礼堂的正常运行;配备文化礼堂专(兼)职管理人员,负责文化礼堂的日常管理服务;落实好宣讲人员,适时开展形势政策宣讲和热点问题引导;建立各种形式的业余文艺团队,经常性组织活动;组建文化志愿者队伍,协助开展文化礼堂各项工作。

(二)实地案例考察

我们小组实地调研了两个文化礼堂,分别是绕城村文化礼堂和华联村文化礼堂。我们从高校学生的角度出发,发现和挖掘浙江城市和农村文化礼堂的独到之处,并将这些做法和经验做了进一步总结和提升。

1.绕城村文化礼堂

2018年12月9日,杭州初雪的早上,我们小组来到绕城村文化礼堂进行实地调研,通过参观和交流,我们了解到绕城村深厚的人文历史。绕城村的文化礼堂就是以柴车的故事(明朝时期绕城村柴家坝出了一个英雄人物,名叫柴车,官至兵部尚书,抗击外敌,战功彪炳)为根基,着重爱国宣传教育。同时以爱国主题为整个村的文化主线,以推广传承非遗文化资源为重点,让村民留住乡愁。在传承这些老底子文化的同时宣传党建、廉政和孝文化,引导群众做好方方面

面的事情。在绕城村村委会和全体村民的大力支持下，绕城村文化礼堂的建设工作十分顺利。如今，落成的文化礼堂和文化家园的落成不光是一座建筑、一个提供文化活动的基础设施，更是按照"标准化、多功能、有内涵、亮特色"的理念，优化提升，有效挖掘，用好资源，以宣传美丽三墩人等道德模范事迹为载体，弘扬"最美精神"，讲好村社故事，引导居民群众自觉践行社会主义核心价值观、传承传统文化、弘扬主流价值、给予人们精神寄托的一个场所，几乎完美地实现了当初的预想和期待。

2. 华联村文化礼堂建设

2018年12月9日（同一天），我们对华联村的文化礼堂也进行了实地调研，在华联村文化礼堂一楼的会议室，我们见到许多廉政文化的挂饰与标语。孝，是中华民族的传统美德。孝敬父母、尊重长辈，是每个人应该恪守的最基本的道德规范。长期以来，华联村积极传承和发扬孝文化，以孝道育人，并努力倡导村民培育孝老爱亲的良好家风，旨在让优秀的传统文化代代相传、生生不息。在华联村二楼的主展厅中，扑面而来的便是孝文化的气息。"慈孝传家，华联精神"八个大字，被镌刻在最显眼之处，正是这种孝文化，影响着一代代华联人，让他们不断创造出华联荣耀。百善孝为先，一整篇的《百孝经》，整整齐齐誊写在书卷中，悬于墙头，使礼堂平添一分静雅书卷之气，另在一旁配以插画，生动地将孝文化融入生活细节之中。

弘扬孝文化的主题墙对面，讲述了何为廉政文化，两袖清风、清正廉明、廉政勤政、淡泊明志，身为党员干部，这四样品质缺一不可。我们看到了党员大公无私、一心为民、关心集体、关心群众、无私奉献、吃苦在前的行为作风，目睹了党员风采。在用正能量、正面人物引导村民树立正确三观的同时，展厅还向来这里的人们介绍了华联村村史。一方面，它使村民在了解自己的家乡后更有荣誉感、自豪感和团结精神；另一方面，它很好地向游客们展示了华联村的村情村史。

要说让故乡人绝对忘不了，身处他乡的游子时刻惦记着的，一定是家乡的味道。从乌糯米饭到青团，从主食到小吃，美食文化也是传统文化中不可或缺的一部分。当然，渔文化、农耕文化也绝不会因为时代的变迁而被华联人遗忘。华联村的每项传统习俗，都牵动着每个华联人的心。如果说二楼展厅体现的是华联村的文化底蕴的话，那么三楼展厅是更具现代特色。展厅中有各式各样的休闲运动器械。有乒乓球台、跑步机、投篮机、哑铃等运动器械，也有小型滑梯供村里的小孩子们玩耍，还有一些益智的小装置供大家休闲取乐。

华联村的文化礼堂在传承传统文化的基础上,紧跟时代潮流,贴近群众生活,为群众提供了一个集教学、礼仪、娱乐等功能于一体的农村文化礼堂。

三、浙江农村文化礼堂建设的基本成效

关于浙江省文化礼堂建设的成效,我们主要采取了线上发放问卷和实地采访的方式进行调查,调查对象是浙江籍人,有效样本 115 个,设置了 9 个小问题,通过统计每个选项的选择率进行分析。

(一)问卷调查

通过对问卷结果进行分析,我们可以看出文化礼堂的影响力。

约 63% 的受访者明确表示家乡附近有文化礼堂,而 53% 的受访者表示家乡的文化礼堂交通便利,说明各地的文化礼堂在建设上较好地考虑了交通因素。考虑到各地经济发展差异、文化积淀深浅和生活条件,加之文化礼堂主要在农村,超过一半的认同率已非常喜人。

约 10% 的受访者表示对参观文化礼堂没有兴趣,29% 的受访者表示愿意去参观打发时间,30% 的受访者表示顺路时愿意去参观,31% 的受访者表示举办活动时才会去。可以看出,文化礼堂对人们的吸引力较强,绝大部分的人对文化礼堂有一定的兴趣。

35% 的受访者表示家乡附近的文化礼堂日常参观人数比较多,气氛热烈。说明很多文化礼堂建设都起到了良好的效果,而不只是政绩工程。

64% 的受访者表示愿意向周围的人宣传文化礼堂,说明大部人对文化礼堂有较高认同度。

81% 的受访者认同建设文化礼堂的主要作用在于丰富居民的精神文化生活。而"向外界宣传当地特色风俗与历史文化"和"保留传统文化的火种"为建设文化礼堂的次要作用。这符合建设文化礼堂的最初目的即为当地居民提供精神食粮。这也说明文化礼堂的建设应朝着丰富居民的精神文化生活的方向前进。

(二)实地采访

我们在几个文化礼堂附近采访了几位当地的居民,希望了解群众心中文化礼堂的建设成果。

接受我们采访的三墩镇绕城村党委书记陆彬顺表示,"以前由于没有村级文化礼堂等文化设施,村民缺少开展文化活动和交流互动的场所,举办红白喜事也没有合适的场所",而在 2018 年 8 月底,绕城村文化礼堂就已经完成建设,

填补了文化设施缺少的空白,极大地满足了村民的精神文化需求,村风民俗的展示也有了固定场所。

另外几位受访者也对文化礼堂赞不绝口。他们表示,由于文化礼堂附近交通便利,健身器材也很充足,他们平时就会来文化礼堂锻炼身体,周末也会带小孩过来玩耍。最吸引他们的是文化礼堂在节日里举办的活动,唯一的遗憾是活动不够多。

四、我们的看法

(一)存在的问题与改进的方向

其一,少数地区的文化礼堂建设还没有跟上,文化礼堂普及率不够。其二,文化礼堂建设存在形式化、官僚化的问题,有些地方的文化礼堂仅作为摆设存在。调查中我们得知,过半的人认为"当地缺少历史文化积淀,内容单薄"。其三,文化礼堂项目的宣传力度不够。

我们认为,各地在建设文化礼堂的过程中,应努力挖掘当地的历史文化,丰富文化礼堂的活动,可以举办联谊会、电影放映会等活动吸引当地村民及游客。同时,政府应重点普及文化礼堂的基本知识,开展线上文化礼堂推广活动,让更多的人了解文化礼堂。

(二)总结

文化礼堂是建立在传统文化之上,充分挖掘农村历史文化,利用本土文化资源,整理历史文化遗存,形成具有地方特色的村落文化。文化礼堂通过展陈、活动、服务等把已经消失和即将失传的传统文化挖掘、保护、传承并加以弘扬。文化礼堂建设不仅有利于丰富广大农民群众的精神文化生活,而且有利于农村地区传统文化的保护和传承,是实现"精神富有"在广大农村地区落地生根的具体载体。从调研结果来看,文化礼堂的建设丰富了群众的文化生活,也宣传了当地的文化特色,大众接受度较高,但也存在许多问题,需要在后续发展中不断自我更新,需要理论引导、政策支持和各项措施落实到位,从而保证农村文化礼堂建设不断提质提速,实现健康有序发展。

指导教师:熊卫平

美丽乡村建设的梁家墩调研[*]

一、调研背景

"中国要强农业必须强,中国要美农村必须美,中国要富农民必须富"^①,习近平总书记的这一论述,体现了"三农"问题对于国家长治久安和民族伟大复兴的重要意义。在国家大力实施乡村振兴战略的进程中,浙江海宁梁家墩无疑走在了前列。建设美丽乡村六年来,梁家墩从一个名不见经传的小乡村,发展成为省级 3A 景区。这一成绩的取得与梁家墩所探索的"公司运营管理、村民自主经营、党员引领服务"的乡村旅游运营模式密不可分。

二、梁家墩美丽乡村建设的主要做法

梁家墩地理条件优越,北临省道,南临钱塘江,环境优美清新,有着浓厚的村庄人文气息,已从一个默默无闻的小乡村变成全国有名的"网红"村。其独特的发展模式,在经济、生态环境、文化建设中得到体现。

(一)以农为本,模式创新促进产业发展

1. 统一规划,集中管理

2017 年 4 月,梁家墩与嘉兴远景旅游开发有限公司合作成立仓塘旅游开发公司(后简称仓塘公司)。仓塘公司根据梁家墩 70% 的农房都有村民居住的现状,遵循引导和扶持村民参与乡村旅游开发原则,形成"四统一,三差异"的旅游

---

  * 本文由宋宇杰、叶昕洋、李彦奎、袁婷、刘睿、张充、胡瀚丹、李珏宇、陈清源、江号合作完成。

① 习近平在小岗村主持召开农村改革座谈会[N].人民日报,2016-04-29.

业态运营理念,实施整体营销和民宿管家式的全新运营管理模式。

2.建立平台,接轨线上

嘉兴首家乡村智慧旅游平台在梁家墩正式上线,涵盖景区游览、游客服务等四大板块 18 项子功能。梁家墩将乡村旅游与产业发展相结合,依托乡村旅游打造广阔的平台,带动农村产业发展;与旅行社合作,开通餐饮预约、民宿预订等旅游项目线上线下渠道;开发以稻米、冬菜等为主的具有梁家墩特色的旅游农产品,独具特色的旅游运营体系逐步完善。

3.“二八原则”,激励村民

在村民自主经营的同时,仓塘公司秉承“二八原则”,成功引进精品餐厅江海湾渔村和零一艺术工作室。外来商户先进的经营理念和运营特色,不仅让村民看到了现阶段乡村旅游成功的新型业态,更带动了村民自营业态水平的提高,实现了 80% 的收入归于合作社和村民。

(二)绿水肥田,齐心协力建设生态文明

1.注重规划,留住乡愁

在整个乡村的建设规划中,梁家墩委托浙江大学城乡规划设计研究院设计村庄整体布局,最大限度地保留了村庄的原生态面貌。此外,梁家墩还依托紧临钱塘江的独特地理优势,清淤内塘 12 口 38 亩(1 亩≈667 平方米),贯通水系10 条,重塑江南水乡风情,留住美丽乡愁。

2.打牢基础,建设生态

在全面规划基础设施建设中,梁家墩围绕“户户出彩,全域美丽”的目标推进亮点提升,在原村庄基础上兴建了大量生态绿地,同时保留大量原生树木、芦苇、屋顶草坪、生态护岸等。在基础设施建设与维护上,梁家墩实施电力、通信等“上改下”工程,建设主干道路、游步道、生态廊道 6170 米。

(三)精神文明,人文滋养打造文化乡村

1.着眼细节,提升氛围

为提升村民整体精神文明水平,保护村庄生态环境,梁家墩首先从基础建设出发,在新仓村的各处干道都设置了标语牌,提醒游客与村民注意文明、保护生态,积极维护村庄的整洁,弘扬中华民族的传统美德与文化。同时,村庄内部处处以墙画、微型宣传板、水墨画等形式展示民俗风情、家风家训及孝文化知识。梁家墩的文化建设,从小处着手,在村民的生活中不断沉淀当地的文化氛围。

2.抓住亮点,积极宣传

在对外宣传上,梁家墩紧密结合自身特色,修建新仓古堡稻米博物馆,展览馆中陈列着传统的木制碾米机、稻桶等,向游客展示古老的农耕文化。此外,梁家墩定期开展"丁桥秋收节""梁家墩农耕文化节""丁桥秋日田园文学分享会"等文化类活动,亮出了一张独具梁家墩特色的文化名片。

三、梁家墩美丽乡村建设的基本成效

(一)数据见成效

1.旅游指标持续增长

截至 2017 年年底,梁家墩景区的各类业态中,90% 为村民自主投资,全年接待游客超 40 万人次,实现旅游综合收入 500 多万元,村民年人均可支配收入比上年增长 20% 以上。①

2.民宿业务蓬勃发展

2018 年,景区民宿得到高速发展,入住率逐月提升,7 月至 10 月,每月入住率均超过 40%;截至 10 月,普通民宿收入为 206852.8 元,平均单间民宿客房收入为 9850 元。②

3.业态呈多样化发展

截至 2018 年 10 月,梁家墩共有 28 家业态商户,其中 2018 年新增业态商户 8 家,另外在建业态商户共 4 家。目前梁家墩景区的村民及村集体业态占 78%,业态总投资超过 500 万元。

4.村民积极性不断高涨

据统计,2018 年第一季度,村民为仓塘公司服务超过 4000 小时,仓塘公司第一季度收入达 185 万元。在"二八原则"的支持下,明确利益分配与合作范围,算明白账,收入的 80% 归村民,提升了村民参与建设的积极性,促进了梁家墩的可持续发展与村民的共同富裕。

(二)人人心中都有一杆秤

1.新仓村党总支书记陆永明

"一开始,我们建设美丽乡村,而在美丽乡村基础上的乡村旅游又带动了

---

① 王雪莎.市人大常委会视察全市村庄景区化创建工作[EB/OL].(2018-10-18)[2018-12-01].http://www.jxrenda.gov.cn/content/2018-10/18/content_2686259.htm.

② 数据来自小组调研,以下同。

'美丽经济'。这六年辛苦路,我们走得值!"作为梁家墩成功背后的重要助推者,陆书记看到自己的努力换来了村庄的进步和外界高度的赞赏,发出如此感叹。

陆书记说,作为乡村基层干部,工作其实已经融入日常生活中了,因此他能够更好地理解基层百姓的生活,根据百姓需求,在工作中不断调整完善。

2."潘园·梦咖"店主潘园菲

潘园菲谈到,潘园竞争压力相对较小,是村里的"领头羊"之一,同时承办一些联谊、团建活动,很好地结合了民宿等旅游业态。旅游公司和合作社通过整合引流,将许多旅游业态"打包",包装成了"食、宿、玩、教"一体化的旅游产业,促进了梁家墩的发展。身为党员的潘园菲会鼓励或者帮助周围的村民进行一些尝试,真正做到了"党员引导乡村建设"。

3.参观游客

整齐划一的白色民居,装修精致的餐厅与咖啡馆,带着孩子叫卖水果的老奶奶,在自家地里养鸡养鹅的农户,构成了游客对梁家墩的直观印象,浓厚的乡村风情在游览过程中浸润游客的内心。游客可以在"江海湾渔村"吃到现捕的野鲈鱼,在"潘园·梦咖"小品一口咖啡,在钱塘江边看潮起潮落,在精品民宿住上一晚,沉浸式体验一次农村生活。

四、我们的看法

(一)梁家墩的支柱产业仍然是传统农业,旅游产业为辅助

梁家墩并不是一个纯粹的景区,乡村才是梁家墩的本质。乡村旅游只是乡村产业发展中的附属品,而真正实现乡村振兴还是要靠农业。梁家墩借助旅游业销售当地的农产品,既增加了农产品的附加值,又打开了农产品销售渠道。

(二)"公司—村委—村民"相互协调,是梁家墩模式的核心

经过村干部的协调,梁家墩与旅游公司签订合同,乡村的物质资源和人力资源都由公司和村干部统一管理。一方面,旅游公司有着丰富的策划经验,负责乡村资源规划与分配、基础设施完善、媒体宣传和审核定价等;另一方面,村民只需要对属于自己管理的区域负责,最终利益则与旅游公司按比例分配,可谓互利共赢。

(三)梁家墩的成功,离不开村党支部的引领

在接受我们采访时,陆书记坦言:"我关心中央一号文件、国家政策中的'三农'问题。"陆书记积极借鉴其他美丽乡村的建设经验,探索出了属于梁家墩的

美丽乡村新模式。同时,在获得成功之后,他以长远的发展眼光认识到,乡村旅游不完全是景区化建设,农业仍然是梁家墩的产业支撑,要依靠农业发展旅游业,将产业进行延伸,提高农产品的附加值。

　　总之,梁家墩美丽乡村建设的成功离不开基层干部的带头引领,村支书带头探索各种各样的改革:要做民宿,就先把自己的家改造成第一间民宿;要在村里发展旅游业、开咖啡店,就多次光顾咖啡店,帮忙宣传。村干部用自己的行动赢得了村民的信任,让村民看到这样做可以赚钱,从而积极跟进,在找到一条致富之路的同时使村庄成为美丽乡村的一道亮丽的风景线。

指导教师:宇正香

美丽乡村建设的湘溪村调研*

一、调研背景

实施乡村振兴战略,是党的十九大做出的重大决策部署,是决胜全面建成小康社会、全面建设社会主义现代化国家的重大历史任务,是新时代"三农"工作的总抓手。而目前我国乡村仍然存在发展不平衡、不充分的问题,主要体现在:农产品阶段性供求失衡,农业供给质量亟待提高;农民适应生产力发展和市场竞争的能力不足,新型职业农民队伍建设亟待加强;农村基础设施及民生领域建设不够完善,环境和生态问题突出;国家支农体系相对薄弱,农村金融改革任务繁重,城乡之间要素合理流动机制亟待健全;农村基层党建存在薄弱环节,乡村治理体系和治理能力亟待强化。在这样的背景下,乡村振兴战略具有重大的意义。

本组调研的对象是富阳区新登镇湘溪村,在阅读了大量文献资料的情况下,我们对乡村规划的基本理论有了大致的了解,对湘溪村自然环境与人文环境做了整体分析,同时也对其他地区的美丽乡村建设实践做了一定的研究。在文献分析的基础之上,我们通过实地体验等方式,考察了湘溪村的基础设施建设、生态文明建设和历史文化建设等情况,形成了本报告。

二、湘溪村概况

湘溪村位于新登镇的西部偏远山区,地域面积 12.18 平方千米,常住人口2385 人,有 15 个自然村,30 个村民小组,农户 723 户,是富阳区的 32 个中心村

* 本文由沈楠菲、李倩垚、朱嘉楷、苏亮、邢祯、章凌、殷铭简合作完成。

之一。湘溪村地形起伏较大,降水丰沛,植被覆盖率高,野生动植物资源非常丰富,拥有良好的生态环境。但由于地形阻隔,村落交通条件欠佳。湘溪村还拥有极为深厚的文化底蕴。早在北宋时期,苏东坡曾游历此地并留下了《新城①道中》(二首)等著名诗文。"西崦人家应最乐,煮芹烧笋饷春耕",显示了湘溪村典型的乡村农耕和农炊传统,乡土文化在这里长久流传。

曾经的湘溪村,雨季洪涝,夏季干旱,村民遇洪上山,遇旱饥荒,经济基础薄弱,房屋破旧,废弃物随处可见,道路坑洼不平。但如今,这里村容整洁、环境优美、村民生活富裕,是远近闻名的文明村。湘溪村是富阳倾力打造的"富春山居"新农村精品工程生态致富线路上非常重要的一站,也是目前富阳唯一正在创建的国家级生态村。近年来,湘溪村以新农村建设为契机,在注重生态保护的同时,加大基础设施建设,先后获得了浙江省卫生村、浙江省绿化示范村、浙江省文化示范村、杭州市全面建设小康示范村、杭州市社会主义新农村建设标兵村、杭州市园林绿化村等一系列荣誉称号。

三、湘溪村美丽乡村建设的基本做法

(一)一人带动一村

王金明,1990 年入党,2000 年起担任新登镇原石岭村党支部书记,2007 年行政村规模调整后担任湘溪村党支部书记,2009 年至今担任湘溪村党委书记。任职 10 多年间,王金明一直在为村里的各项事务奔走,脚步从未停歇。

王金明初上任时,湘溪的溪水水质极差,淤泥堆积、垃圾密布。王金明坚持"环境就是民生"的理念,上任后做的第一件事就是封山育林,给农户补贴煤气费;接着,关停 24 家小造纸厂,开始清理污水和疏通水路,逐渐改变了洪水侵扰、垃圾泛滥的现象。王金明非常注重生态水质保护,并对溪流两岸进行景观绿化以及村庄环境整治。他还向上级部门积极争取美丽乡村建设项目。小到河道清淤、公园配套基础设施完善、水泥路面修复等工作,大到新建垃圾分类收集点、完成银杏公园周边村庄环境综合整治和提升改造、整治全村主干道强弱电网等工程,王金明事必躬亲,非常认真负责。他先从自己做起,不辞辛苦地奔波,带领更多百姓走上致富路,也因此赢得了广大群众的信任。

(二)生态装点乡村

湘溪村一直践行"绿水青山就是金山银山"的发展理念,让"绿水青山"源源

---

① 新城,今富阳新登镇。

不断地转化为"金山银山"。山水是湘溪最大的资源和本钱,因此湘溪村坚持走生态发展之路,在做好生态保护工作的同时,建"富春山居"精品村,全力打造"十里湘溪,生态家园"。

湘溪村生态环境优美,建有食用竹笋基地 3500 余亩(1 亩≈667 平方米),杨梅基地 500 余亩,葡萄、猕猴桃种植面积 100 余亩,千年银杏树群等古树名木 28 株,四季皆景。湘溪村生态观光园占地 100 余公顷,由村内千年古银杏树群、富阳市云豹自然保护区、石门岭森林公园、大桥潭休闲文化公园等重要人文自然景点构成,这里古木、翠竹环绕村落,路亭、石桥散布乡野,自然风光优美,集旅游、观光、休闲、度假、养老、健身、娱乐为一体,游客可以在此感受乡村独有的生活气息,回归自然的怀抱。

(三)基建稳定乡村

近 5 年来,湘溪村先后实施农业、林业、水利、生活、生态基础设施方面的项目 100 余个。拓宽、扩建、硬化的村道、林道、田间道等共计 35 千米,建造大小桥梁 18 座,加固水库 9 座,溪流砌石整治清淤 5 千米,并完成 1 个国家级农业综合开发项目和 2 个杭州市级中低产田改造项目,建成了新村委大楼、村史馆等,完成几十件民生实事工程。

同时,湘溪村坚持以人为本,满足村民对良好的生活居住环境的需求。湘溪村从 2011 年起就致力于改善村民的住房条件,把居住在较远山区且住房条件恶劣的村民统一迁到村委边上建造的公寓房内,累计建造公寓房 10 栋,安置村民 64 户。此举保障了困难群众生活,提升了村民整体幸福感。同时,对破旧老宅的宅基地进行土地复垦,将其分给农户,困难农户对原土地继续享有种植权,以此增加收入。同时,积极推进乡村基础设施的建设和改进,如校车问题、污水处理、乡村医疗设施跟进、垃圾处理、厂房噪声污染治理等。

(四)产业繁荣乡村

"城乡一体化"不是"城乡一样化",乡村建设应该充分利用乡村特色,发展不同于城市的乡村经济产业。湘溪村凭借青山绿水、文化积淀,以原汁原味原生态为卖点,让"绿水青山就是金山银山"成为现实,将"美丽生态"转化为"美丽经济",实现村庄华美蜕变的同时,带动村民增收致富。

湘溪村的产业以旅游为主,产业发展策略有三。

一是利用本身自然资源,通过招商引资完善旅游配套设施,建设占地百余亩的生态观光园。园内配有旅游集散广场、水车凹生态幽谷景点、花卉观赏基地、观光旅游车等设施。湘溪村充分发挥社会资本的力量,引入湘水湾度假村、又一邨·青庭、房车露营基地三大高端民宿和浙江元墅医养结合的养老院服务，以及湘味馆、广场饭店等多家农家乐。

二是拥有特色农事节庆品牌。湘溪村连续三年举办"湘溪山乡节"，将"千年银杏洒落一地金黄，古道秋风小桥流水之美景"转化为湘溪旅游的特色标签和固有品牌。

三是拥有稳定的客源市场。湘溪村通过与旅行社的长期合作，推出湘溪休闲度假游，以杭州、上海市民为主要目标服务人群，使客源稳定且持续。

（五）文化深化乡村

原生态古宅是现如今一种热门的乡村复兴改造方式，仅杭州周边的旅游古镇就数不胜数。青山绿水到处都有，农业产业、古朴农宅也很容易被复制。一个古镇得以区别于其他古镇的关键就是文化所赋予它的性格特质。

据湘溪村村史馆的介绍，这里古时是新城，连通徽州、临安等地，每日都有商贾挑夫穿行于此，热闹繁盛。湘溪称呼的由来，与明朝洪钧有关，洪钧来此前，曾在湖南长沙当过官，湖南简称"湘"，人们为了纪念他，就把这里改称"湘溪"。

湘溪是抗金名将姚兴的故里，在今天，湘溪仍四处留有姚兴相关的印记，如姚功池、姚公墓等，姚兴精神得以延续。

苏东坡在杭州任通判时，受新城县令晁端友邀请，多次到访新城。在驿道途中有感而发创作了多篇诗文，距湘溪十余里的东坡古道也因此留存至今。

银杏是湘溪村最富有文化气息的自然产物，在村落中行走时经常能发现诸多上百岁的银杏树。湘溪村的标志物，就是千年银杏公园里的 3 棵银杏（2 棵雄树、1 棵雌村）。其中，最大的一棵银杏被誉为"江南银杏王"，需要十几人才能环抱。

仙源自然村有一处百年老宅，今已修缮。文化遗存承载历史和乡愁，修缮完毕的老宅，既能当活动场所，也给村里了增添了历史文化气息。就连村史馆，也注重搜集旧时的用具，几乎一应俱全，重现了过去湘溪人民的生活场景。

四、湘溪村美丽乡村建设中存在的问题

（一）交通可达性差

由于地形阻隔，湘溪村的交通可达性比较差。湘溪村旅游产业的目标服务人群主要来自杭州和上海，交通方式有两种：自驾和大巴（无法直达）。以杭州出发为例，自驾大概 1.5 小时车程；或者从杭州九堡客运中心乘大巴到新登村，再转乘公交到达湘溪（约 40 分钟一班），总耗时大约 3 小时。从上海出发耗时

更久。小组叫了两辆顺风车前往当地,单日来回,感受最深的就是专门来此旅游的时间成本与交通成本太高。因此,我们建议,湘溪村首先要优化交通可达性,最好有从杭州、上海直达湘溪的大巴;其次,可以与周边的旅游特色村连接成一条连贯的旅游线路。

(二)景点可复制性强

在湘溪村的景点中,一部分景点有文化底蕴、有特色,比如姚兴故里、东坡古道、千年银杏树群,但是其所占比例太少,湘溪村的旅游标签诸如"民宿""果园""森林公园"等,可复制性都很强。小组成员大多来自建筑系,因此会重点关注当地建筑,却发现湘溪村的改造方式基本都是粗暴拆除老建筑,而新建筑极度缺乏当地特色。

对于游客来说,游湘溪与游其他特色小镇没有区别。相比而言,安徽的宏村、西递就保留了原始的徽州建筑风貌,并以此为卖点发展成为全国知名的旅游景点。此外,由于与黄山距离很近,两村经常作为黄山多日游中的景点之一。而湘溪村便缺乏一整套或一系列的旅游资源,仅仅是孤立的一个村落,旅游吸引力不足。

(三)缺少特色产业

湘溪村的产业太分散,民宿、种植、养老等方面都有涉及,但没有一项重点发展的产业。比如,说到枇杷我们就会想到塘栖,说到竹子就会想到安吉,说到薰衣草就会想起普罗旺斯。一个景点如果没有一张主打的名片,就很难给游客留下深刻印象。目前来看,湘溪村最不可复制的资源即为银杏,湘溪应该加大银杏元素在文化建设与宣传中的力度,发展银杏种植产业,打造食用白果品牌等,使银杏成为村落的文化和产业标志。

五、调研总结

湘溪村的美丽乡村建设历程向我们展现了独特的发展之道:在把握机遇、创新发展模式的同时,加强规划引领,坚持以人为本,加强产业建设。我们认为,尽管湘溪村的发展还有进一步优化的空间,但它仍有以下乡村建设经验值得借鉴。

首先,湘溪村有优秀的基层干部。基层干部的素质和能力决定了上级政策能否很好地落实,因此加强农村基层党组织建设至为重要。作为湘溪村的党委书记,王金明是湘溪村成功建设美丽乡村的关键人物。除此之外,上级政府也重点关注乡村发展,省市领导多次赴湘溪村开展蹲点调研工作,发现并指导湘溪村解决现实问题。

其次,以人为本,注重民生。湘溪村在改造过程中优先解决的是村民的生活问题和福利保障问题,如改建危房、修桥造路、优化基础设施等,不仅提高了居民生活质量,极大增强了村民的凝聚力,而且为产业发展奠定了良好基础。

最后,新型城镇化是"望得见山、看得见水、记得住乡愁"。湘溪村践行"绿水青山就是金山银山"的发展理念,紧跟政策,整治与保护环境,整合了村落周围的资源,以其充足的自然和文化资源为基础,打造了一个动力十足的乡村发展核心。

湘溪村的成功经验来源于生态,回归至乡土,创新在模式,核心为人文。它真真切切地关注"乡村"本身的强大能量,不仅仅为村民自身,还为周边的城市居民打造了一个值得寄托心灵的腹地。

乡村从我们脚下的这片土地上自然地诞生,也在历史的河流中不断地成长。它是文化和自然交织的产物,必然带着热土的回音。在我国新型城镇化建设背景下,乡村的发展不应该仅仅用一把经济的标尺去衡量:拥有文化、历史、生态和全球化等因素的助力,乡村完全可以摆脱过去相对守旧的工业化振兴的老路,从而闯出一条振兴之路。乡村,只有当其留存了自身的特殊性,与城镇求同存异,才能够实现费孝通先生所说的"各美其美,美人之美,美美与共,天下大同"之理想。

参考文献

[1] 朱哲敏.论如何打造乡村发展核:以富阳区湘溪村为例[J].杭州(周刊),2018(7):34-35.

[2] 谢花林,刘黎明,李蕾.开发乡村生态旅游探析[J].生态经济(中文版),2002(12):69-71.

[3] 申明锐,张京祥.新型城镇化背景下的中国乡村转型与复兴[J].城市规划,2015(1):30-34.

[4] 贺勇,孙佩文,柴舟跃.基于"产、村、景"一体化的乡村规划实践[J].城市规划,2012(10):58-62.

[5] 柴舟跃.发达地区转型时期村庄生态化更新规划与策略研究[D].杭州:浙江大学,2016.

[6] 新登镇湘溪村:用"美丽乡村"撬动"美丽经济"[N].富阳日报,2017-09-12.

[7] 中共中央、国务院关于实施乡村振兴战略的意见[EB/OL].(2018-02-04)[2018-12-01]. http://www.xinhuanet.com/politics/2018/02/04/c_1122366449.htm.

[8] 中央城镇化工作会议在北京举行,习近平李克强作重要讲话[EB/OL].(2013-12-15)[2018-12-01].http://cpc.people.com.cn/n/2013/1215/c64094-23842466.html.

指导教师:任凭

美丽乡村建设的渠南村调研*

一、调研背景

20世纪80年代后期,水晶加工作为一项富民产业被引入浦江。此后,浦江县也因其水晶工业的发达而闻名。但由于管理的缺失及发展的无序,水晶工业产生的硝酸铵等各种工业废水到处排放。那时的浦江,每天有1.3万吨水晶废水、600吨水晶废渣未经有效处理而直排,导致固体废弃物遍地、污水横流。数据显示,治水前,浦江共有462条"牛奶河"、577条垃圾河、25条黑臭河,全县85％以上水体受污染,而浦江人的"母亲河"——浦阳江更是成为钱塘江流域污染最严重的支流,出境断面水质连续8年为劣Ⅴ类。[①]近几年,浦江大力开展"五水共治",铁腕治水,加上对美丽乡村政策的积极响应,以渠南村为代表的一批乡村,不仅治理好了污水,更成为美丽乡村建设的代表。

以此为背景,我们小组对渠南村展开了调研。

二、渠南村美丽乡村建设的主要做法

为了响应浦江"五水共治"政策及国家"美丽乡村"计划的号召,渠南村村委会制定了一系列的政策并取得了不错的成效。

对水晶加工造成的环境问题的整治自然是首要任务。渠南村加大了对水资源的管理力度,尤其是对池塘水资源的整治力度。为此,渠南村从源头抓起,

---

* 本文由邓描、王玮、左可、李海盼、杨梓锋、翁婉莹、郑申肖、霍帅帅、何铭潇、王瑶佳、唐宇池、艾力西尔·亚尔买买提合作完成。

① 奚金燕.江河复清绿满城,浙江浦江"五水共治"引城乡蜕变[EB/OL].(2016-04-21)[2018-12-01].http://www.chinanews.com/m/df/2016/04-21/7843249.shtml.

拆除了大量违规作坊,下发垃圾分类八项制度,挨家挨户签订"三包"责任书(即包洁化、包绿化、包秩序);设立评价考核制度,派遣党员讲解垃圾分类知识并说明其重要性,实行垃圾收费制度与卫生督查制度等一系列制度,以个人为单位,每人每年向村集体交纳保洁费 30 元,困难户、低保户免收,并成立专门督查室,每月对村环境卫生情况进行督查,将督查情况进行打分通报。在这样的整治力度之下,"牛奶河"逐渐变得清澈,绿水青山开始复现本来的样貌。

除了治水,渠南村开始注重乡村文化的保护及构建,比较能体现乡村文化的古建筑得到了很好的修缮。以两座祠堂忠德堂和敏德堂为例,修缮后的祠堂古风浓郁,文化气息浓厚。为了鼓励村民一同参与修缮工作,在祠堂里设有功德碑来纪念那些为本村建设出力的人。除此之外,村委会还将原来浦江博物馆内存放的上山文化展品搬迁到村子里,并专门为其修建了上山文化遗址博物馆,扎根上山文化,实施古建筑保护制度。村委会书记这样跟我们说:"要把能改的地方给改一改,美化一下,能增加的地方在不违规的情况下对其加以修饰,营造一个祥和的氛围。"最近,浦江县的"美丽庭院"批准书也颁发给了渠南村,村里陆陆续续把一项项工程项目落到实处。

美丽乡村建设的目标就是使乡村宜居、宜业、宜游,也就是要合理开发和利用乡村的旅游资源。相比于山中的村子,渠南村的地理位置处在下游,与旅游配套的饮食、娱乐、住宿、休闲等场所不够丰富,因此在资源能够倾斜的政策范围内,村委会鼓励村民发展民宿,形成当地特色的餐饮服务,接地气发展。

另外,行政村的合并也是渠南村美丽乡村建设的重要措施。上山遗址附近的三个行政村渠南、渠北、永和实行行政村合并,合并带来的好处是不可小觑的:既方便进行集中管理,也解决了因实行只拆不建土地政策而产生的住房不足的问题,还保护了古建筑,有助于凝聚周边村落一同打造上山遗址景区村落。

三、渠南村美丽乡村建设的基本成效

渠南村紧邻浦江上山遗址,利用这一遗址景点,村庄被打造成了一个吸引众多游客的美丽乡村。同时改造了村内房屋、庭院和街道等,通过与上山文化的结合打造一个集农庄、水果采摘、水稻种植观赏和花海为一体的美丽乡村。同时,渠南村深化了"五水共治",改善了村内池塘的水质,全部剿灭了污水和臭水池。渠南村取得令人瞩目的发展,原因在于其对自身的合理定位和科学规划。

首先,渠南村完善了保障机制,营造了一种集体创造的氛围。借"两学一做"学习教育和美丽乡村建设的东风,渠南村村党员的纪律意识、奉献意识不断增强,村干部及党员带头参与村庄,形成了"我是党员,哪里有需要哪里就有我"的良好精神风貌。在渠南村的村口可以看到一个大大的公示牌,详细记录着党员及村干部的出勤率,是否实地开展工作、进行走访等。美丽乡村成为一个凝聚人心的平台,为了建设美丽乡村,大家齐心协力,自觉参加义务劳动。

其次,采取多种具体措施,打造美丽村庄。在"百村·百景"村口景观工程和"百村·千塘"清淤水质提升工程和"百村·千亩"生态湿地工程三个工程的号召下,渠南村不仅去除池塘污水、保持清洁,在路边的田地上栽种符合时节的作物进行村庄美化,改善村容村貌,还结合自身特有的上山文化,建设了上山遗址公园,发展旅游产业。

最后,渠南村结合村庄具体情况制定了科学合理的发展规划。渠南村总面积较小,对当地发展形成了一定的制约,在上级党委政府的统一规划下,渠南村与临近的村合并,扩大村庄的可利用土地面积,发展了集体经济。有了集体经济的基础后,就可以进一步改善村民的生活环境,同时可以修缮村内的古建筑,建设娱乐设施,发展旅游经济。村委会还计划与市县的旅游局等部门合作,借助上山遗址文化,大力宣传渠南村旅游景点,带动当地经济发展,加快渠南村的美丽乡村建设。

四、我们的看法

浦江县渠南村美丽乡村建设走在了浙江省的前列,能够取得如此佳绩,必然有许多值得我们借鉴的地方。

首先是特色文化内涵与美丽乡村建设的有机结合。在美丽乡村建设过程中,渠南村融合了上山文化的内涵,美丽乡村更具特色。同时,渠南村在村容村貌的改造时,不仅对部分建筑进行了合理的改造,美化了环境,而且对重要的古建筑进行了全面的保护与修缮,保留了其特色文化,这使得渠南村兼具美丽的村容村貌与深厚的文化底蕴。此外,渠南村"最美庭院"评选等活动,充分调动了村民建设美丽乡村的积极性,值得借鉴。

其次是渠南村在美丽乡村建设过程中,始终坚持以人为本的原则,将民生置于重要的地位。在美丽乡村建设的过程中,村民的生活水平不断提高,针对老年村民的保障体系不断完善,这一方面增强了渠南村村民的幸福感,使村民安居乐业,另一方面也有效调动了村民参与美丽乡村建设的积极性,有利于加快美丽乡村建设的进程。

当然,渠南村的美丽乡村建设也并非完美无缺。由于地理位置的限制,其旅游产业发展不如预期,经济基础的落后也导致了村内配套旅游设施的缺乏,如餐馆、旅馆、娱乐设施等,这一切有待于在以后的美丽乡村建设中改进和完善。

指导教师:宇正香

美丽乡村建设的奇鹤村调研[*]

一、奇鹤村概况

奇鹤村位于杭州市余杭区瓶窑镇西北部，由白鹤村和奇坑村于 2003 年 9 月合并而成，是余杭区最早完成美丽乡村建设的新农村。在上级党委、政府和有关部门的领导和支持下，奇鹤村通过对村庄整体规划、环境综合整治，2011 年实现了从普通村向重点村的转变，2014 年又实现了从重点村向精品特色村的转变。

二、奇鹤村美丽乡村建设的主要做法

(一)完善村内基础设施

1. 污水处理

奇鹤村周围的企业不多，没有工业污水，但是如何处理种类繁多的生活污水一直是个问题。在相关政策的支持下，奇鹤村建立了 8 个生活污水处理池，集中每家每户的生活污水，用无动力厌氧装置和曝气装置对污水进行处理。

2. 垃圾收集

奇鹤村对垃圾采取了定点、定时、分类的处理方式。村里每户人家门口都有一个分类垃圾桶，按可腐烂和不可腐烂分类投放，每天有专人进行收集清理。

3. 道路及附属设施

过去，奇鹤村的道路以泥路为主；现在，村里的主要道路变成了黑色柏油

* 本文由郭子湾、莫思佳、张正越、刘潇、刘璐、廖培宇、樊建岐、陈芝、彭凯隆、房萍合作完成。

路,并规划白色和黄色道路标线。路旁建造路灯,一改农村晚上出行不便的旧风貌。还有一条496公交路线贯穿全村。村里还建造了丰富的娱乐设施,包括灯光球场、健身公园、老年活动室、图书室等。全村覆盖100M免费Wi-Fi,为游人和居民提供网络便利。

(二)打造生态绿化景观

第一,将村里的大面积土地承包给外来苗木公司,既发展了村庄经济,也提高了绿化面积。第二,将村庄重要节点和沿路闲置地块进行精心设计和建设,使村庄的流动空间处处成为精致的景点。第三,开展美丽庭院建设,房屋整齐划一,过道、围墙上也有统一的书画,并对历史老建筑如百年大礼堂进行了修缮和重新利用。

三、奇鹤村美丽乡村建设的基本成效

(一)生态环境

奇鹤村通过建立污水处理池,有效控制了生活污水对水环境的影响,加上村里对奇坑水库的有效管理,村里的水环境非常优良。2016年,奇鹤村的污水纳管率已经达到了80%以上,全村的绿化覆盖率高达82%。有效的垃圾分类和处理对生态环境的改善起到了决定性作用。

奇鹤村在将土地外租给农林企业的同时,对农药化肥的使用进行了限制。村里设有专职人员协同旅行社人员共同维护生态旅游,旨在让外来游客尊重、维护当地文化与生态环境。

(二)基础设施

奇鹤村注重街道设施的完善,在主要街道上安置了多个视频监控摄像头。同时,村里也注重综合服务设施的进一步完善,优化了村民的日常生活。

(三)村民服务

交通方面,村里开通了公交车,每天定时定点停靠,方便村民出行。由于奇鹤村整体规模较小,村内没有学校,村里的孩子主要在村庄周边的学校上学,村里每天都有车辆负责接送。

医疗卫生方面,村庄的中心地段设有村医疗卫生服务站,方便村民就诊。余杭区在2015年被纳入杭州医保的范围,村民无论是在村里还是在杭州市范围都能享受到优惠的医疗服务。

老年福利方面,奇鹤村为老人提供娱乐活动,村医疗卫生服务站也提供老年医疗保障服务。

(四)政治生活

为了规范村里的民主生活,奇鹤村设置了村民代表会议制度,村民代表通过选举产生,每5～15户推选1人,保障村民依法行使当家做主的权利。

奇鹤村还制定了21条村规民约以有效地管理村民。此外,村委会还面向村民举办道德讲堂,以推进社会主义核心价值观的建设。

(五)文化生活

奇鹤村兴建了许多文化、娱乐场所,且都位于村庄的中心区域,村民可以便捷地使用。

村里的文化大礼堂是有着百年历史的文化古物,建于清朝宣统年间,村民会在节假日自发组织表演。文化大礼堂不仅丰富了村民的文化生活,还很好地保存并利用了历史遗址。

四、奇鹤村美丽乡村建设存在的问题

(一)垃圾分类、处理不到位

由于垃圾分类知识宣传不到位,很多村民对可回收垃圾和不可回收垃圾不能够很好地区分;再加上最终从各户收集的垃圾混装混运,使分类工作前功尽弃,也严重打击了村民的积极性。

奇鹤村有一个垃圾堆放点,周围还有明显的垃圾焚烧痕迹。露天垃圾焚烧不仅不能保证将垃圾处理干净,也会造成环境污染。此外,奇鹤村在垃圾回收再利用方面也还有所欠缺。

(二)村庄景观建筑统一建设缺乏个性

奇鹤村在建设美丽乡村的过程中,拆除了大量不雅建筑并整修了3250平方米地块,绘制了800平方米文化墙。尽管村庄看起来更为整齐划一,但是缺乏个性,没有将奇鹤村原有的独特风格融入其中。

(三)水库管理存在缺陷

在实地考察时,我们发现水库边缺少路灯,与《水库大坝安全管理条例》中的第8条不符。坝体上有堆积的杂物,其中还包括不少垃圾,很可能会污染水库。

水库的坝体没有专人值班管理,非相关人员可以随意进入坝体,甚至可以直接接触水库中的水,这可能会导致一系列的安全问题,也不符合《水库大坝安全管理条例》的要求。

(四)宣传不足

奇鹤村全村覆盖有 100M 免费 Wi-Fi,需要关注"美丽奇鹤"微信公众号才能连上,这是对微信公众号的一种很好的推广方式。但是我们发现,菜单栏的内容单一且有限,比如"智慧乡村"中的"特色土特产"链接里只有笋干这一项。微信公众号是一种新兴社交平台,村委会通过对外承包才将之运营起来,但是由于村委会成员年龄普遍偏大,学习新技术较困难,没有定期维护和更新,导致公众号的推广宣传作用难以发挥。

(五)服务设施建设滞后

第一,奇鹤村并没有给游客提供详尽的旅游指南。村口地图所提供的信息简单且模糊,并没有起到很好的指引作用;同时,村子内部也缺乏指路牌的设置。第二,奇鹤村在购物方面也没有为游客提供更多的选择。村里唯一的商店是一间破旧阴暗的屋子,售卖的商品寥寥无几,无法满足游客的购买需求。

五、建议与总结

(一)我们的建议

第一,广泛开展垃圾分类的宣传、教育和倡导工作,树立环保意识。以家庭为单位检查垃圾分类情况,并进行奖惩。

第二,借助垃圾回收利用技术处理垃圾,如电池、塑料等的无害化处理技术;积极扶持垃圾回收利用的下游产业,充分利用垃圾资源。可以外包给专业的垃圾处理公司,也可以建设配有良好烟尘净化装置的焚烧炉,防止大气污染。

第三,整治房屋时,以修缮为主,因地制宜。不要盲目效仿五颜六色、样式单一的"小洋楼"。

第四,下功夫推广微信公众号,完善菜单栏。可以发动村里年轻人,定期推送奇鹤村的风景民俗、文娱活动、农家乐优惠活动等信息。

第五,增设道路标识,为游客提供详尽的旅游指南。

第六,遵守《水库大坝安全管理条例》规定,更好地管理水库。

第七,奇鹤村的店铺需要进行升级,除了优化整体外观以外,还需要丰富商品类别。例如,村庄可以挖掘自身的文化内涵,增设纪念品。

最后,我们还建议奇鹤村在娱乐设施方面增加与自身历史文化相关的项目,比如推出文创产品、特色小吃等,还可以组织乡村歌舞、乡村婚礼、乡村习俗等活动。

(二)总结与展望

浙江美丽乡村建设的成功,提供了与传统农村建设不同的方案和理念。奇鹤村作为典型案例之一,也为其他美丽乡村的建设提供了启示。

第一,遵循规律,实事求是。农村就是农村,不是城镇;拆村并居、砍树填塘、逼农民上楼等照搬城镇建筑面貌的做法,会对农村的生态风貌造成不可逆转的严重破坏。盲目模仿城市的生活方式,不仅会让农民产生不适,也会导致农村经济发展的不可持续。

第二,以人为本,因地制宜。美丽乡村建设,只有做到因地制宜,才能最大限度地保留乡土元素,挖掘文化内涵,展现地方特色,体现农家风情,打造出不同类型的美丽乡村。

第三,循序渐进,注重质量。建设美丽乡村是一个复杂的社会系统工程,绝不能为追求目标、完成任务而大干快上,尤其是环境生态的修复、群众思想和文化素质的提高,不可能一蹴而就。所以,开始做规划时就要有长远的眼光,精心布局筹划;改造过程中,又要随时根据村内外经济社会环境的变化做出调整和修正;建设完成后,还要注意改进和完善,做到可持续发展。

把农村建设得更像农村,不仅是建设一个新农村,更是农村文化的巩固、发展和延续。习近平总书记提出的"望得见山、看得见水、记得住乡愁",为我们描绘了美丽乡村的模样。我们要以此为目标、以人为核心,通过美丽乡村建设,不仅给乡村一个美丽的外表,而且要提高农民的生活水平,提升农民的幸福指数,形成城乡一体协调发展的良好局面。

参考文献

[1] 茅忠明.新农村建设的实践与思考[J].经济研究导刊,2014(7):41-43.

[2] 汪彩琼.新时期浙江美丽乡村建设的探讨[J].浙江农业科学,2012(8):1204-1207.

[3] 浙江新农办副主任余振波介绍美丽乡村建设特色[EB/OL].(2013-05-27)[2018-12-30].http://zjnews.zjol.com.cn/05zjnews/system/2013/05/27/019364722.shtml.

[4] 李文亮.浙江美丽乡村建设启示[N].河北日报,2013-06-14.

[5] 暨松涛.美丽乡村建设背景下的农村生态社区发展模式研究[D].福州:福建农林大学,2014.

[6] 叶敏.美丽乡村建设的路径、问题和对策研究:以浙江省德清县为例[D].杭州:浙江大学,2014.

[7] 陈佳丽.永安市美丽乡村建设成效、问题与对策[J].台湾农业探索,2014(2):58-61.

[8] 周琼,曾玉荣.福建省美丽乡村建设的现状与对策建议[J].福建论坛(人文社会科学版),

2014(5):120-124.

[9] 蔡颖萍,周克,杨平.美丽乡村建设的模式与成效探析:基于浙江省长兴县的调查研究[J].湖州师范学院学报,2014(1):20-23.

[10] 柯福艳,张社梅,徐红玳.生态立县背景下山区跨越式新农村建设路径研究:以安吉"中国美丽乡村"建设为例[J].生态经济(中文版),2011(5):113-116.

[11] 于洋."美丽乡村"视角下的农村生态文明建设[J].农业经济,2015(4):7-9.

[12] 王卫星.美丽乡村建设:现状与对策[J].华中师范大学学报(人文社会科学版),2014(1):1-6.

[13] 茅忠明.新农村建设的实践与思考:以浙江省建设"中国美丽乡村"为例[J].经济研究导刊,2014(7):41-43.

[14] 卢福营.村民自治背景下的基层组织重构与创新:以改革以来的浙江省为例[J].社会科学,2010(2):47-53.

[15] 周传蛟.我国农村文化产业发展的条件与路径选择[J].学术交流,2009(5):74-77.

指导教师:宇正香

➲ 附录

奇鹤村访谈提纲

访谈目标	1.了解美丽乡村的发展现状 2.了解美丽乡村的致富原因 3.基于调研结果,对现有问题进行分析,总结归纳可行性、有效性较高的解决方法				
奇鹤村	访谈开始时间	2016 年 5 月 2 日 9:00	访谈结束时间	2016 年 5 月 2 日 14:00
浙江省美丽乡村建设与发展研究中心		2016 年 5 月 6 日 14:00		2016 年 5 月 7 日 15:30
访谈地点	奇鹤村				
访谈对象	奇鹤村村主任、农家乐经营者、普通村民				
访谈方式	当面采访				

访谈内容

针对村委会：

　　1.奇鹤村在美丽乡村建设前后的显著变化(如基础设施、农村农业、生态环境、村民生活)。

　　2.实施美丽乡村建设计划时是否遇到村民的抵制或其他困难？如何解决的？

　　3.如何丰富村民文化生活？

　　4.村里还有一座由100多年的祠堂古戏台改建而成的文化大礼堂,是余杭区独一无二的旧式文化大礼堂。大礼堂作为历史文物如何维护？如何加以利用以发扬戏剧文化？

　　5.管理民主:村委会选举。

　　6.奇坑水库的管理、生态保护、经济方面的利用。

　　7.美丽乡村建设过程中是否吸引了外来投资和赴城农民工的回乡建设？这方面的例子有哪些？(余杭区、瓶窑镇政府资助,能否提供相关数据？)

　　8.村委会在美丽乡村建设中存在哪些不足？后期是否有进一步建设的打算(如教育、医疗方面)？

　　9.如何开展农家乐？农家乐对村里的经济发展有什么样的促进作用？(能否提供相关数据？)

　　10.农家乐在开展过程中是否遇到过一些问题(如环境、文化方面)？

针对幸福家庭：

　　1.奇鹤村在美丽乡村建设前后的显著变化(如基础设施、农村农业、生态环境、村民生活)。

　　2.除了日常劳作,农村的精神文化生活还有哪些？

　　3.美丽乡村建设有没有给孩子的教育环境带来改善？

　　4.农家乐对村民的日常生活产生了哪些正面影响与负面影响？农家乐是否增加了农村家庭的收入？

　　5.美丽乡村建设是否给村民造成了经济压力或产生了其他负面影响？村民是否积极推动美丽乡村建设？

美丽乡村建设的荻浦村调研[*]

一、荻浦村概况

荻浦村位于钱塘江中游,桐庐县江南镇东北部,东、北邻富阳市,西接金茂村,南面为深澳村,西北面为横山埠村,西距桐庐县城 16.5 千米,距杭州市区 45 千米。东有应家溪和南屏线通过,北有 320 国道穿过,南有杭千高速贯境而过并建有高速出口,交通十分便捷。

荻浦村历史悠久,距今已有 900 多年,文化底蕴丰厚。孝义文化、古戏曲文化、古造纸文化、古树文化为荻浦四大特色文化。古建筑至今保存良好,多以明清时期的徽派建筑为主。现存有宋代的范家井,明代的水系,清代的石坊、庙庵、祠堂、民居等 40 余处,还保存有 3 座较完整的明代古民居。村中还有清乾隆皇帝为表彰荻浦孝子申屠开基而建的孝子牌坊,明代尚书姚夔为报舅舅大恩而建的保庆堂,展现申屠氏百年发展史的申屠氏宗祠,等等。

二、荻浦村美丽乡村建设的基本成效

荻浦村先后荣获国际休闲乡村示范点、全国亿万农民健康促进行动示范村、浙江省森林村庄、杭州市小康体育特色村、杭州市级卫生村等荣誉称号。2006 年被列入省级历史文化保护区,有申屠宗祠、保庆堂、咸和堂 3 个省级文物保护单位。

(一)古生态整治提升

荻浦村曾经由于违章建房、乱搭乱建及疏于管理,致使村内沟渠淤积堵塞,

* 本文由高淦、郑杰思、袁梓骏、杨帆、唐珂、王宇俊、戴陵阳、王可钦、郭少烘、刘文渊合作完成。

地下水系近乎瘫痪。荻浦村在整治提升中,对全村水塘溪流进行清淤疏导,对居民生活污水进行纳管,采用厌氧池与人工湿地的处理方法,在水塘中种植水生植物,引流活水,恢复池塘生态,再现昔日清洁。

同时,荻浦村积极配合"清洁桐庐"创建工作,开展农村改厕和农村庭院整治工作。至2009年,荻浦村总户数682户,完成卫生厕所建设共677户,占总数的99.27%,完成无害化厕所建设共442户,占总数的64.81%。农村整体生态环境得到改善,村民生活水平有所提高,人居生活环境有所改善。

(二)古建筑修缮利用

荻浦村作为省级历史文化保护区,村内尚有保存完好的古建筑20余幢,其中3处为省级文物保护单位。秉持着"修旧如旧"的文物修复原则,荻浦村积极推进文物修缮工程,在修复历史文物的同时,尽可能保护古村落的历史风貌,"对症下药"地修缮每幢古建筑,结合其历史典故挖掘传说,拓展其功用,使其成为历史文化传承基地。另外,荻浦村把曾经臭气熏天的猪栏和牛栏改造成茶吧和咖啡吧,在保留原有历史痕迹的前提下,加入来自城市的生活元素,吸引游客,充分践行了"因地制宜"的发展方针。

(三)古文化传承发扬

荻浦村主要蕴含的文化有孝义文化、古树文化、宗祠文化、戏曲文化、造纸文化、乡贤文化和饮食文化等。以孝义文化传承为例,随着城市化的迅速推进,老龄化问题普遍存在于全国各地的乡村中,老年群体愈发成为社会的重要关注对象。荻浦村以孝义文化为特色品牌,加强建设服务于老年人的公共服务设施。2009年,在老年协会二楼建立了第一所老年电视大学;2014年,开始在村内建设老年公寓,至2016年竣工,配套设立"爱老服务商店"和"敬老理发室",实现"老有所养、老有所依、老有所乐"的目标;2015年,荻浦村商会孝义基金成立,以弘扬荻浦孝义为宗旨,在敬老、助困、传孝等方面做了大量工作。此外,荻浦村因地制宜,利用当地适宜的古建筑,在2015年启动民间公益图书馆项目,于2016年正式成立。这所图书馆不仅融入了本土孝义文化,还彰显了古建筑文化,成为荻浦村旅游文化衍生的新亮点。

(四)古村落产业经营

美丽乡村建设不仅要村美,更要民富,只有提高村民的人均收入,实现村庄的自我造血功能,才能让百姓在美丽中"掘金"。村委会成员团结一心,鼓励村民发展第二、三产业,一位申屠氏村民回村开办了荻浦第一家农家乐,日接待游客最高达500人次,年盈余50余万元。以他为榜样,通过各界的积极引导与扶持,许多村民也开始办起农家饭店。与此同时,荻浦村与浙江交通投资公司签订合作协议,由交通投资公司投资 1 亿元,在村里发展民宿产业。此外,荻浦村大力发展花海旅游业,通过种植季节性鲜花吸引大量游客,与农家吃住产业相辅相成,带动村民致富。至 2014 年,荻浦村成功创建 3A 级风景区,使荻浦村的发展进入新台阶。

三、荻浦村美丽乡村建设存在的问题

(一)旅游产品单一,文化资源挖掘不够

荻浦村的旅游项目主要是以参观花海、观光古建筑、体验农家美食为主(如果是跟团旅游的话,还有导游解说村落的历史文化),这些都属于较为浅层次的旅游方式,同质化严重,没有突出荻浦的文化特色,没有长久的吸引力。另外,游客无法深入感受荻浦村独特的历史文化内涵,只停留在观赏层面,参与性、体验性和趣味性较弱。

(二)经营管理不当

荻浦村的花海被外包给一家公司,而该公司的经营存在一些问题。首先,只注重"五一"和"十一"等旅游高峰期,导致高峰期内游客数量剧增,降低了服务质量。其次,为了节省成本,采用朝九晚五的工作作息,这在一定程度上限制了花海的观赏时间(有些游客认为黎明和黄昏下的花海更有意境)。再次,花海的门票价格定得过高,并且没有能让游客深入体验的游玩项目。

(三)能出售的商品少

具有纪念意义、蕴含古村文化的纪念品几乎没有。来荻浦村的游客一般是购买一些手工制作的糕点等食品,或品尝特色农家菜。

(四)缺乏专业人才

荻浦村现在最主要的发展方向是将古文化与乡村旅游融合,即打造文化旅游模式,而这必须有文化旅游管理、经营、设计和服务等方面的人才。但目前荻浦的旅游从业人员素质不高,非常缺乏这方面的高素质人才。

(五)主体意识不到位

荻浦村的乡村旅游发展主要由政府主导,村民过度依赖政府,没有主动投入乡村旅游建设中,也没有积极宣传。在政府的工作重心转移之后,缺少了政府的宣传和资金支持,荻浦村的游客数量大幅度减少。另外,在文化方面,村中目前只有非常少的一部分人积极了解、宣传和弘扬其古文化,大部分村民没有

形成一种文化自觉。

(六)宣传力度不够

大部分村民的宣传意识不强,宣传途径较少。对古文化的宣传不到位,导致荻浦优秀古文化的知名度比荻浦花海还低。

四、我们的建议

(一)深入挖掘乡村文化,丰富旅游内容

荻浦村拥有许多乡村古文化,内涵丰富,因此在进行旅游资源开发的过程中,需要充分重视这一方面的挖掘和利用,这样才可以避免"千村一面",打造属于自己的特色品牌。荻浦村可以借助古文化发展一些旅游项目,加强游客的切身体验,丰富旅游内容。例如,举办一些主题写生或主题摄影活动,既给摄影师和绘画者创造条件,也能促进旅游业的发展;恢复古造纸工艺,让游客能够体验这一传统技艺;在花海中开展一些亲子互动活动,体现荻浦的孝义文化;制作一些具有文化特色的手工艺品或者文化纪念品供游客购买,增加经济效益;荻浦村有一些特色糕点,可以尝试让有兴趣的游客亲手制作、品尝;等等。

(二)强化人才培训,引进专业人才

发展乡村旅游,人才是非常重要的。目前乡村旅游中出现许多问题的核心原因就是缺乏人才。为了获得更多的人才,一方面,可以加强与杭州市高校的合作与交流,引进一些愿意投身农村的大学生,提高人才待遇;另一方面,在经营淡季,政府及相关部门可以组织一些针对经营户和服务接待人员的培训,提高其综合素质。

(三)加大宣传力度,提高知名度

第一,加强线上营销。互联网为乡村旅游的发展提供了巨大的便利,荻浦村可以借助微信、微博、网上社区论坛、专业旅游网站等线上渠道进行宣传,例如可以发布一些图文并茂的旅游攻略和游记等。当然,在宣传时要加强对荻浦特色文化的宣传。

第二,可以与一些旅行社进行合作,共同宣传。

第三,可以同杭州本地的一些高等院校合作,创办孝义文化社会实践基地,供学生学习荻浦的孝义文化;鼓励一些专家学者到此进行研究,挖掘荻浦古村的文化内涵。

(四)调动村民积极性

农民是农村的主体,是乡村旅游建设与发展的主力军,因此需要提高村民

参与的积极性,深化村民对古文化的认知,提高其文化自觉性。可以举办一些讲座和培训,并开展知识竞赛,调动村民的学习积极性;同时,对那些积极宣传乡村特色和乡村文化的村民给予奖励。

参考文献

[1] 刘畅,许必芳.古村落旅游的文化营销策略研究:以兰溪诸葛八卦村为例[J].现代经济信息,2017(18):341-342.

[2] 张志雄.乡村振兴战略背景下乡村旅游发展研究:以漳州市为例[J].内蒙古财经大学学报,2018(6):34-37.

[3] 齐骥.依托乡土文化实现"就地城镇化"的"荻浦样本":浙江桐庐县荻浦村的调查与思考[J].中国发展观察,2014(1):12-14.

[4] 王霞.乡村振兴战略实施中农村文化建设问题研究:以浙江省桐庐县荻浦村为例[J].江苏商论,2018(11):140-141.

指导教师:傅夏仙

象山县茅洋乡民宿发展情况调研*

一、调研背景

民宿是利用住宅空间,结合人文、自然资源,为游客提供的个性化住宿场所,是住宿行业发展转型中的新热点。

浙江民宿产业是改革开放以来我国经济发展的典型。以宁波市象山县为例,其乡村创建了"民宿—民食—民游"一体化格局,形成了独特的经营体系,旅游经济总量快速增长,"十二五"期间全县年旅游接待量和收入破千万人次和百亿元大关。我们以浙江民宿发展较成功的宁波市象山县茅洋乡为调研对象,挖掘创新点并总结提升。

二、调研方式

(一)问卷调查

我们设计了调查问卷,以了解大学生对民宿的看法。问卷结果分析如下:(1)调查对象中约半数未住过民宿,但许多人愿意尝试。(2)多数调查对象会在朋友聚会、家庭出游、情侣出游时选择民宿。(3)相比于价格,多数调查对象更注重民宿的特色与体验。(4)大多数调查对象都非常关注住宿安全问题。

(二)实地调研

为了亲身体验民宿魅力、了解民宿发展现状,我们来到茅洋乡实地调研。在乡政府旅游办周世乐主任的带领下,我们调研了花墙村的中低端民宿、文山

* 本文由潘陈瀛、张嘉宁、李碧桓、李海涛、康杭颖、王文娟、罗万明、孙颖出、胡寅鹏、李辰睿合作完成。

村的高端民宿文麓雅苑,并采访了经营人员。

三、调研结果

(一)象山县茅洋乡发展民宿经济的主要做法

1. 创办旅游有限公司,统筹规划

乡政府成立蟹钳港旅游发展有限公司,统筹各项工作,累计投入建设资金3500万元。2017年建成1个游客服务中心、4个星级公厕、3个停车场、41个景点标牌等配套设施,为民宿发展提供了优越环境。公司实施规范化管理,统管客源组织和调配入住,统一消费价格和服务标准,有效规避了私自加价、安全隐患等问题。公司主要职责有:负责对外宣传推广;负责景区安全;服务民宿及旅游相关产业;提高民宿产业经济效益。

2. 中低端民宿价格实惠,服务优质

以花墙村为例,全村一半农户开了中低端民宿,价格约为300元每天。茅洋乡地理环境优越,盛产果蔬海鲜,既节省采购成本,又能让游客品尝到新鲜蔬果、野生海鲜。于游客是高档酒店体验,于民宿经营者是低成本经营,双方互利共赢。民宿氛围自由随意,游客可在客厅玩游戏、唱卡拉OK,十分惬意。

3. 中高端民宿特色鲜明

以文山村文麓雅苑为例,民宿房间多样,包括大通铺、儿童房;配置高级,有棋牌室、会议室;民宿室内装饰以书画为主题,其中陈列书法国画,入选象山非遗的鱼拓、麦秸画等;同时,将美学理念融入民宿布置,外部装饰为徽派白墙黑瓦灰砖,内部有马头墙、青砖步道。

4. 定位自驾游,走亲民路线

客源定位于自驾游、亲子游游客。游客体验到优质服务后,会推荐给亲友,从而增加了游客黏性和客流量。茅洋乡中高端民宿数量少,大多为中低端民宿,亲民的价格加上周围配套的亲子娱乐项目,对工薪阶层的吸引力较强。

5. 结合旅游资源,体验美好风光

茅洋乡因地制宜,创建拥有"山、田、海"三大主题乐园的国家级3A景区。山乐园主打骑行、品茶;田乐园主打田园采摘、皮划艇等亲子休闲路线;海乐园主打泥浆大战、滩涂抓蟹等体验游戏。同时,将村周边的象山影视城、中国渔村等景点串联,实现"食宿在茅洋乡,游玩全县景点"。

(二)象山县茅洋乡民宿经济发展的基本成效

1.经济收入增长

茅洋乡以旅游业和民宿经济为主导。2017年,茅洋乡旅游收入同比增长28.11%,旅游业增加值达4.26亿元,占全乡GDP的16.16%。[①]

花墙村中低端民宿年收入达25万元,文麓雅苑年收入达35万~40万元。民宿所需配套服务推动了当地农业、渔业发展。整个村子形成民宿经济区,收入可观。

2.文明素质提高

为提高服务质量,当地农户自觉提升素质,维护卫生、爱护公物,注重文明、遵纪守法。许多农户为减少交流障碍学习普通话。乡村独有的邻里文化使民宿之间相互监督,促进诚信经营。游客的新消费理念促进了民宿经营思路的转变,如不少民宿经营者开拓了网上预订渠道等。

3.环境风貌改善

政府的管理收入用于基建和生态保护,同时,农户环保意识普遍增强,形成了民宿经济发展的良性循环。走进茅洋乡,道路洁净,步道环绕,树木葱茏碧绿,民宿标识整齐规范。

(三)象山县茅洋乡民宿经济发展的现存问题

1.农村用地受限,基础设施不足

国家在农村用地方面限制较严,无法短时间内改变用地属性,民宿总面积因此受限,停车场、公厕、道路绿化等基础设施无法铺开,使得在旅游旺季出现资源短缺的情况。另外,为追求经济收入,茅洋乡也存在违建的情况。

2.中高端民宿缺乏人才与创意

网络中广为人知的民宿多是文创工作者主导的高端民宿。茅洋乡的民宿则多由农户住房改造而成,没有独特设计,缺乏个性元素,亟须受过专业教育、有较高文化素养的年轻人才来乡、返乡,给民宿产业带来新颖的设计创意。

[①] 高博雯、钱其杰.茅洋:全域旅游开启乡村振兴之路[EB/OL].(2018-02-05)[2018-12-30].http://www.404wx.com/read/N0qMB2l3gajVwQx43aqQYGOexE8KdAyJ.

四、分析与讨论

(一)茅洋乡民宿经济发展的分析

茅洋乡民宿经济的发展得益于以下条件。

1. 交通与基础设施开发建设

随着杭州湾跨海大桥、象山港大桥的开通,宁波市域内 1 小时交通圈,市域外上海、杭州、苏州、无锡等周边城市 2 小时交通圈已形成。城乡一体化建设加速推进,农村基础设施条件明显改善,为茅洋乡民宿经济的发展提供了有利条件。

2. 政策扶持有导向

从中央到地方,各级政府都出台了发展全域旅游的相关政策,如 2018 年的《象山县茅洋乡全域旅游发展规划》。这些政策指引着茅洋乡旅游发展的方向,给茅洋乡民宿经济发展送来福音。

3. 创立旅游公司统筹规划

茅洋乡政府创立了蟹钳港旅游发展经营有限公司,统筹规划民宿经济的发展,逐渐形成了农业与旅游业混合的多元经济结构,基础设施日趋完善,当地居民收入大幅增长。

(二)茅洋乡民宿经济发展的启示

1. 发展要因地制宜

按照 2018—2022 年的"乡村振兴战略"规划,其实施必须因地制宜,考虑地域、环境、政策等各方面因素。茅洋乡充分利用了自身沿海的地域特色、优美的环境、浙江省政策帮扶等各种有利条件,开辟了适合本乡镇的发展道路。

2. 管理要科学有效

在茅洋乡旅游业的运作过程中,科学的管理始终贯穿其中。茅洋乡采用统一管理,制定标准规范,统筹规划景区建设和对外包装宣传等,既有效地统一管理了民宿,又能统筹建设基础设施,提升了茅洋乡整体竞争力。

3. 定位要切合实际

茅洋乡的民宿经济能够实现飞跃式发展,离不开精准的市场定位。茅洋乡民宿结合自身特点,精准定位市场和选择发展模式,中高端市场、亲子游等服务定位在发展过程中始终不变,吸引了大批回头客。

4. 模式要创新突破

民宿经济的发展不是简单复制和盲目跟风,要依托特色产业,把握游客需求,全方位、全产业链地审视民宿经济的产业布局。茅洋乡在全域旅游的发展趋势下,推动民宿经济由传统的食宿、观光向休闲、体验、度假转变,开创"民宿＋"新模式,形成"民宿＋景点"产业链,取得了显著成效。

民宿的魅力不仅在于用"诗酒田园"式的生活吸引快节奏生活中渴望放松的心,还在于以民宿为载体,把资源优势转化为产业优势,从而改变农村生产生活方式,促进农村产业经济结构调整,拉动农村一、二、三产业的发展,形成"一业带百业,一业举而百业兴"的联动效应,从而真正实现城乡一体化。

指导教师:宇正香

德清莫干山民宿发展情况调研*

一、调研背景

(一)民宿的概念

民宿,最早起源于欧美,在日本和我国台湾地区发展较早,我国大陆则是由浙江、广西、云南等南部地区率先发展起来的。

目前,国内对民宿的理解与日本较为一致,主要是指农民把自家空余的房屋进行整修供游客住宿,并提供餐饮和导游服务。2017 年 10 月 1 日国家旅游局发布的《旅游民宿基本要求与评价》(LB/T 065-2017)[①],从建筑角度将旅游民宿界定为:利用当地闲置资源,民宿主人参与接待,为游客提供体验当地自然、文化与生产生活方式的小型住宿设施。

(二)经济新浪潮中的民宿旅游热

近年来,经济发展快速,人们生活水平逐渐提高,休闲娱乐时间增多,受回归乡土、返璞归真观念的影响,民宿旅游已成为休闲旅游新阶段的一种发展趋势。在经济新浪潮中,民宿旅游深受游客的青睐和推崇。

经历了近十几年的发展,民宿经济正走向产业发展的成熟期。民宿经济的快速发展,带动了当地交通、金融、餐饮、建筑和农业特产等领域的蓬勃发展。同时,民宿产业有效解决了当地就业、交通等民生问题,促进了经济的可持续发

---

* 本文由徐佳丰、骆周鑫、甘雨、唐少奇、朱希童、罗淦方、林晨、李思维合作完成。

① 《旅游民宿基本要求与评价》是国家旅游局出台的国内首个旅游民宿行业标准,该标准从民宿的定义、评价原则、基本要求、管理规范及等级划分条件等方面对我国民宿行业发展给出了指导性意见,对民宿行业的健康发展具有重要意义。

展。但是,在快速发展的背后,民宿经济也开始显现出一系列的问题。

1. 生态环境的破坏

民宿在大量兴建中已经将内在的低碳、环保、绿色等核心理念剥离,连荒无人烟的深山密林也被开发利用。开辟公路、铺设水管等建设性行为和民宿经营产生的污水垃圾等给当地自然环境带来了潜在威胁,包括环境质量退化、水土流失、水体污染、噪声污染等。民宿业过快发展也导致休闲设施建设过多、游客量渐增,若超过环境承载力,将对生态系统带来较大冲击。

2. 区域乡村文化的丧失

快速发展的民宿吸引了来自全国的游客,也吸引了诸多投资者。首先,本地农民乐于将房屋出租给外来经营者,农民向城市单向流动,业主中外来客商占比较大,这不利于乡土文化的保护和传承,加快了区域乡村文化的丧失。其次,民宿区域中出现的与周围环境不协调的建筑破坏了自然的和谐性,各种基础设施和接待设施的建设加快了部分区域的城市化。再次,当地的旅游活动发展过多影响了本地乡村的文化发展,导致乡村文化被城市文化所同化,特有的民风民俗被破坏甚至消失。

3. 发展不平衡、同质化竞争现象明显,创新能力不足

一方面,民宿发展过程中呈现较强的季节性,淡旺季明显,对当地的旅游发展造成一定的不良影响,旅游接待设施存在闲置和浪费;另一方面,民宿数量日益增多,许多民宿的外观和内饰都倾向于模仿高端民宿,使用旧木材、土坯墙、茅草、鹅卵石等材料打造怀旧感。但重复模仿造成了资源浪费,竞争导致的价格下滑又引起服务水平的下降。

4. 民宿管理不规范,服务不专业

就目前我国的乡村民宿发展现状来看,管理没有做到规范化。首先,旅游产品品质管理不规范。旅游产品没有严格的标准,部分民宿经营者受利益的驱动,导致低品质旅游产品泛滥。其次,服务管理不规范。服务是旅游产业最为重要的一环,好的服务可以促进旅游产业的发展。大多数民宿经营者没有相关的经验,导致民宿缺乏规范的服务管理,这影响了整个民宿品牌的形成。最后,环境管理不规范。经济利益的驱动和环境意识的缺乏使当前乡村民宿旅游所处的环境遭到破坏,降低了民宿的魅力,影响了民宿的长远发展。

5. 服务人才的紧缺

随着民宿经济的蓬勃发展,不仅是民宿管理人才,民宿服务人才也开始变得紧缺。如今新的劳动力难招,想留住现有的年轻人也不容易。服务人才的紧

缺,实质也体现了民宿自身发展的强大需求。人才与服务瓶颈的背后,反映的是近年来民宿数量快速增长、市场空间被压缩、平均客流量下降的现状。

(三)浙江德清莫干山民宿

莫干山坐落于浙江德清县西部山区,山峦连绵起伏,风景秀丽多姿,以绿荫如海的竹林、清澈美丽的山泉、四季各异的迷人风光等闻名于江南,享有"江南第一山"之美誉。再加上沪宁杭"金三角"地理中心的区位优势和深厚的历史文化底蕴,使得莫干山具有与生俱来的民宿发展优势。

莫干山是国内较早发展民宿的地区。2007 年,南非籍游客高天成到莫干山旅游,被当地的自然和人文环境所吸引,租下了当地闲置民居,创立了"裸心谷"民宿,由此开启并带动了莫干山民宿产业的发展。

作为国内"洋家乐"民宿经济发源地的浙江德清,乡村民宿已经成为其乡村旅游的重要支撑,探讨其在民宿发展过程中遇到的问题及相应对策,对于引导国内乡村旅游的转型升级具有重要意义。

二、调查目的、调查对象与调查情况

(一)调查目的

本次调研,小组实地考察当地的民宿,与民宿的员工、管理者及投资者进行访谈,了解他们对民宿行业的理解与认知、民宿目前的经营状况、发展民宿的对策、当地政府对民宿的支持政策等,希望对莫干山地区的民宿行业做一个较为全面的了解,并对当地民宿的进一步发展提出建议。

(二)调查对象

由于时间关系,本次调查选择了三家民宿作为调查对象。①莫干山黄郛山庄,莫干山镇燎原新村庾家 9-1 号,2016 年开业;被采访者:前台员工。②莫干山谧园精品民宿,莫干山镇石颐路 282 号,2017 年开业;被采访者:店长。③莫干山郡悦山居,莫干山镇劳岭村劳岭脚下水库旁,2018 年开业;被采访者:经营者。

(三)调查情况

1.民宿成本和利润问题

通过调查了解到,德清当地的精品民宿成本均超过 1000 万元,大多数由具有一定资本实力的投资者所建造与经营。而一家精品民宿的回本期在 5～6年,网红民宿则在 3 年左右,具体时间需根据该民宿的经营情况而定。

2.民宿的经营理念

不同年龄段的经营者在民宿的经营理念上有较明显的差异。据了解,当地民宿经营者的年龄多在30～40岁,而这些较为年轻的经营者多是从商业角度来建造、装修与经营民宿的。正如谧园的老板,在具备情怀的同时又拥有商业头脑,他经营的民宿独具匠心,形成独特的风格,深受旅客的欢迎。少数40～50岁年龄段的经营者,如郡悦的老板,经营民宿主要是出于个人的情怀,更加看重山野之间的环境、氛围及人情味,对经营利润则没有特别强烈的需求。

3.民宿的入住率

旺季1月、7月、8月和法定节假日基本都会住满,淡季时则在周五、周六入住率比较高。

4.德清民宿所处发展阶段

德清民宿作为全国民宿的领头羊,经过几年的发展,现在接近于瓶颈期,但是就全国而言,民宿行业仍处于上升期,即民宿的发展规模只增不减。同时,各地政府加强了对民宿行业的标准要求,对经营许可证把关更加严格,在保证当地已有民宿经济收入的同时,力促更多精品民宿的诞生。而各网红民宿的经营者,也会根据时间的变化调整经营策略。

三、德清莫干山发展民宿的主要做法

政府在莫干山民宿的发展中起主导作用。针对莫干山民宿的发展情况,德清政府出台了一系列政策,在很大程度上促进了当地经济、生态的平稳良性发展,形成了民宿行业相互学习、相互促进的良好竞争氛围,助推了民宿行业整体提档升级。

(一)针对人才缺失

莫干山创新性地实施了"留住人"举措——创建民宿学院。在莫干山,我们了解到当地民宿行业协会自发创建了民宿学院,为行业发展培养人才;部分连锁民宿内部还成立了管家学院,为企业的长久发展培养管理人才。这些都为当地民宿产业"留住人"做出了探索和实践。

(二)针对生态环境破坏、区域乡村文化的缺失及服务管理不规范

德清围绕城乡体制改革重点领域,决定从城乡规划建设、经济运行、公共服务与社会管理、生态环境四个方面着手,制定全面统一的城乡一体发展标准化体系,并在2016年6月发布了《德清县城乡一体发展标准化建设方案》,提出了城乡一体发展标准化建设的总体要求和主要任务。

此外,德清还制定并发布《城乡保洁一体化作业规范》等 8 项地方标准,起草小型水利工程和水利标识、农村产权制度改革等 10 项地方标准。其中,《乡村民宿服务质量规范》被列入国家标准制定实施计划,成为德清县首个列入国家标准制定的地方标准规范,不仅对涉及民宿安全、卫生等方面的重要指标用量化方式进行统一规范,还针对服务要求、主题特色等方面,用定性方式明确总体原则和要求,以预留乡村民宿发展的自由空间,对乡村民宿发展起到引导示范效应。

(三)针对发展不平衡、创新能力不足

莫干山推出了"千里走单骑"项目[①],由艺术酒店及民宿、非物质文化遗产工匠区、餐饮购物体验馆、美术馆、种养殖基地和儿童产业园等多种新兴乡创文旅业态交互组成。此外,莫干山政府正在围绕民宿产业,打造全年的旅游产业链。根据四季轮替,春天举办赏花节,夏天度假纳凉,秋天上山看野趣、举办越野赛等,冬天举办年俗文化节。另外,在旅游项目上,莫干山还将引入影视基地,并辅助文化产业。2018 年,莫干山镇还正式启动了全镇大花园建设,计划使全镇 18 个村达到 A 级景区全覆盖。

(四)针对全国各地区民宿文化同质化

目前,德清正在建设地理信息小镇,这是浙江省首批 37 个特色小镇之一,也是联合国地理信息国际论坛永久会址所在地。在这座弥漫着地理信息元素的小镇中,各种智能管道机器人、智慧灵巧的无人机、轻巧简便的测绘仪器等地理信息产品让人赞叹不已。国内首家专业地理信息众创空间"地信梦工场",引进了全球领先的"微波特性测量与仿真成像"整套科研设备,引发参观者浓厚兴趣。此外,莫干山还留有民国时期的底蕴,其中,有毛泽东下榻的皇后饭店、蒋介石携宋美龄度蜜月的武陵村、周恩来与蒋介石进行国共和谈的白云山馆、资本家杜月笙和张啸林的别墅……历史的加持、名人的足迹给莫干山增添了一丝韵味。

四、德清莫干山民宿发展的基本成效

莫干山民宿在超过 10 年的发展历程中,共经历了三个不同的历史阶段,分

---

① 民宿品牌千里走单骑联合业内四家民宿品牌(大乐之野、蕾拉私旅、过云山居、紫一川),共同制定集群发展联盟公约,评估其他合作品牌资质,带着自身擅长的不同业态进驻,共同将这个片区做成能承载多维度度假需求的综合性度假目的地。

别对应三种不同的特征与形态:从以"裸心谷"为代表,走旧房改造之路,基本保持着房屋的原结构、体现美式乡村风格的"1.0 版本",到逐渐闻名全国的"2.0 版本",再到如今开始走精品化、高端化的路线,由团队操作,开始走酒店化、标准化道路的"3.0 版本"。其间,莫干山民宿也遇到了种种困难,但德清人凭借自己的智慧披荆斩棘,朝打造全国第一民宿经济体的目标勇敢迈进。如今,莫干山民宿经济正迎来产业的成熟期。民宿经济的快速崛起,也带动了当地金融、客运、餐饮、建筑装修和农业特产等产业的发展,拉动了县域经济转型。旅游产业俨然已经成为当地支柱型产业。

目前,莫干山已经聚集了 550 多家民宿,其中精品民宿有 56 家。据统计,2017 年德清县以民宿经济为龙头的乡村旅游业接待游客 658.3 万人次,同比增长 17.9%,实现直接营业收入 22.7 亿元,同比增幅达 36.7%。2018 年春节期间,莫干山接待国内外游客 17.83 万人次,实现旅游收入 1.96 亿元,其中民宿接待游客 5.46 万人次,直接营业收入达到 6100 万元。[①]

五、调研总结

德清莫干山依托乡村旅游,从一个不知名的小县城成长为全国知名的民宿经济体,这一成就的取得虽然离不开它得天独厚的地理环境优势(与杭州、上海相邻,风景秀丽的乡村风光,遗留的民国底蕴),但更为关键的是德清积极响应中央关于美丽乡村建设的号召,在民宿发展过程中敢于创新。从率先出台全国首个民宿行业旅游标准《乡村民宿服务质量规范》(被列入国家标准),创造性地推出"千里走单骑"项目,到建设地理信息小镇,创建民宿学院等,可以说,是良好的大环境,加上对自身优势的合理利用,辅之以不怕困难、敢于创新的人文魅力,造就了现在的德清,造就了这个被《纽约时报》评为"全球最值得去的 45 个地方"之一的小镇。

通过实地采访,我们小组发现,莫干山民宿发展虽然处于国内前沿,但与国际标准还有一定差距。最直观的问题是交通线路较单一,道路狭窄。此外,关于民宿未来的发展与民宿产品的经营,我们也提出了以下建议。

(一)创新发展思路,打造民宿品牌

创新是第一要素。民宿业可以通过投融资方式不断吸引外来资本,将政

---

① 卢常乐,周融.解码莫干山民宿:现代服务业规模化登陆乡村[N].21 世纪经济报道,2018-03-19.

府、投资者、艺术家和村民等参与主体组织起来,不仅要有资本融合,而且要有思路碰撞、经营创新,发展区域集群化的民宿,以"民宿"的思路重构乡村休闲旅游体系,打造富有地方特色的民宿经营发展模式。

(二)融入当地文化,提升民宿产品附加值

乡村民宿中不少是外来文化人投资,其经营难免出现水土不服。如果对当地文化缺乏深刻理解,可能会把民宿弄成"四不像",导致投资失败。民宿经营者亲自动手用当地食材做早餐,并亲自解说当地人文景点,这样的旅游体验与商务酒店的住宿体验完全不同。民宿经营者不能仅仅把民宿当成提供住宿的地方,而是要将之打造成一个有意思的农家生活体验场域,这样才能提升民宿文化附加值,丰富民宿文化内涵。

(三)创新营销模式,推动"互联网+民宿"发展

调查显示,目前有 60% 左右的民宿经营者依然使用传统营销模式。因此,充分整合现有资源,开拓融合互联网、移动互联网技术的先进营销模式,已经成为民宿经营的当务之急。"互联网+民宿"的发展空间很大,民宿业要把建设民宿网络平台作为一件大事来抓,不仅为游客提供网络交易方便,而且提供住宿、餐饮、娱乐、购物、文化衍生产品等一揽子解决方案,进一步拉长休闲民宿的产业链。

在全域旅游兴起、民宿旅游大发展的背景下,德清莫干山民宿虽然走在前沿,但仍然有巨大的发展空间。只要进一步厘清战略发展思路、提供良好的配套设施与优质的运营管理服务,最终一定能加快德清莫干山民宿质量和知名度的提升,促进德清旅游产业的联动发展。

指导教师:任凭

松阳县民宿发展情况调研[*]

一、调研背景

改革开放以来,我国经济社会快速发展。与发达国家曾经经历过的情况相似,在城市化发展到一定阶段后,人们便会对乡村生活心生美好向往,开始出现"逆城市化"需求。于是,乡村休闲便成为时下相当一部分城市人群追求的度假方式,并逐渐成为一种全新的旅游文化潮流。顺应这一需求,近年来有众多社会资本大规模进军乡村度假行业、大兴土木做增量。与此同时,也有不少人把眼光放在了即将消失的传统民居文化上,发现这些乡土建筑原来是文化的根脉,是乡村休闲文化无法复制、不可多得的重要设施,民宿经济就是在这一背景下逐渐兴起的。

亲历一地的民宿,应该能让我们对其更有独特的体会,于是我们选择了松阳。作为一个典型的民宿发展地,松阳这座美丽的江南小镇有着得天独厚的自然环境和人文环境,同时,政府的大力支持也让民宿这一产业在松阳蒸蒸日上。

二、调研方法

为了全面了解民宿这一产业,我们采用了问卷调查、实地考察、人物采访三种方式进行调研。

问卷调查方面,我们提出了一系列关于民宿的基本问题,主要了解目前民宿这一新兴产业的知名度和人们的了解程度。由于受访者主要为大学生,所以我们的结果也主要来自基于大学生群体所做的分析。调查结果显示:民宿已经

[*] 本文由李一方、涂辉、梅元韦、胡怡萍、杨鸿玥、陈昊阳、吴俊杰、李剑锋、杨佳禾、张馨伊合作完成。

越来越多地被人熟知,且有过民宿住宿经历的人不在少数;网络时代信息发达,人们也越来越多地通过网络去了解和选择民宿,同时,民宿也是推荐率很高的旅游产品之一(这是优质、舒适民宿的生命力得以无限延伸的重要原因之一);在民宿类别的选择中,真正还原乡土文化、尊重传统的民宿才是游客们所青睐的。在高度现代化的今天,民宿周围的现代化设施也备受关注。针对民宿周边最看重的环境的调研显示,民宿本身所代表的自然环境与餐饮娱乐文化都是游客所关注的。在民宿的价位上,调研结果显示,目前民宿价位普遍较高,也许是因为调查对象大多为经济仍未独立的大学生。当然,传统民宿如果与快捷酒店价位类似实在有些让经营者为难,但随着民宿发展越来越成熟,体系越来越健全,民宿价位的亲民化还是可以实现的。

实地考察方面,我们组利用一个周末时间,专程到松阳体验民宿文化,探寻古巷深山,寻找那些隐匿中的民宿。我们实地探访了多个民宿,并有幸得到店家的允许,在房间中逐一参观。有些民宿藏于深山之中,需要爬一段山路才能找到,居住在里面,着实有种与世隔绝之感。当你真正走进其中,仿佛置身另一个世界,在工作日里积攒的劳累与困乏、生活中的那些琐碎,顿然消失不见了。这大概也是民宿这一产业能在当今社会占据一席之地的原因吧。

人物采访方面,我们分别选择了松阳群众、民宿店家和民宿附近居民三个较有代表性的群体进行采访。在对群众的访谈中,我们了解到当地居民普遍看好民宿的发展,也对民宿给松阳带来的变化给予肯定。在对民宿店家的采访中,我们询问了许多有关民宿本身的问题。店家中有土生土长的本地居民,想要把自己的家乡分享给更多人;也有外来者,希望给松阳地区注入新鲜活力。总而言之,他们都热爱这里,热爱自然,热爱他们的民宿,也真诚欢迎远道而来的每一位客人。在与民宿附近居民的闲聊中,我们则能深切地体会到民宿开发之后对他们生活带来的影响。在"热闹了嘛,人多了嘛,生活好玩了嘛"的乡音里透着喜悦,透着他们对这片土地最真诚的热爱,也透着他们对自己生活着的这片土地上的这份美景和闲适越来越多地被外来游客同样地接受着、热爱着、分享着的那种骄傲和自豪。

与其他调研或许可以从资料中得出结论不同,民宿这一满载风情的新兴事物,只有真正走进其中去体验,才能感受这一新兴事物的蓬勃朝气和独特魅力,才能了解这一产业对周边居民环境带来的改变和影响。

三、松阳县民宿经济发展的原因

(一)合适的发展条件和机遇

1.自然和人文条件优越

松阳地处浙西南山区、瓯江上游,建县于东汉建安四年(公元199年),是浙江省首批历史文化名城。境内现保存有100多座格局完整的古村落,其中入选住建部、文化部、财政部等七部委评选的"中国传统村落"的就有71个。同时,松阳县自然风光优美,山地占76%,耕地占8%,水域及其他占16%,可谓"八山一水一分田"。良好的人文历史底蕴和优美的生态环境,使松阳县具有发展民宿的良好基础。

2.知名度提高

近年来,松阳县的知名度不断提升。2013年4月的《中国国家地理》杂志以30多页的专题报道将松阳称为"最后的江南秘境"。实地考察过松阳的清华大学建筑学院副教授罗德胤对松阳有如下评价:"假如时光倒流十几年,'古典中国'的桂冠一定轮不到松阳来戴。但是现在,江南核心地区的传统村镇大多消失殆尽,松阳反倒成了'一号种子选手'。"媒体对松阳的这些介绍,引发了广泛的社会关注,顺势带动了松阳的第一拨游客潮,为松阳民宿发展积累了良好的舆论基础。

3.政府力倡科学的发展理念

松阳市政府较早接受了"活化保护"的观念,并于2013年10月率先出台了《关于开展传统民居改造利用工作的实施意见(试行)》,明确了传统民居改造利用的目的、意义、改造原则、主要对象、改造模式、改造标准、政策措施等。如何在发展经济的同时,保护和发展这些古村落,是当地政府关注的重点,而民宿经济是兼顾发展与保护的最佳结合点。

4.社会"逆城市化"需求上升,目标群体增加

在城市环境问题日益突出、自驾游增多的趋势下,纯观光型旅游正逐步向休闲深度游转变。在这种"逆城市化"转型中,藏在深山之中、生态良好又有深厚文化底蕴的古村落成了现代都市人逃离污染、远离喧嚣、安顿心灵的桃源胜地。

5.基础建设相辅相成

2017年,浙江省发布第94号红头文件《浙江(丽水)绿色发展综合改革创新区总体方案》,提出打造践行"绿水青山就是金山银山"全国标杆和"诗画浙江"

鲜活样本。方案还提出,要重点打造形成连接省、市、县、乡域 1 小时快速交通圈,这就进一步推动了当地机场、高铁、高速公路的建设,松阳发展古村落民宿产业前景广阔、大有可为。

(二)政府的大力支持

1.政府资金补助

2016 年 3 月 1 日,国家发改委等 10 个部门发布了《关于促进绿色消费的指导意见》,其后对民宿的支持发展成了相关部门的重点工作。各地相继颁布地方管理办法和补贴扶持方案。松阳县人民政府办公室印发了《松阳县关于推进民宿经济发展实施意见(试行)》的通知,提供了包括民宿改造补助、民宿经营补助、民宿营销补助、民宿特色村建设补助在内的多种补助形式,支持民宿业的发展,在民宿的起步阶段给予了大力支持。

2.政府协调资源配置

最初,古村落居民对外来人员持怀疑态度,对民宿经济信心不足。一方面,当地农民对设计民宿一筹莫展;另一方面,外来资金及人力无法与当地资源有效对接。为此,松阳县政府出面牵线,帮助村民出租老宅,出面聘请知名设计师,在老宅基础上遵守"修旧如旧"的原则进行改造。另外,采用了多种形式推动民宿经济的发展。比如采用"党建＋民宿"的形式,带领农户抱团发展,推动民宿产业规模化、品牌化。据不完全统计,全县有 5000 多名农村基层党员投身民宿经济,推动松阳加速变身"大花园"。

(三)民间资本及人才引进

1.外地工商资本涌入

这几年,一些设计师、酒店从业者、企业家、媒体人及其他对民宿行业有点了解的人,被松阳当地的优美景色,或被"最后的江南秘境"这样的说法吸引过来,在松阳当地的上百个村庄里就着景致寻找合适的房子,并在当地村、县政府的支持下,签下十多年的长期租约,投入松阳民宿经济的发展中。比如:"先吃螃蟹"的过云山居,是松阳第一个外来创业民宿品牌,由来自苏州的 3 个年轻人(李超骏、潘敬平、廖敏智)合伙开设,共有 8 间客房;31 岁的项颖颖因看中了界首村一处有 90 年历史、名叫"卓庐"的农家合院,便从银行辞职,筹资将这个传统民居改造成民宿;"云端觅境"的投资者、在杭州从事建筑设计的沈军明,在西坑村租下了几栋老房子改造成民宿,一开业就吸引了上海等地的不少游客。他们的加入,为松阳民宿经济发展提供了启动资金,同时带来了比较专业的经营理念。

2.优秀设计师的加盟

平田村入口处的两栋黄泥房,看起来与其他地方并无二致,但走进去却别有洞天,柔和的灯光、精致的雕花窗、敞亮的天窗……现代装饰风格与传统质朴的黄泥房完美融合,既有原有的泥土味道,又保证了舒适性。这里本是村里最破败的两栋房子,"化腐朽为神奇"的正是松阳县政府引进的优秀设计师——哈佛大学建筑师徐甜甜。

香港大学教授王维仁改造的平田村四合院餐厅、徐甜甜打造的农耕博物馆和中央美院何崴设计的爷爷家青旅,都让人印象深刻,在保持古建筑原貌的同时,融入现代建筑元素,使古建筑重新焕发了生命力,给游客以极佳的体验。

四、松阳县民宿经济发展现状

(一)各民宿经营概况

1.各村民宿均价(每天)统计

西坑村	
松阳云里听蛙民宿	均价400元
丽水观云阁客栈	均价400元
松阳过云山居精品酒店	均价1000元
松阳云端觅境精品民宿	均价1000元
平田村	
松阳云上平田归云居精品民宿	均价700~1000元
界首村	
松阳福满堂客栈	均价200
松阳卓庐若家精品民宿	均价600~1400元
大木山村	
松阳草木堂·隐泉民宿	均价300~500元

2.各地民宿运营情况及普遍问题

(1)松阳云里听蛙民宿

民宿周围环境优美,民宿布置结合农耕题材,加上民宿主人的文化气息,让云里听蛙显得古朴而又不失现代感。民宿内提供的农家菜品均为自产绿色食品。但民宿对入住信息的更新不够及时,游客在网上预订时可能遇到不便。

（2）丽水观云阁客栈

民宿房间舒适，店主待客热情。民宿内提供的食材均是自家种植。但民宿内公共卫生的清扫不够及时，厕所有时会有异味。

（3）松阳过云山居精品酒店

从 2015 年 8 月开业至今，过云山居一直保持几乎 100％的入住率。过云山居两栋主建筑均为坡顶传统风貌，一栋为传统干打垒黄泥房，一栋为砖混结构。共有 8 间客房，以云朵命名，客房面积 30～50 平方米，另有山景一流的"过云轩"公区和 200 平方米的云海露台。极高的入住率，主要得益于过云山居精准的选址：过云山居海拔约 650 米，位于西坑村最靠近山崖的绝佳位置；三面山景，视野一览无余，直接面对着落差近 500 米的 V 字形峡谷过云谷；每年更有 150 天时间可以看到缥缈云海，是江南第一家主打"赏云"主题的精品民宿。同时，住宿空间大，设施齐全。店家服务周到，细心引导游客上山，当天山间气温、安全等事宜都一一告知。但周围娱乐项目较少，只有农村老房用于参观。

（4）松阳云端觅境精品民宿

2017 年正式对外营业，有 9 幢古宅，古宅占地面积约 2000 平方米。内配咖啡厅/酒吧、露天酒吧和观景平台，总面积约 1250 平方米。依山而建，位置很好，空间丰富，设计精致，新建筑和老建筑结合得很自然，内部硬件设施符合精品酒店的要求。问题也有：饮食方面提供的选择较少；房间打扫不够及时，民宿房顶角落有蜘蛛网；停车位较为紧张。

（5）松阳卓庐若家精品民宿

位于道路旁边，交通方便，停车位充足。卓庐若家本身由古宅改造，且所处的村庄属于待开发的比较原生态的村庄，周围有古街，还有不少古宅。店家待客热情，服务周到，会给房客介绍当地的一些民俗文化。由于刚开业，没有合适的厨师，中、晚餐需要去村子里的另外一家民宿（传统民居）吃，略有不便。

（二）初步总结

过云山居、云端觅境、云上平田等民宿的成功，主要由于经营者前期良好的规划、后期有效的宣传及日常妥善的经营，所以整体状况较好。各村民宿店家大多随和热情，同时各民宿在主打住宿的同时也经营绿色食品、特色手工等其他项目。但仍然有相当一部分民宿或多或少存在公共卫生欠佳、就餐不便、公共基础设施配套不全、休闲方式单一等问题。与此同时，整个松阳民宿的发展都呈现出单线化趋势，点状分布，相应的旅游开发没能跟上，游客来到当地大多只有参观古建筑这一种放松方式，民宿经济产业链出现断层现象，对民宿业的长期发展造成一定影响。

(三)民宿经济产生的影响

1. 正面影响

(1)经济效益显著

拉动了松阳县经济的发展。民宿业的发展极大地拉动了松阳经济的发展。据统计,2017年前三季度,松阳县共发展农家乐民宿420家、床位数3700张,共接待游客130.3万人次,实现经营总收入7886.7万元。

改善了农民收入结构,提高了农民收入水平。民宿旅游使得农民自用住宅空闲房间得以利用,并带来一笔可观的收入。这种创业性收入,成为农民收入结构中重要的一部分。同时,当地农产品快速升值并进入市场,也使当地农业收入大幅增加。总的来说,民宿经济发展让财产性收入、创业性收入、农业收入、工资性收入叠加组合在一起,为农民增收打开了一个广阔空间,使农民收入拥有了更完整、更稳定、更丰厚的多元结构。

(2)保护传统村落,传承风俗民情和文化价值

据统计,目前全国保存下面的传统村落还剩下2000多个,而在2005年这个数字是5000个左右。为抢救传统村落,松阳专门成立了"名城古村老屋保护发展"工作领导小组。2017年以来,全县培训木匠、瓦匠、电工、油漆工等工匠600多人,专事老屋修缮。目前,松阳处于修缮状态的老屋有94栋。每周,关于维修的进展都有一个报表。到2017年年底,列入计划的老屋将全部完成修缮,已经持续3年的232座宗祠修缮工程将全部完工。民宿经济坚持"修旧以旧""活性保护"的古建筑维修原则,在现代化进程下有效保护了古村落。

同时,民宿经济吸引了大量进城农民工回乡创业,让一个个空心村逐渐恢复了生机,为涵养和保存民俗提供了良好的环境。民宿经济发展不仅让农村风俗民情和文化价值成为重要的旅游资源,更让保护、传承、发扬传统文化成为一个无可取代的活跃常态。同时,民宿带动的旅游业的发展,使当地的民俗文化得到极大的开发和保护。

(3)推动农村生态文明建设

民宿经济发展需要洁净环境和美丽山水,从而让农村生态建设进入一个新的境界。千年难改的"脏乱差"不复存在,都市现代化的宾馆标准配置进入寻常百姓家,整改后的山水是多么婀娜多姿,舌尖上的安全可以让游客无所顾忌地大口嚼食土猪肉。这一切告诉我们,农村生态文明建设,千百年来都难以撼动的一些东西,多年来行政号召整治也无多大起色的现象,在民宿经济市场作用

下，在这么短的时间里，让所有的一切都发生了变化。

2. 负面影响

一些商家从经济利益出发，快速而大规模地开发民宿，忽视乡村和古建筑的历史文化价值，对传统民居进行肆意改造。譬如近几年一些开发商在风景秀丽的乡村或山林保护区，邀请知名设计师，依照自己的美学理念大肆修建民宿或乡居别墅，认为这样可以重塑美丽乡村。或是将开天窗、无边界泳池等作为民宿改造的必备元素，造成乡村建筑风格突兀，甚至存在违章搭建等问题。更有甚者，很多老村落、建筑、桥梁和房舍因此被破坏乃至推倒重建。这种急功近利、不结合实际情况的做法给古村落带来了极大的破坏。

五、松阳县民宿经济发展存在的问题及解决建议

(一)存在问题

第一，民宿功能比较单一，服务较为相近。这些民宿的功能大多只停留在吃住、看风景、买土特产方面，看的景有限，能买的土特产也很少，体验性参与性项目更少，即使有，也是很简单的采摘等体验活动。打造的多为画家村、摄影村，游客多为美术学院的学生和一些摄影爱好者，客源比较单一。而功能单一也造成留人比较困难，难以实现可持续发展。

第二，民宿景观单一，缺乏村落特色。松阳县的民宿客房大多建成类似于宾馆的标准客房，有些会用竹编制品、坛坛罐罐的灯饰、古朴的长条桌等加以点缀，但客房设施一般都较为简陋，既缺乏村落独有的特色，也缺乏文化氛围，容易造成审美疲劳，难以满足都市人群对休闲生活的品质要求。

第三，个性化服务项目缺乏，可持续发展动力不足。多数民宿提供的服务缺少个性主题，忽视了农业资源、民俗文化的可展示性，没有让民宿成为旅游文化的一部分。现有的个性化服务项目仅限于做些特色小吃、开展相关文化节等活动，与市场上很多项目雷同。

第四，部分民宿定位失准、客源不稳，导致故事性缺乏、人情味流失、地方性消失、乡村性遗失等突出问题。

第五，民宿经济的市场关注度持续走高，多元主体竞相涌入民宿产业，导致租金上涨、竞争加剧，压缩了民宿产生的经营收益；同时，房东单方面撕毁合约的情况也时有发生，民宿经营者的权益无法得到保障。

(二)解决建议

1.经营主体方面

第一,充分科学规划,为民宿产业差异化发展奠定良好基础。松阳县的民宿产业还处于起步发展阶段,仍需科学规划,找准定位,锁定目标客户群体,把握当地特色,为民宿的长期发展奠定良好基础。

第二,合理利用资源,形成民宿产业差异化发展的良好模式。科学合理地利用古民居资源、环境资源、人文资源及农林渔牧等生产活动,发展特色化、主题化民宿,提升民宿的内涵,增强村落的活力,丰富游客体验。

第三,加大梯形开发,满足民宿产业差异化发展的市场需求。发展民宿要研究客户在哪里,他们需要什么,要围绕客户需求发展特色民宿,针对不同群体的不同需求发展不同类型的民宿,根据不同年龄、不同功能、不同个性来发展主打年龄段专区、特色功能专区、个性化专区。

第四,加快组团联动,组建民宿经营团体,为民宿产业差异化发展提供优质服务。组团联动可以形成规模效应,抱团经营可以极大提升松阳地区的行业竞争力,同时有利于提高松阳地区民宿的经营水准,更好地满足客户需求,形成品牌。

第五,寻找商业与情怀之间的平衡,"卖生活"而不是"卖住宿"。真正的民宿,不应只是有住宿功能的场所,也不应是农家乐的替代品,而是一种新的生活方式的载体。每一家设计独到的民宿都承载着开发者的理想,它虽然没有高级奢华的设施,但却能让人体验当地风情,感受民宿主人的情怀,体验别于以往生活的一种全新的生活方式。

2.政府和村委会方面

第一,引导村民参与,保障村民权益。引导村民参与旅游活动,如让其参加旅游开发的决策、旅游管理与维护,分享旅游发展收益;让其得到培训和就业的机会,提高村民参与民宿发展的能力,鼓励村民参与商业经营。建立有效的社区参与机制,村委会需协调各方利益,对于民宿开发商,村委会应该应提高门槛并给予积极的引导,引导民宿开发兼顾当地村民的切身利益(严格准入,合理开放);同时,村委会应加强与村民的沟通,认真听取当地村民对民宿发展的看法,响应他们的诉求。

第二,加强管理,完善民宿行业监管体系。政府需要制定并完善适用民宿业的消防、土地等方面的法律法规,为民宿经济的发展保驾护航。加强对本地村民的教育和对旅游者的管理,一方面,大力宣传,增强当地村民的自豪感和归属感,保护地方特色文化;另一方面,切实加强对旅游者的管理,减少旅游者不文明行为所带来的负面效应。

第三,加强服务。改善基础设施与配套设施,提升旅游吸引力。以民为本是旅游与民宿发展的出发点和落脚点,在民宿发展的各个阶段都应该考虑原住民的感受,要提高原住民对民宿的支持力度,必须完善各基础设施、配套设施建设。同时,改善民宿区域交通状况,提高通行便利程度,增强区域民宿吸引力。

第四,合理使用政府权力,协调好政企关系。要实现政府强力推动与民宿业自我发展规律关系的协调、大企业大资本的进入与民宿小微投资之间矛盾的解决、民宿个性化发展与连锁化发展之间的平衡。

第五,推动开发当地民俗文化及历史文化资源,增强松阳县历史文化吸引力,培育松阳特色,为丰富民宿旅游提供良好支撑。

参考文献

[1] 陈静.民宿:徘徊在情怀与商业之间 热发展已现冷思考[N].中国旅游报,2016-10-21.

[2] 周琼,曾玉荣.台湾民宿发展分析及其启示[J].中国乡镇企业,2013(9):64-68.

[3] 蒋佳倩,李艳.国内外旅游"民宿"研究综述[J].旅游研究,2014(4):16-22.

[4] 丽水市农办:县(市、区)农家乐民宿扶持政策要点[EB/OL].(2016-04-18)[2018-12-01]. http://www.lishui.gov.cn/zwgk/zwxxgk/002645902/02/201606/t20160602_995420. html.

[5] 浙江松阳:民宿产业助力农村经济发展[EB/OL].(2016-08-16)[2018-12-01].http:// tour.dzwww.com/shandong/picnews/201608/t20160816_14780391.htm.

[6] 鲁晓敏.瓯江上游 一片残存的江南田园[J].中国国家地理,2013(4).

[7] 任远."江南秘境"松阳:传统村落在这里苏醒[N].中国文化报,2016-11-22.

[8] 孙丽雅,聂伟霞.前三季收入近八千万 420家农家乐民宿唤醒松阳古村[EB/OL].(2017-11-12)[2018-12-01].http://green.zjol.com.cn/201711/t20171112_5623621.shtml.

[9] 施晓义,雷晓云,孙丽雅.听,好一曲"光阴的故事":松阳全力以赴保护利用传统村落[N].浙江日报,2017-08-30.

指导教师:杨冀辰

临安白牛村

—— 浙江农村淘宝的一个缩影*

一、调研背景

近年来农村淘宝悄然兴起,并以不可遏制的势头迅猛发展。据阿里研究院发布的《2017 年中国淘宝村研究报告》,2017 年,全国共有 2118 个淘宝村和 242 个淘宝镇。从地理分布上看,大部分淘宝村集中在东部沿海地区,其中浙江以 779 个淘宝村遥遥领先。[①] 临安白牛村就是浙江淘宝村中的一个佼佼者。

白牛村坐落在杭州市临安区昌化镇,是一座历史悠久的小山村。白牛村村名来自村中以白牛命名的古老的独拱石桥。白牛桥下的白牛河由昌化溪和沥溪两条溪交汇而成,桥下水流平稳,河面也挺宽阔。据了解,在清朝末年及民国时期,这里依托白牛河的水运优势运输货物,是徽商必经之地,也是昌西昌北商贾必到之处,因此也曾繁荣一时。现如今 02 省道重新将白牛村与外界连接了起来。白牛村距昌化镇 4 千米,交通方便。自 2014 年白牛村与周边村庄合并后,现有土地面积 535.14 公顷,农户总数为 551 户,总人口达到 1543 人。

白牛村的电子商务发展始于 2007 年。我们小组经采访了解到,在此之前白牛村还是一个以传统农业为主的村庄,2007 年有一农户受自己亲友网店经营成功的启发,尝试在网上销售当地特产——山核桃,获得了良好的收益。至此,白牛村的农产品电商销售开始起步。村民们看到了其中巨大的经济效益,纷纷

  * 本文由国兆一、龚婉欣、陈杨、洪怡、程静、梦美、周豪鑫、杨浩、宗明瑞、缪珊、韩潇合作完成。

① 阿里研究院. 2017 年中国淘宝村研究报告[EB/OL]. (2017-12-13)[2018-12-01]. ht-tp://www.askci.com/news/chanye/20171213/101849113875. shtml.

效仿。直至现在,白牛村渐渐形成了从收购、加工到出货的比较完整的产业链。他们依托周边丰富的山核桃资源,通过定点山核桃种植农户提供货源、炒货企业加工、电商农户销售的模式,开启了白牛村"互联网+坚果炒货"的新时代。目前,白牛村已拥有电子商务网店 68 家。白牛村网上销售额逐年攀升,2016 年销售额达到了 3.5 亿元。白牛村村民的致富之路吸引了许多游客慕名来此地参观,也让白牛村成为"中国四大淘宝村"之一。

二、基本成效:淘宝给白牛村带来的变化

在对白牛村的实地调研中,经村党支部书记金土根对接,我们对白牛村村委委员、妇女主任严永妹进行了访谈,同时采访了"盛记炒货"的叶盛老板、山核桃加工厂"天玥食品"和一家名为"山里福娃"的电商网店的工作人员以及其他一些村民,并在村子里对村民做了随机采访。我们在调研中感受最深、收获最大的是亲眼看到淘宝给白牛村带来的变化和发展,就像阿里巴巴集团副总裁、阿里研究院院长高红冰所说,数字经济为中国乡村振兴提供了一条非常好的道路,创造了一种新的中国方案,淘宝村已成为乡村振兴的先行者。①

(一)经济效益极大提高

电子商务在全村范围内的开展给白牛村带来了巨大的经济收益。全村现有的 68 家淘宝店,营业额从几十万元到几千万元不等,所获得的经济收益要远远超过之前的传统农耕经营的收益。白牛村村民富起来以后,生活水平有了很大的提高,同时也带动了周边村落的发展。

在调研过程中,我们发现白牛村的村容村貌明显好于其他的山村。道路两旁矗立着三层或四层的小别墅,家门口的空地或车库里停着锃亮的小轿车,村民的房子大多新刷了白漆,看起来格外的雅致独特。我们采访了村里一位经营供销社的老人,他谈到,自淘宝店兴起后,村子里几乎所有的房子都重建了。他还自豪地指着自家房子说:"这个房子是我两年前刚刚盖起来的,是全村最高的房子!"通过这些细节不难感受到,电子商务给白牛村村民脱贫致富、实现共同富裕提供了一条非常切实可行的渠道。

(二)人口年龄结构趋于年轻化

农村人口的老龄化和农村"空心化",是中国农村存在的越来越严峻的问

---

① 阿里研究院. 2017 年中国淘宝村研究报告[EB/OL]. (2017-12-13)[2018-12-01]. ht-tp://www. askci. com/news/chanye/20171213/101849113875. shtml.

题。农村就业机会少、收入低,许多年轻人不想留在村子里。年轻人的大量流失,更带来了空巢老人、留守儿童等问题。

白牛村自从开展电子商务以来,有不少年轻人回村创业,人口结构得到了极大的改善。电子商务比传统的农业劳动更有技术含量,收入也更高,给年轻人提供了很多就业岗位。我们认为,农村人口老龄化问题的缓解,最重要的就是营造良好的就业和生活环境。正如汪洋副总理所说的,要建设知识型、技能型、创新型新农民队伍,让农业成为有奔头的产业、农民成为有吸引力的职业、农村成为安居乐业的美丽家园。在这一点上,白牛村做出了比较好的示范。

(三)产业结构的变化和升级

和大多数农村一样,在发展淘宝村之前,白牛村村民的经济来源主要是以农业为主。自从村里有人带头开起网店并获得了可观的经济收益后,白牛村掀起了电子商务的热潮,这丰富了村民的就业方式,拓宽了农村经济发展和农民增收渠道。从农业到山核桃加工业、属于服务业的电子商务产业,白牛村村民自发形成了一条三产融合的"互联网十山核桃"优势特色产业链,成功地实现了当地产业结构的转型升级。

三、白牛村电子商务经营的主要经验

自从电子商务兴起之后,全国发展出了成百上千个淘宝村,电子商务的竞争也越来越激烈,许多淘宝村在这条道路上悄悄没落了,也有许多村庄脱颖而出,白牛村就是其中的佼佼者。白牛村村民从 2007 年开始从事电子商务,坚果的销售额每年不断攀升,2016 年的销售额达到了 3.5 亿元。其成功的背后必然有很多的原因,我们从调研中总结了以下几点。

(一)充分利用资源和地理优势

临安的山核桃产量极大,占据了中国市场 70%～80% 的份额,而且与其他农业产品相比,山核桃的保质期比较长,方便运输,非常适合网上销售。同时,白牛村位于 02 省道,交通便利。虽然是村庄,但是很多快递可以直达,快递的成本可以得到控制,发展电商具有很大优势。

(二)充分发挥创新创业精神

2007 年,网购还不为大多数人所知的时候,白牛村村民就已经在淘宝网上挖到了第一桶金。为了扩大白牛村的电子商务规模,村委会带头成立了电子商务委员会,进行电子商务人才培养、经验交流,并承担了监督店铺质量和调解店铺矛盾等工作。在这样的氛围下,村民也有极高的学习热情,大家纷纷放下手中的锄头,拿起鼠标和键盘,开展大规模的淘宝店经营。白牛村村民的这种互联网坚果精神,就是敢为人先、不断学习革新的创新创业精神,是深深烙在浙江人心中的"浙江精神"。

(三)政府提供扶持

在我们同白牛村村委委员的谈话中,政府的政策扶持多有提及。比如,开始阶段的基础设施方面的配套,包括便捷的道路交通条件和完整的村内网络设施;营造有利的发展电商的氛围;提供免息贷款等资金支持;人才培育支持,提供技能培训,与浙江农林大学合作引进人才;开展评奖评优;购买服务;等等。

(四)村民坚守诚信经营理念

如今,随着电子商务的迅猛发展,坚果电商之间的竞争也越来越激烈,整个临安拥有 22 个坚果淘宝村。有一些店家通过以次充好来压低价格,在捞了一笔钱之后逃之夭夭,换个网站重新开张。这些竞争使"淘宝掌柜"的压力越来越大,而白牛村的山核桃销量稳增不减,最重要的原因就是村民的诚信经营。在我们的采访中,"盛记"坚果网店的老板强调,诚信是立身之本。

四、白牛村电子商务经营存在的问题和未来的发展方向

在白牛村的调研中,我们发现有两个问题非常值得关注:一是存在的不足或潜在的风险在哪里;二是未来的发展动力和方向在哪里。

(一)存在的问题

尽管互联网销售坚果将村民的"钱袋子"装得满满的,我们仍然发现白牛村的现行模式并非完美。

1. 产品的种类较为单一

白牛村村民网上销售的产品以山核桃为主,附带其他一些常见的坚果,种类较为单一。我们认为,这种单一的销售模式存在问题,村民们可以结合当地的地域特色和文化,开发山核桃延伸产品,以及当地的其他特色农产品等。这就需要村委会带头,勇于创新和尝试。

2. 山核桃从外村收购的方式可能产生货源问题

我们在调研中了解到,白牛村并不生产山核桃,而是从周边山区进行采购。诚然,就目前山核桃产量过剩的情况来看,这个方式不会存在太大的问题。但是如果山核桃收成不好,货源紧张,那么整个村庄的经济来源就会被间接掏空。另外,考虑到村庄的收购吸引力远远赶不上其他大型商家的吸引力,如果临安的整片山核桃产区被某家大型零食厂商承包,那么白牛村也会面临严峻的货源

问题。因此我们认为：白牛村可以考虑自建生产基地，保证供货充足，也可以随时改变销售策略，更为灵活；或者可以和供应方签约，保证有充足的货源。

3.农产品销售存在淡旺季问题

事实上，大部分的农产品都存在淡旺季的问题。在我们的调研过程中，村委会负责人也说到了这个问题。白牛村村民在山核桃淡季的时候非常清闲，大家也没有稳定的收入来源，而旺季却又忙不过来，仓储问题也基本发生在旺季，这就带来很大的不确定性。对于这个问题，我们认为可以通过开发更多的产品种类来解决。比如，卖山核桃的同时，可以用核桃进行浮雕的创作，再进行售卖。

4.互联网坚果市场趋近饱和

"盛记"坚果网店老板在采访中说，互联网坚果市场已经趋于饱和，他所经营的"盛记"2017年的销售额较前一年有些下滑，希望在将来能够维持平稳的销售额。而且，除了淘宝网之外，近年来有许多购物网站如雨后春笋般冒了出来，淘宝网流量不断下降。因此，白牛村互联网坚果产业将走向瓶颈期。

(二)未来的发展方向

1.建设电商大楼，解决仓储问题

在采访的过程中，村委会的负责人重点讲到了农村电子商务普遍面临的仓储问题。因为村落面积有限，白牛村可以用来做仓储的地块很小，且近几年来农村用地问题愈发紧张。在互联网坚果销售刚刚兴起的时候，大多数淘宝店家都是规模较小的家庭式作坊，自家的车库或后院足够做仓库。随着这两年网店规模越来越大，很多不断壮大的店家只能租用邻居或其他废弃的房子作为仓库，但目前这些仓库仍有供不应求的趋势。为了解决这一问题，白牛村规划了一个集中进行仓储和客服管理的电商大楼，想通过规范化的方式解决仓储问题。

2.打造"电商＋旅游"模式，实现产业融合

白牛村在发展电商的同时，村庄环境并没有受到污染和破坏。在考察的过程中，我们发现白牛村的道路两边非常干净整洁，而且许多房子都重新粉刷了白漆，村中央的公园里还有一整幅墙绘——描绘了白牛村的悠久历史，整个村子看起来十分清新亮丽。白牛村作为一个山村，有青山的环抱、绿水的环绕，有着千年历史的古桥诉说着古老的神话传说，千米长的白牛古街记录了这里的过往，白牛桥头的千年古樟枝繁叶茂，是一代代村民歇脚纳凉的佳处。不容置疑，白牛村具备发展旅游业的基本条件，政府也计划把白牛村的旅游业与电子商务结合起来，将白牛村的多种产业进一步融合。

3.打造"四品"山核桃

"四品"山核桃包括独特的品种、品质、品位、品牌。首先,选育品种好的山核桃树,在源头和加工过程中都要保证山核桃的品质。其次,提升山核桃的品位,赋予山核桃以内涵与文化,让山核桃适于每个年龄阶段及不同消费水平的消费者。此外,打造山核桃品牌,注册当地特有的商标也是"四品"山核桃的关键。事实上,白牛村已经投入大量人力和物力来打造山核桃品牌,但都以失败告终。打造山核桃品牌涉及商家的利益问题与成本问题,如何协调其中的利益关系是难点。白牛村要想进一步发展,打造"四品"山核桃是大势所趋。

五、思考与借鉴

习总书记在党的十九大报告中提出,要做好新时期的"三农"工作,推动乡村振兴战略在广大农村落地生根。实现乡村振兴,白牛村为我们提供了借鉴。

首先,白牛村村民富裕了吗?关于这个问题,我们有一组统计资料:2017年,我国城镇居民的人均可支配收入为 36396 元,农村居民的人均可支配收入为 13432 元。[①] 根据我们的采访,2017 年白牛村村民的人均可支配收入达到 30718 元,接近城镇居民人均收入水平,远远超过了农村居民的人均可支配收入水平。另外,2016 年白牛村村民的人均可支配收入为 27000 元,年度同比涨幅达 13%,而全国人均可支配收入的年涨幅为 9%。因此,白牛村村民的收入水平不管在增长速度上还是在总额上,都明显高过全国平均水平,更远超农村平均水平。所以,我们认为白牛村的经济发展模式是非常成功的。

综上所述,我们尝试从白牛村的实践中总结出一种可资借鉴的、以电子商务为依托的乡村致富模式:一是贯彻落实习近平新时代中国特色社会主义思想,扎实推进乡村振兴战略;二是合理利用地域特点与资源优势,推广自己的特色产品;三是延长产业链,建立完整的生产销售链条,实现最大限度的增收;四是结合乡村旅游业,实现产业融合;五是开发周边产品,走多元化经营之路,避免销售情况大起大落;六是打造"四品"农产品,增强竞争力。

指导教师:林小芳

---

① 2017 年全国居民人均可支配收入 25974 元 同比增长 9.0%[EB/OL]. (2018-02-28)[2018-12-01]. https://www.sohu.com/a/224529692_114731.

乡村如何振兴

——以萧山河庄街道建一村为例[*]

一、调研背景

党的十九大提出全面实施乡村振兴战略,并将其提升到战略高度、写入党章。其后中央农村工作会议深入贯彻十九大精神,研究实施乡村振兴战略的重要政策,对"三农"工作作出决策部署,提出了实施乡村振兴战略的目标任务和基本原则。实施乡村振兴战略的目标任务是:到 2020 年,乡村振兴取得重要进展,制度框架和政策体系基本形成;到 2035 年,乡村振兴取得决定性进展,农业农村现代化基本实现;到 2050 年,乡村全面振兴,农业强、农村美、农民富全面实现。实施乡村振兴战略,要坚持党管农村工作,坚持农业农村优先发展,坚持农民主体地位,坚持乡村全面振兴,坚持城乡融合发展,坚持人与自然和谐共生,坚持因地制宜、循序渐进。①

乡村振兴有赖于政策与机遇,在这样的宏观背景下,萧山河庄街道建一村在走向现代化农村的道路上迈出了有自己特色的步伐。建一村位于萧山东北部、钱塘江南岸,临近江东开发区。自 2003 年浙江实行"八八战略"以来发展迅速:2008 年开始实行土地流转制度,农业产业化经营,大力发展工业,2018 年人均收入已超过 3 万元,村经济总量突破 3 亿元。目前,全村主干道路已全部实现硬化、绿化、亮化,三格式无害化户厕普及率达 99.6%,自来水入户率 100%,

---

＊ 本文由郝家辉、沈滨、叶大源、陈鑫、周益聪、李思聪、董博宇、付博、黄亦非合作完成。

① 中央农村工作会议:到 2035 年乡村振兴取得决定性进展[EB/OL].(2017-12-29)[2018-12-01]. https://baijiahao. baidu. com/s?id=1588121423157129510&wfr=spider&for=pc.

垃圾箱 220 只,垃圾中转站 1 座,村内 360 余户农户的污水截流集中处理,排放水质达到国家一级标准。建一村是浙江省首批全面小康建设示范村、杭州市首个国家级生态村和杭州市十大生活品质村之一。

与此同时,在整个大江东城市化发展的背景下,作为城乡接合部的建一村也面临着一些问题:建一村的未来发展方向受江东整体规划和进程的影响,原来的农业农村发展思路可能会难以为继而需要重新定位,包括土地的利用会受到制约;由于大江东空间布局大而散,一定程度上会带来城镇规划层面的不到位,目前建一村存在部分土地没有明确规划用途的问题;城镇化进程中产生的"拆二代",素质偏低,拥有大量财富后失去了奋斗的动力,"黄赌毒"行为屡禁不止;村庄养老问题日益突出。当乡村振兴遇上城镇化,该如何正确理解和处理这两者间的关系呢?

二、建一村的实践与尝试

(一)推进农业转型升级

建一村积极落实国家乡村战略规划,结合地理位置和实际情况,推动农业结构调整和优化升级。

首先,利用沿海经济发达地区的特点,提高农业生产经济效益,统筹调整种植业生产结构,适当调整降低低效益粮食作物的种植,同时提高高效益农作物的种植,发展自己的优势产业。建一村非常重视丰富农民的经济头脑,把握市场规律,发展好本地的农业经济。因此,我们看到建一村现代农业园内种植的经常是草莓、苦瓜、葡萄等经济作物,产值较高。对农作物生产的合理选择,使农村经济的总收入和农民人均收入有了显著的提高。

其次,发展特色农业,逐步实现从生产型农业向现代农业、休闲农业、观光农业方向发展,因地制宜发展乡村旅游,从而深度开发农业资源潜力、调整农业结构、改善农业环境。建一村早已把发展现代农业纳入农村建设规划,为此投入了大量资金。2008 年,建一村曾经斥资 30 万元请浙江大学旅游系的学生打造《建一村新农村建设发展规划》,将全村划分为高科技农业示范区、高新工业发展区、休闲娱乐教育服务区、村民住宅示范区进行建设,以期建成社会主义新农村科技示范村。现今我们可以看到,全村有着非常现代化的各种设施,环境优美,富裕和谐,具有现代气息的新农村格局已基本形成,这是其落实现代农业发展政策的成果。

此外,建一村也努力保证其农产品质量,树立良好的品牌形象,从而使其农产品有着较强的竞争力。安全是质量的第一关,而食品安全问题通常源于农民不懂科学、滥用各种农药,因此需要教育农民,强化他们的质量意识。同时,为了保证农产品品质,建一村建立了农产品质量和食品安全监管体系,并限制农药的使用,打造了一批优质的农产品生产基地。

(二)提升农村劳动力就业质量

建一村在发展过程中实行了土地流转制度。土地流转指土地经营权流转,简言之,就是农民将土地的使用权转给他人,并收取一定费用。这一制度可以集中农民的土地,开展规模化、现代化的农业经营,从而促进农业增效、农民增收,获得更多的流转收益。对于承包土地的人而言,可以用规模化的经营模式获取更大的利益;对于农民而言,可以将土地租赁出去,然后自己可以从事其他行业,从而提高了收入水平。

建一村时任书记方明贤鼓励村民把家中的一亩三分田流转起来,用整块土地向村民和外来企业招标。建一村一共有 1800 多亩土地,目前已经流转了1200 多亩土地给杭州星壮水果种植有限公司等企业,村里余下的 600 多亩也将流转给一家农业休闲观光企业。集中经营实现了农民增收和农业增效,在农民获得土地租赁收入的同时,也成功释放了农村劳动力:许多农民在外打工,有的成为建筑包工头,有的承包了 500 亩沿江围垦土地养甲鱼和白虾,有的创办了企业,等等。当然,农民也可以成为农业工人,在农业公司里,在自己的土地上,继续从事农业方面的工作。与此同时,企业的进入推动了第二产业和部分第三产业的发展,逐渐改变了建一村以第一产业为主的产业结构,提高了建一村的劳动力就业质量,逐步形成以农业为本、多元拓展的可持续发展模式。

(三)加强农村基层党组织在乡村振兴中的领导作用

建一村是浙江省首批全面小康建设示范村、杭州市首个国家级生态村、杭州市十大生活品质村之一。我们从退休的老书记口中了解到,它在 20 多年前还是负债 50 万元的贫困村。那么,为什么建一村能够在短短的时间里,从一个贫困村发展为现在的示范型新农村呢? 在这当中,基层党组织扮演着绝对重要的角色。

老书记和我们分享道:"乡村的发展,一靠政策,二靠班子。人家没有做过的事情你先做,那么你的理念可能是先进的;人家没有说过的话你说了,那肯定是新的。"一个优秀的领导班子,一定是一个有着创新能力的领导班子。建一村的领导班子当时率先采用产业化经营的模式,开始大规模种植草莓,充分利用当地的土地优势,如此一来村子的经济水平一下子就提升起来了。老书记还和我们分享了另外需要注意的一点——"在新理念提出的情况下,如何将这种新理念与传统理念相融合"。新发展理念的提出必然会对传统的发展理念形成冲击,如何让农民接受这种产业化经营的新思想呢?那就是实干。当时的建一村使用了试点的方式,一年之后试点取得了巨大的成效。其他村民看到确实有利可图,自然也就愿意响应村里的号召了。之后,建一村产业化经营迅速发展,以卖草莓为主要发展手段迅速崛起。2018年,中央一号文件(《中共中央、国务院关于实施乡村振兴战略的意见》)搭建起了实施乡村振兴战略的四梁八柱。大方向已经确立,在基层要贯彻落实好,必须把握好自己的发展方向。思想引领方向,思路决定出路,建一村为乡村振兴提供了一个很好的范例。

透过建一村的发展历程,我们看到基层党组织发挥着巨大的作用。老书记在交流中跟我们说:"靠村里自治,看有没有村民向往的东西,从这个方向努力去说服村民,村民觉得好的东西肯定会同意。我们村最骄傲的是40年下来基本上没有上访,社会比较安定,这要靠农村基层党组织的引导。村庄是不可能没有事情的,有一个良好的班子、良好的党员队伍和村民代表队伍很重要。"农村工作很难做,百姓各有不同心思,"能摆得平就是有水平",这是老书记任职期间最为自豪的一项工作。我们在调研中可以感受到,基层党组织深入了解每家每户的基本情况,在出现利益冲突的时候能够妥善地做好村民的思想工作,善于沟通,这是建一村传递给我们的乡村治理的基本思想和思路。

三、城镇化背景下建一村受到的冲击

(一)统筹城乡发展空间的问题

我国现阶段的城市扩张给城乡接合部带来了一定的冲击,作为城乡接合部的建一村亦不例外。在江东城镇化的大背景下,建一村面临着发展方向上的重新定位问题。一方面,由于整个江东要从农村转变为城镇,该政策对建一村这样的原来一直按照既有方针与思路发展得较好的农村有不利之处,它可能没有办法继续推行原来的发展道路;另一方面,江东空间布局散,城市功能弱,目前尚不能给区域内和周边的这些农村提供有力到位的城镇化发展指引,这就会导致一些农村的发展速度在一定程度上受阻,甚至会停滞下来。这种情形在建一村也是存在的,建一村原先的生态特色经济已经发展得比较好,经济、社会、生态效益相统一在建一村体现得十分明显。这样一种人与自然有机融合的乡村空间关系,按照《乡村振兴战略规划(2018—2022年)》的精神是应该继续延续下去的,但目前很有可能在江东的城镇化进程下被无差别的拆迁抹去。

我们认为,江东在城乡统一规划发展政策上存在着考虑不周的地方:按照其规划,整个江东都要进行城镇化,但是,建设城镇的速度远远赶不上拆迁的速度,很多地区拆迁完毕了,土地就一直处于拆迁后的状态,而没有及时规划和建设。在与建一村的老书记交谈的时候,老书记也表示现在江东的发展策略是不够周全的,江东350平方千米的土地,不可能没有农民,也没有办法在较短的时间内全部转化成城镇居民。

除了整个村的发展定位问题外,建一村的村民也遇到了一些拆迁安置和保障方面的问题。很多老人因为拆迁成了城镇居民,但是原先的熟人也因此分隔,他们在城市中也很难找到好的娱乐消遣,常常会感到孤独。还有一批原先在农村拥有工作的人,在进入城市后,工作问题得不到妥善解决。

(二)提高农村人口素质的问题

在城镇化的推进过程中,相比较于基础设施的建设,农村人口素质的提高是一个更为深层次的任务。建一村在征地和拆迁后,产生了一大批拆迁户,有人戏称他们为"拆二代"。这些拆迁户往往能够获得十分可观的安置金。但这对很多教育程度不高的农民却不一定是一件好事:看到拆迁丰厚的条件,很多人放弃劳作,一心只等着拆迁;已经得到安置金的人也不一定会好好经营自己的生活,相反,他们很可能会选择挥霍这笔"天降"的安置金,也因此出现了许多"黄赌毒"事件。

因此,政府不仅仅要安置拆迁户,还要安置好拆迁户。政府需要引导拆迁户拆迁后的再就业或再生产,让这笔安置金成为拆迁后新的工作和生活的启动资金,而不是任其挥霍。同时,城镇化过程中很多年纪稍大的村民在迁入城市后会出现无法融入城市生活的问题,政府需要努力创造条件保障拆迁户精神层面的需求。在这些方面,需要政府做的事情有很多。

我们认为,纵观整个江东,地域辽阔,其城镇化进程肯定不是一蹴而就的。同样,农民素质的提高也是一个长期的工程。因此,从实际出发、循序渐进很重要。

四、总结与展望

顶层设计和公共政策是乡村振兴的初始动力。建一村取得的成绩与政策是密不可分的:党和国家为乡村振兴作出了战略部署,地方政府和基层组织根据乡村振兴战略的总要求,从实际出发,制定实施具体政策和方案,包括实行土地流转制度、集约化经营土地、机械化生产、推动农业结构调整、大力发展景观农业、大量引进第二产业等措施,从而有力地完善了产业结构,提高了产业多样性,丰富了村民收入来源,取得了很好的成效。

在目前江东城镇化的大背景下,建一村需要进一步探索和处理好城镇化与乡村振兴之间的关系,促进城乡融合发展。2018 年 3 月 7 日,习近平总书记在参加十三届全国人大一次会议广东代表团审议时指出,"一方面要继续推动城镇化建设。另一方面,乡村振兴也需要有生力军",二者"要相得益彰、相辅相成"。① 城镇化和乡村振兴战略两者不是非此即彼的关系,城镇化不是要抑制乡村振兴,乡村振兴战略也不是要否定城镇化。城乡是联动的共同体,城乡融合发展是大逻辑。从建一村的实践来看,尤其要注意城镇化规划与乡村振兴战略相衔接,统筹考虑城乡"人、钱、地"等主要生产要素的双向流动和合理配置,真正做到城乡融合、一体设计、多规合一,一张蓝图干到底,避免资源浪费和走弯路。

当然,我们也要清醒地认识到,城乡的二元结构已经存在了很长的历史时期,这意味着城乡融合发展不是应急工程,不是形象工程,而是长期的历史性任务,需要各级领导和党员干部提振干事创业精气神,齐心协力一起抓,坚持正确的新型城镇化发展方向,坚持正确的乡村振兴发展战略,使两者在相互渗透、相互促进和相互提升中健康发展。

指导教师:林小芳

---

① 2018 年全国两会:"城镇化"和"乡村振兴"要相得益彰[EB/OL]. (2018-03-04)[2018-12-01]. http://www.ciudsrc.com/zhuanti/2018-3-4redian/.

杭州玉皇山南基金小镇调研[*]

一、调研背景

面对新一轮科技革命和产业变革,杭州主动适应经济发展新常态,坚持创新驱动发展战略,大力实施以发展经济、推进智慧应用为重点的"一号工程",立足城市资源禀赋、产业基础和比较优势,创新理念、思路和方式,推动形成了一批以余杭梦想小镇、玉皇山南基金小镇、西湖云栖小镇、滨江物联网小镇等为代表的特色小镇,而其中的玉皇山南基金小镇发展势头迅猛,成效显著。

杭州玉皇山南基金小镇于 2015 年 5 月正式揭牌,与此同时,"2015 全球对冲基金西湖峰会"在此举行,打响了玉皇山南基金小镇的名号。现在的基金小镇面积不过 3.2 平方千米,但已聚集了 600 多家企业,其中金融投资类企业 400 余家。

我们小组前往玉皇山南基金小镇进行调研,探寻其在经济转型的新阶段所起的作用,并研究其成功给经济发展带来的借鉴意义。

二、玉皇山南基金小镇的主要做法

(一)"三改一拆",产业更新

基金小镇所在的玉皇山南麓,原先是旧仓库、旧厂房、旧民居及历史建筑的聚集地。杭州上城区地方政府在这里实行了"三改一拆"(改造旧厂房、旧仓库、旧民居,拆除违法建筑),并将其中符合"低效用地再开发政策"的土地整理出

---

* 本文由史依凡、宋依梦、高路月、岑梦媛、陆辰馨、廖一帆、黄瞭望、王立言、杨成浩、钱盛合作完成。

来,没有完全地大拆大建,而是重新规划设计景观,选择性地翻新改造。

基金小镇一期所在的位置,已经历了两次产业的升级换代。这里原本是陶瓷品交易市场,粗放的落后产能面临淘汰。2009 年起,废旧的仓库被改建成文化产业园区,在政府的引导下,一些轻资产的文化创意企业进驻园区,实现了产业的第一次更新。但文化创意产业在发展过程中,资金短缺的问题日益凸显。2010 年,浙江赛伯乐基金顺势进驻,成为首家进驻小镇的金融企业,解决了文化创意产业的融资困难,小镇的主要产业也渐渐地向金融方向转变。

(二)抓住机遇,发展金融业

基金小镇敏锐地抓住了私募金融产业的巨大机遇,打造了一个以私募证券基金、私募商品基金、对冲基金等为核心业态的特色小镇,形成了一个金融资本和经济发展的新高地。小镇早在最初规划阶段就瞄准了朝阳产业,选取"优质的、代表未来发展方向的企业"入驻。此外,由于杭州上城区本身金融发展态势良好,股权投资行业起步较早,走在前列,加上杭州和上海的区位关系,让小镇的金融业发展受益颇多。

(三)制定优惠政策,提供全方位服务

基金小镇的入驻企业、人才能享受到税收奖励政策、人才购房补贴政策、高级人才落户政策等各种扶持政策。行政审批方面,小镇推行"一站式"服务,协助企业做好项目申报、资金扶持对接、银企对接等各项工作。

此外,小镇管委会还提供了企业入驻、办公用房、教育医疗、生活配套等全方位服务,并且针对入驻企业的实际需求提供个性化服务。比如,根据部分企业同时操盘国内外二级市场的需求,小镇专门配备了两路专变和备用电源,做好用电保障。

为打造多个产业链平台,构建全方位的金融生态圈,小镇还借鉴北京的模式,打造"小镇咖啡",为投融资双方提供信息交流平台和项目对接平台;成立私募基金研究院,为入驻企业提供专业配套服务;之后还将成立金融家俱乐部,组织私募基金孵化器和训练营等。

(四)打造良好的人文环境

小镇位于西湖景区这一世界遗产核心地带,周围有着南宋八卦田遗址公园、白塔公园、江洋畈生态公园、将台山南宋佛教文化生态公园四个大型自然公园,拥有国内一流的山水人文环境。

小镇充分挖掘了玉皇山南文化历史资源,通过南宋皇城遗址建设、金融博物馆等形式,为基金小镇增添历史气息、文化基因和发展吸引力。围绕行业内

有影响力的文化名人、文化名企,打造了"莫言文化村"等地标性文化载体。此外,小镇本身建筑群恰如北斗七星的布局,为其增添了文化基因和知名度。

三、玉皇山南基金小镇建设的基本成效

(一)税收增长迅速,管理资产庞大

2016 年一季度小镇税收已超过 3 亿元,同比增长 313.85%。管理资产规模也从 2015 年的近 1800 亿元增长到一季度末的 2800 亿元。[1] 其中有 800 多亿元资金投入实体经济,受益企业 600 余家,涉及上市企业 60 余家。[2]

(二)期货板块优势明显

目前,小镇期货规模已占浙江省期货板块的 1/3,吸引到永安期货、南华期货等国内实力靠前的期货公司,以及在二级市场期货领域首屈一指的投资和管理机构敦和资产管理有限公司,国内大宗商品贸易商标杆企业远大物产集团、杭州热联集团等。

(三)股权投资产业链日臻完善,财富管理机构扎堆

小镇集聚了一流股权投资机构,吸引了省、市政府及部分民间产业母基金落户,吸引了浙商银行等为私募股权投资加杠杆、为企业融资服务的商业银行,也吸引了股权投资行业权威数据分析机构、中介机构清科集团入驻。

大量私募基金公司的入驻带动了财富管理机构的集聚。交通银行成立了山南对冲基金支行,专门服务小镇企业,浙商银行、中信证券等银行、券商的入驻也进一步夯实了小镇财富管理示范基地的基础。

(四)金融人才集聚

仅在 2015 年 8 月,也就是基金小镇正式挂牌后的第 3 个月,小镇便迅速集聚海归人员 19 人,浙江省"千人计划"人才 2 人,各类金融高端人才 1000 余名;截至 2016 年一季度末,集聚专业人才 1600 多名,其中包括索罗斯基金前经理戴雾昕,芝加哥著名衍生品交易对冲基金经理、芝加哥华人交易俱乐部副主席毛煜春,美国著名量化对冲基金 Citadel 的基金经理、纽约证券分析师协会会

① 袁华明.浙江特色小镇究竟有多火,且听三位"镇长"说一说[N].浙江日报,2016-05-05.

② 陈宏萍,吕啸,周颖,等. 800 多亿资金"造血"实体经济 山南基金小镇一周岁了[EB/OL]. (2016-05-17)[2018-12-01]. http://zjnews.zjol.com.cn/zjnews/hznews/201605/t20160517_1555327.shtml.

员、特许金融分析师王锋等多名高端金融人才。

(五)官方与舆论的肯定和支持

全国政协副主席兼秘书长夏宝龙在担任浙江省委书记时多次专门调研基金小镇,并对小镇取得的成就表示肯定和鼓励。基金小镇的快速发展也吸引了各大媒体的争相报道,除了《新闻联播》之外,2017年以来,新华网、大公网、《中国日报》中文网、环球网、和讯网、中新社、《浙江日报》、《杭州日报》等中央级与省市级媒体报道基金小镇新闻40余次,进一步了打响基金小镇的知名度和美誉度。

四、借鉴意义

(一)正确处理政府与市场的关系,助力经济发展

在基金小镇建设中,强调市场化运作机制,准确发挥政府的职能,政府的权力边界相对清晰,政府做规划编制、生态保护,让企业和当地居民成为开发建设的主体。地方政府扮演好"店小二"的角色,打造服务型政府,在为入驻基金小镇的企业提供良好的硬件环境、政策配套和行政服务配套的同时,做到不越位、不缺位。

(二)准确定位,因地制宜

基金小镇敏锐地抓住了私募金融产业的巨大机遇,凭借本地金融发展的良好态势和杭州与上海的地理区位优势,因地制宜,打造了一个金融资本和经济发展的新高地。

基金小镇找准了自身的定位,瞄准了私募金融产业,与上海的公募基金错位,更有利于发挥同城效应,进行借力和对接,因此才取得了不错的成绩。要办好特色小镇就需要因地制宜,充分发挥当地的优势,同时还要具有前瞻性,与时俱进。

(三)制定全面的政策,借鉴又创新

基金小镇的入驻企业、人才能享受许多扶持政策,而这些政策都和企业、人才的切身利益息息相关。政府的政策只有以人为本,更多地站在政策对象的角度,考虑全面,提供适合政策对象的全方位配套服务,才能吸引更多的人才,留住更多的人才。

小镇借鉴北京的金融产业发展模式,打造"小镇咖啡",为投融资双方提供信息交流平台和项目对接平台;成立私募基金研究院,为入驻企业提供专业配

套服务。只有在借鉴的同时懂得创新,才能给小镇不断注入新的活力。

(四)注重人文和自然环境

基金小镇位于西湖景区这一世界文化遗产核心地带,拥有国内一流的山水人文环境,也因此吸引了不少的人才和企业。在发展自身的同时,不忘维护周边的人文和自然环境,才能慢慢走出一条"绿水青山就是金山银山"的科学发展之路,才能打造一个真正有底蕴的特色小镇。

五、调研总结

从杂乱无章的旧仓库、旧厂房,到今天北斗七星状的建筑布局,从一开始的基金与小镇结合的创意,到今天的众多金融机构的聚集地,玉皇山南基金小镇凭借完善的设施服务、贴心的政策支持、独特的地理区位优势,吸引了一批批企业入驻,也让小镇一步步发展壮大。

而走到今天的基金小镇,已经成为浙江建设金融小镇的样板,为各界所瞩目。玉皇山南基金小镇成功之后,全国各地竞相模仿,出现了形形色色的新的基金小镇。但是,小镇的成功固然值得借鉴,却不能简单地复制,也需要考虑到当地的环境、经济发展形势等多方面的因素。

据基金小镇的发展规划,到 2019 年左右,这里将建设成为全国一流的私募(对冲)基金集聚区,引进和培育 100 家以上、辐射带动周边 1000 家以上的各类金融机构,管理资产将超过 10000 亿元。我们也有理由相信,基金小镇的未来会更加美好。

指导教师:宇正香

红叶指南特色小镇调研[*]

一、调研背景

指南村因地处指南山冈而得名。指南山麓属天目山系,位于临安市区北面20千米处,海拔508米。指南村坐北朝南,隐卧山坳,林木丰茂,梯田层叠,自然风光优美。村子历史悠久,村中"七古"—— 古姓、古塘、古树、古祠、古庙、古宅、古墓,展现了村中深厚的文化底蕴与良好的历史传承。

凭借优美绝伦的自然风光与源远流长的历史遗存,指南村获得了"华东最美古村落"的美誉。越来越多的人了解了指南村,也有越来越多的游客造访指南山,同时它还是摄影爱好者的天堂,指南村已成为临安市太湖源镇继太湖源景区、神龙川景区后又一大旅游胜地。从一个交通不便的小山村到现今的旅游胜地,指南村的发展模式值得我们探索与思考。

2016年10月5日,我们小组前往指南村红叶特色小镇进行实地调查。我们通过与当地村民的访谈,了解到了指南村旧貌与村庄改造建设过程;通过指南村宣传文化员朱红萍,了解了建村理念以及近年来各个工程项目的进展情况;同时,结合指南村本村的宣传资料、部分网上资讯,得到了指南村日常接待游客方面的情况。在此基础上,形成了本调研报告。

二、指南村建设理念

当前,不少农村为了发展经济会采取"引厂入村"的举措。工厂进村,是农村致富的一条重要渠道。它不仅可以为村里带来出售土地的收益,还可以给村

---

* 本文由赵前程、吴佳佳、邱振庭、蔡鑫、杨子恒、黄庆雄、邹遥、李桢、郑雅心、张道顺合作完成。

里带来一大批就业岗位,改善农村就业结构。但这种做法通常也会带来环境污染问题,不符合绿色发展理念。怎样妥善利用好农村土地和人力这两种主要的资源,在绿色环保的前提下帮助农民致富,这是一大难题。而指南村旅游业的发展模式或许可以为解决这一难题提供一些思路。

指南村坐落在指南山山坳,海拔较高,是一个交通不便、人数偏少的村庄,似乎很难在经济大发展的浪潮中占有一席之地。但指南村另辟蹊径,选择了绿色环保的发展模式:开发第三产业,挖掘内在价值,打造旅游品牌。在村"两委"的带头下,全村不仅对村内交通、水电、建筑等基础设施做了整治提升,还充分挖掘本村文化价值,使得指南村在发展的道路上不仅做到了绿色可持续,也有了独特的文化优势。

指南村整体发展实行"科学规划,分步实施"的策略。2015 年年初,在当地政府的支持下,指南村进行了一系列大刀阔斧的景区改造,努力将全村打造成"生态新农村"的鲜活样本。一方面,村"两委"在工程前期深入群众实地调研,多方走访,做好群众思想工作。一开始许多村民对村里大动干戈的改造不能理解,甚至有抗拒心理。对此,村"两委"在全村组织座谈会、动员会,向村民宣传旅游之村的建设计划。2015 年年初,各项工程顺利开工,得到了广大村民的支持与配合。与此同时,指南村改造项目也得到了政府部门的重视与关心。指南村在 2015 年年初开始大兴土木的改革也被列为省级特色小镇建设项目之一。目前,指南村景区内各设施与诸景点、展厅已经近乎完备,相较于之前的境况,指南村可以说成了一个真正的"景区"。2015 年下半年,指南村还被评为"生态创意型"新乡居生活示范村。秋冬之际,正是游人们前往指南山赏叶观花的旺季,指南村平均每日接待游客量可达上万人。

指南村凭借"先天"优美的风光和"后天"的绿色发展理念、合理规划布局、扎实推进工作,已成为浙江省乃至全国乡村发展的一大典范。

三、指南村硬件改造情况

(一)景观修建

1.景点建设

在规划建设指南村景区时,除了向游人展示村内最自然淳朴的景观与民风外,也要有能给游人留下深刻印象的标志性景点与建筑。

结合上述考虑,指南村在村口建造了标志性建筑——亚洲第一大竹篓,简单的线条与朴素的材质与指南山村的气质极其相衬。

进村口还建有一座大型全玻璃花房。花房中游客不仅可以观赏到各种珍美花卉,还有指南村村民捐赠的百余件老农具、老物件、老摆设。花房中还陈列了 20 世纪 60 年代以来的优秀摄影作品,不仅有"大寨文化指南精神"的重现,也有"感受发展憧憬明天"的规划蓝图。

在村庄较高处,还建造了一处观景平台,让游客能居高远眺,一览指南村全貌,一眼青山万里。这里是一个绝佳的游客拍照点和歇脚处。

对于已存在的景点,例如古井,指南村对周边石板做了重新铺设,竖立了刻有古井名的石碑,使景点更突出、醒目。

通过这些景点建设,指南村不仅建造出了几个出彩的新景点,也对已有的经典民居、古建筑做了保护,提升了它们作为景点的可观光性。凡此种种,不一而足。景点建设上的总施工面积达到了 54000 平方米。

2. 梯田流转

指南村的梯田群是 20 世纪 60 年代"农业学大寨"时遗留下来的,直至几年前仍作为耕地使用。近年来,村内不断实现土地流转,将得天独厚的大面积梯田资源打造成指南村又一经典。村内在不同梯田种上了向日葵、凤尾、牵牛、雏菊等各种植物花卉,使得梯田季季有花开、种种不重样。一些梯田还别出心裁地用植物种出了枫叶的形状、"指南"的字样,使得景区宣传进一步深化。至 2016 年年底,全村已完成 200 余亩梯田流转,各块梯田已经种上了新的植物并已能够开花观赏。

(二)基建工程

1. 电力改造

2015 年起,指南村对全村的电力线路进行了大规模的改造,不管是拉电上山还是山上各家各户间的电能输送,都由原先的搭电线杆空中运送模式改为地下埋电线。这不仅解决了乱拉电线、超负荷用电、高压电线等潜在不安全问题,还将指南村的上空整理一清,将视野更多地还给游客,更好地展示了古木红叶的风采。

2. 道路整治

指南村地处指南山麓,上山的盘山公路是山下通往村中的唯一路径。自 2014 年对外开放起,该条盘山大路就开始进行改造。这条路也是指南村完工最早的一个基建工程。如今的入村道已是一条可双向通车的柏油路,虽然急弯颇多,但每个转弯处都贴心地竖立了安全指示牌。

村中小路多为古道,乃指南七古之一。但由于年代久远,很多古道的石板已有缺失或遍布青苔,游人行走容易滑倒。为此,指南村对村内游步道进行了加固整修。对于村中小路,也都铺设了石板,整个村庄古色古香。

3.公共设施建设

仅2015年一年,指南村就完成了村内路灯安装和公共垃圾桶垃圾房的建设。

为配合村内古镇氛围的建设,景区特意安装了古色古香的路灯千余对。

村内路边垃圾桶,垃圾集中处理点的垃圾房焕然一新,木质结构外围很契合全村风格。村内垃圾分类分"可堆肥垃圾"和"不可堆肥垃圾",其独特的分类方式,也迎合了自身发展的需要,既做到了废物利用,又降低了垃圾处理的成本。

(三)房屋整治

1.高屋降层

红叶枫香金枝银杏是指南村美景一大品牌。在统一规划景区之前,村民在自家的宅基地上推倒老屋,频建新屋。村中民居因为都是各家建造,想盖几层就盖几层。为扩大游客观赏视野,村委会决定对村内较高建筑进行降层处理。村委会对改建给予了经济补贴,并且对住房过高的村民进行走访、劝说,经过不懈努力,村"两委"终于说服了村民接受"高屋降层"工程。

截至目前,指南村已经完成了8幢房屋的降层工程。现在,指南村全村楼房层高均不超过3层。

2.老屋收购

指南村内大部分"老屋"都是明清时期的老建筑,白墙青瓦,保存完好,具有很高的观光游览价值。但是如果要将老屋建筑群作为村内的一个景点,必须进行统一管理,避免老屋主人对游客过度售票、多次售票等不良情况发生。因此,指南村"两委"对村内22幢老屋进行收购。目前,所有老房子已经由村"两委"收购完毕,交由景区一起规划管理。此项举措使得景区更正规,更具组织性,避免了日后景区收费、管理不规范的问题。

3.违建房屋拆除

在当今农村,农民在自家宅基地甚至是别人的、公家的地上搭棚建房的现象非常普遍。这些附房一般来说面积都不大(大多只是用来蓄养家禽家畜、堆积柴火杂物),但都是违规建筑。

为保证景区的美观,整治这些朝夕间悄悄搭起的违规建筑,指南村在房屋整治大项目中总共拆除了约17400平方米的附房、钢棚、违建房,对村内一切违建房屋做了一次彻底的大清理。

4. 房屋立面整治

跟其他乡村一样,因为各家各户的住宅都是自己设计自己建造,很多家庭因为资金不够,在建完砖瓦结构的房子后,都无法粉刷墙头,有的村民只有房子正面的那面墙体是粉白的,其余的三面都光秃秃地露出砖面。也有村民的房子多年未翻新,白墙面都成了灰青色。为了美观,指南村对全村的建筑(包括各家各户的民居建筑)进行了整体规划。对那些砖块裸露的建筑进行了统一粉刷装潢。工程完结时,全村已完成房屋立面整治 83 户。

5. 庭院改造

除了重点搞好几个景点,指南村景区规划时还特别注意对村民庭院进行改造。

在农村,大部分村民在建造自己的房屋时,只要土地面积允许,都有自家的前庭。但是对于大部分农村家庭来说,前庭大多只在秋收时用来晒稻谷,平时则作为家庭纳凉聚会的场所。因此,各家各户的庭院基本无设计可言,只是一块单纯的水泥坪地。

指南村秉持"村庄即景区"的态度,对全村 44 户人家的前庭做了统一规划与改造,在原来平淡无奇、了无生趣的水泥地上,浇筑起了石坎花坛。如今各家庭院前,都有朴素复古的石坎花坛,鲜花斗艳,美丽又不失野趣。

(四)禽畜安置

为保证景区卫生及游客安全,指南村全村实行"畜类禁养,禽类转移"的政策。该举措使得人们在村中看不见大型的牲口,鸡鸭鹅等禽类也转移至后院后山上,圈定范围放养,狗也不可在村中自由乱跑,以减轻村内主要干道及游步道卫生清洁压力,减少游客与禽类接触机会,降低病原传染的概率,防止纠纷和不愉快事情发生。

这种折中的办法,既保证了村民的利益,保留了村内的古朴景观,更保证了游客的安全与景区的卫生。

四、指南村的文化发掘

指南村不仅有得天独厚的绝美风光,更有其源远流长的厚重底蕴。指南村在大搞工程建设的同时,也没有忘记不断挖掘本村的文化特色,越来越多的文化遗存得以完好地展示给慕名而来的游客。

指南村以"七古"为文化招牌,着力进行村中历史底蕴挖掘,彰显古村浓浓的文化气息,辅以家训、家谱等契合当下潮流话题的文化景点,使指南村从一个单纯的风景旅游区晋升为历史悠久、有文化竞争力的古村落景区。

1.古姓

指南村聚族而居,有据可查的姓氏以莫姓最早,后以邰、潘、刘姓居多,尤以邰姓最众,约有四成村名姓邰。相传此地邰姓百姓是春秋时期晋国大夫邰缺的后裔。据考证,为避战乱,邰姓支系始祖德重太公于元至正四年(1344)从安徽歙县迁至浙江临安,择址于临安、安吉孝丰交界处。清朝雍正庚戌年(1730),邰氏聚徙指南,从此在这里开枝散叶。

2.古塘

指南村地处指南山冈,因此山高、石多、水缺、天冷成了指南村的自然特色。这里土质瘠薄,粮食产量低,有俗谣曰:"指南山上山,土薄三寸三。要产三百三,比登天还难。"

1965年,指南村以大寨为榜样,发扬自力更生、艰苦奋斗的精神,改造恶劣自然环境。村民们利用冬闲时间,把山沟、树林、石缝里的泥土挖出来,一担担挑到田里。这样起早摸黑几个春秋,全大队的瘦土薄田上终于有了肥泥的影子,大大改良了土质,水稻产量显著上升。

土壤条件改善后,水资源的矛盾就更为突出了。"文化大革命"前夕,指南村为修水库请专家来做过4次勘察均无果。1966年,指南村村民自己设计、勘察、施工建设的30000立方米水库,没有用一根钢筋和一吨水泥,在一个冬季终于完工。如今这个水库被人们赋予了一个美丽的名字——"天池"。1970—1973年,又陆续建造了5个山塘水库,3000多米盘山渠道,使大小20余股水流汇集起来。又将山洞、石缝里的诸多细小山泉引入渠道,用于灌溉。目前,村内以水库、山塘、山渠构成的"长藤结瓜式"水利系统使得指南村90%以上本来完全靠天吃饭的田地成了高产、稳产田。

3.古井

如上所言,指南村水资源很不稳定,没有水塘前,水都是靠山涧、坑洼集聚的。山涧水受季节影响很大,一到旱季,山水枯竭,涧洼干涸,掘井取水就成了远古居民的生活必需之一。

"指南山上十八井"正是体现了古村落的这个特点。目前指南村其他水利系统日渐丰富,水对于山民再也不是那样的奢侈了,村内一口古井仍被完好保存下来。据考证,此井历史已逾千年,其地势低,出水量丰沛,水质甘醇,四季不涸。井底的自然岩层面有一道裂缝,地下泉水从缝隙间源源不断涌出,因而井水总是很满,水面与井沿齐平。1938年大旱时,全村人正是靠这口古井战胜了百年一遇的旱灾。

除了保护古井及井边已矗立百年、字迹模糊的石碑,指南村还特别制作了一块刻有"古井"字样的高石介绍古井,以突出此景点,让走过路过的游人了解到此井的非凡久远。

4.古道

指南村四面环山,地势高峻,旧时仅靠古道与人力腿脚与外界交流。指南村历经千年沧桑,历史上与其他七个毗邻村镇的交通,都靠古道搭建,其道至今尚存。其中从溪口至指南、东坑直至市岭、安吉山川乡这条古道,保存完好,全长 33.5 千米,蜿蜒逶迤于崇山峻岭之间,景色秀美,吸引了全国各地的驴友前来探访。

5.古宅

因为邵氏祖先是从安徽迁徙至此的,村中许多明清老宅都还完整保留着徽派建筑的风格。由邵家祠堂、邵寅枬民居、刘金富民居及潘荣炜民居等 5 幢建筑组成的古宅群,位于村中天池东北面,保存完好,为村中古宅之典范。粉墙黛瓦,高高的马头墙,镂空木棂窗,还有精心雕刻的梁柱,无不诠释着徽派建筑的古韵。邵家祠堂古时候是邵族祭祀祖先、和睦宗族、教化子弟的场所,后为"指南太平灯"起灯、焚灯集会的地方。近年来,文物部门对这些老建筑进行了抢救性修缮,濒临坍塌的历史遗存得以焕发新的生机。

6.古墓

1987 年,村民在挖地基时,挖到了一个墓坑,清理干净后在墓底下又探得空洞,继续往下挖,再次发现古墓。此种墓民间俗称"棺上棺",谐音"官上官"。墓中寻得石质锛一把,经鉴定是 4000～5000 年前新石器时代器物。

近年,在进行全村基建工程时,又发掘到了宋代古墓一座和明代墓葬群,出土青釉碗、铜钱、酱褐釉灯盏等 9 件陪葬品。古树群中还有许多墓葬群,为保护树林未做发掘。村中还有皇帝恩赐的墓碑。

古墓不仅证明了指南村的悠久历史,更是一项很好的旅游资源。村里也十分重视古墓保护工作,这些墓碑、文物现已对外展出,指南村所在地的历史也因此得以向前推进千年。

7.古树

指南村最吸引人的自然景观就在于全村有 300 余棵百年古树。这些树不仅美丽、年代久远,更是稀有物种,如枫香、银杏、柳杉、麻栎、铁木、檀马尾松、金钱松、向叶杨等。

单单保护古木，只能开发它们的审美价值，而且有很多树种只在秋冬两季展现多彩姿色，因此，指南村还为这些古树"造"了许多景点。比如：树龄已达900多年的一棵枫树上长有一个巨大的树瘤，望去特别像一只老乌龟在树下，故村民们给它取名"金龟下凡"。同样，四株老根相连的巨型古枫被形象地称呼为"姐妹情深"。

正是指南村有意识地组织起每个景点，才使得古树这样的资源不是流于可感可观的自然景观，而成了趣味十足、值得细品的景点。

五、指南村前景展望

指南村早在2016年前就已对外开放，并且自2014年以来，对外来观赏的自驾游游客收取每车20元的村庄清洁费。2015年起，指南村开启了转型之路，正式将全村规划打造成一个旅游胜地。2015年11月，小镇在完成上述硬件、软件上的更新和提升后，以"红叶指南特色小镇"的名字全新亮相。从此，"生态、文创、旅游"成为红叶指南的新标签。

在咨询了指南村宣传文化员朱红萍之后，我们了解到红叶指南特色小镇拟规划在这个品牌打响后，吸引民间投资集团、投资人的加入，在小镇开设民宿、农家乐等项目。近两个月来，平均日接待游客量超过1万人次，村民的人均年收入也达到了2万元。

红叶指南特色小镇的发展模式无疑是绿色发展的一大典范。自然生态环境是人类生产生活的物质基础，为经济社会发展提供资源和能源等最基本条件。"天育物有时，地生财有限，而人之欲无极"，是发展始终面临的矛盾。全面小康，代表更高质量和更高水平的生活，也意味着对资源能源需求和生态环境质量的更高要求。红叶指南特色小镇深入贯彻党的十八届五中全会提出的绿色发展理念，对自己的准确定位，既提高了本村村民的生活水平，也充分利用了其良好的自然环境，在保护的基础上适当开发，从中产生经济效益。

我们认为，小镇在未来的发展道路上，在发展农家乐、民宿、农副食品这几个经济增长点的同时，应该避免整个景区过于商业化。过多小商小贩破坏了村庄的静谧，也会使游人感到倦怠与厌烦。对于新开张的民宿、农家乐，一定要有统一的标准，住宿也是一个景区的门面。更重要的是，景区的游客量日益增长，如何保护古迹，保证古镇可持续发展，景区能给游客带什么价值，这些都是红叶指南特色小镇最应考虑的问题。如今大兴土木搞建设，那么怎样让游客把人与自然和谐相处的理念带回他们的生活、工作中去呢？从垃圾分类到植树护林，每一件都是我们力所能及的事情。红叶指南特色小镇不仅要给人以美的享受，更要传递"绿色发展"的理念，使之深入人心。

指导老师：杨冀辰

常山特色赏石小镇调研 *

一、调研背景

赏石小镇坐落于浙江省衢州市常山县的青石镇。青石镇拥有丰富的石资源,包括青石、花石、砚瓦石等特色石材。早在北宋时期,常山"巧石"就声名远扬。青石镇的石头开发产业起步较早,20 世纪 80 年代,当地的年轻人就开始背着石头闯市场,逐渐闯出了一片天地。从一开始专注于找石头、开发石头、卖石头的原生产业链,到形成"观赏石产业＋文化＋旅游"的发展新战略,赏石小镇的商业发展,离不开浙江省特色小镇建设的相关政策。2015 年 6 月,青石镇入选浙江省第一批特色小镇创建名单(衢州共 4 个),随后,赏石小镇开始实现产业转型与升级,发展蒸蒸日上。目前,赏石小镇已经成为中国最大的观赏石交易平台,同时也是风景秀美的 5A 景区,吸引了众多游客。

二、调研过程与目的

上午我们最先抵达赏石小镇的商户店铺。一路上我们走进了与园林相关的店铺、与赏石小镇功能相结合的休闲产业——茶室与葡萄酒鉴赏销售处、销售精品石的店铺等,也看了小镇上的特色餐厅与民宿,不过这里仍在建设中,并未竣工。我们也来到了赏石小镇的奇石博物馆,在这里的体验与经历让我们感到震撼,特别有位小组成员是当地人,她说从不知道小镇的公路旁竟然蕴藏着一座这样的宝库:博物馆分为许多层,内部的装修与高科技元素(如 3D 投影、陨石厅等)都让人感到惊叹,特别是位于 3 楼的奇石展览,各种色彩、各种质地的

* 本文由王淑静、刘俏言、彭文文、胡琪宣、陈佳薇、朱福鑫合作完成。

奇石安静地矗立着,扑面而来的美让人心动。

上午的行程是了解石产业的上游,下午我们则近距离接触了常山特色石产业的下游加工业。我们来到位于赏石小镇附近的马车村,马车村内的居民房屋都沿路而建,几乎每户人家门前都堆满了庞大的石材,在马车村内几乎家家都从事石材料加工。我们随机来到一户规模较大的加工店,了解到这仅是其销售的一个窗口,因为规模相对较大,石材料的加工工厂设在他处。我们向店家详细了解了如今石产业开采、加工的具体环节,也询问了他对于常山特色石产业发展的意见与建议。

在本次调研活动中,调研小组通过实地走访、参观当地的中国观赏石博物馆等地标、采访当地民众等方式,着力于探寻赏石小镇的发展模式与经验,发现小镇发展过程中存在的部分问题并提出建议。

三、常山特色赏石小镇发展概况

(一)产业发展

目前,青石镇已有中国观赏石博览园、宇华景观园、石雕展示园等可供参观和游览的景点。产业发展带动农民增收致富。青石镇积极鼓励经营户发展"石家乐"、高端特色石民宿等,进一步展示赏石小镇形象,提升小镇品牌影响力。

(二)建设模式

根据产业布局和发展历史,赏石小镇总体形成"一廊三区"的规划结构:"一廊"为S221省道沿线的观赏石历史文化长廊;"三区"是指以赏石小镇龙头企业石博园为主的赏石文化核心区,以常山观赏石产业起源地砚瓦山花石市场为依托的观赏石文化历史街区,集石艺品展示、交易、生产制作于一体的观赏石加工园区。

(三)政策扶持

当地政府在用地指标上予以优先保障,针对特色小镇的投资项目可先行办理农用地转用和供地手续。国土资源局还全程跟踪项目进展,为企业解决与土地相关的问题。

(四)人才培训

青石镇尽可能多地采取短、平、快的培训方式,组织乡土人才学习农村政策、法律法规及市场营销等知识,改善他们的知识结构,拓宽他们的视野,提升他们服务农村发展的能力。对于乡土人才带领群众致富的项目,青石镇政府尽量给予政策、资金上的支持，并积极协助处理报批、协调等相关工作。以乡土人才沙龙等形式引导各村乡土人才之间进行广泛深入接触，互补互促，最大限度地发挥乡土人才的辐射作用，实现农村经济和社会效益的最大化。

(五)环境整治

借特色小镇创建之机，青石镇对集镇的建筑和景观进行了全面整治，实现全镇特色化。走在青石集镇上，沿街商铺是清一色的白墙黑瓦，每间商铺的店招上都有"满城常山"的标识。人行道的路面就地取材，选用的是当地产的青石板，颇具江南小镇气息。对环境景观的整治更新，极大改善了当地居民的日常生活环境。

(六)人文旅居

赏石小镇的建设是高起点、高标准，集科学、文化、艺术、经济于一体，其核心就是"文化"。一个国家、一个民族的强盛，总是以文化兴盛为支撑的。没有文明的继承和发展，没有文化的弘扬和繁荣，就没有中国梦的实现。因此，赏石小镇的建设不是摆放一些石头、集中一些商户、拉动产业经济就行了，而是要做出观赏石文化这一"灵魂"。

(七)现有基础

已有 10 余家石产业企业主动与赏石小镇龙头项目——金华世纪龙腾有限公司投资兴建的中国观赏石博览园加强对接与合作，同时带动了区域内一批农家乐、特色民宿、休闲农业等新型业态的兴起。

(八)发展目标

赏石小镇以中国观赏石博览园项目为龙头，力争通过 3 年时间，完成固定资产投资 35 亿元以上，实现产值 20 亿元以上，接待旅游人数超过 100 万人次，打造集文化、旅游、金融、养生养老、社区功能于一体的赏石小镇。中国观赏石博览园以创建国家 4A 级旅游景区并争创 5A 级景区为目标。

四、常山石产业发展存在的问题

(一)石产业市场不成熟

常山县目前是全国石产业市场的重要组成部分，除发展当地石产品外，还引进其他品种的产品，目前常山市场中有泰山石、太湖石、雨花石等外地品种。这个市场在不断繁荣壮大，但问题在于目前并没有一个成熟的、完备的、可靠的大型交易市场。在常山石产业的发展基础上，产品丰富、质量可靠、既有的销售渠道及良好口碑等都是当地的重要资源,如果这个市场能够建成,常山石产业在全国范围内的地位就会得到很大的提升,对于当地的长远发展也有着非凡的推动力。

我们在调查中发现以下两点值得关注。

其一,石博园基本建设已经完成,但园内商户寥寥。在村子里采访独立商户时得知,政府在赏石小镇的房地产宣传和销售上投入了大量资金,这在市场准入上就设置了第一道门槛,所以出现了公路两边的家家户户都有产品展示,而专门打造的石博园却无人问津的场面。

其二,建筑规划不合理。独立商户表示,赏石小镇和石博园建筑太密集,大型园林原石没有展示空间,石博园里只能展示中小型产品,许多大型产品就只能放在郊区。

(二)销售渠道单一

常山县的街头很有特色,公路两旁的民居,家家户户门口都摆上了各式各样的石料产品,确切来说,这不是一个好现象。第一,这种现象反映出市场中的个体都是"单打独斗",当地也没有行业协会之类的平台来整合资源。第二,正如前文所说,当地缺乏一个可靠的大型市场来扩展销售渠道。第三,互联网销售渠道未被重视,生意做得比较大的商户依赖既有的人脉关系及口碑,他们不开展网上宣传,并且他们的市场绝大部分限制在浙江省内。

(三)产品创新程度较低

我们对调研中收集到的工厂宣传册做了整理,发现当地的石料产品主要以传统商品为主,例如石碑、园林用石等景观石以及青石地板、石狮子等。现在来采购大型景观园林石的单子也是以美丽乡村建设为主,这批客户的需求也是如此。值得警醒的是,虽然美丽乡村建设这一巨大的市场需求促进了常山石产业的进一步发展,但是不能仅仅依赖这种需求。对于当地来说,在现有产业的基础上进行创新与深层开发是一项十分紧迫的任务。

(四)环境破坏

常山县石料产量最大的两种石头是青石与假山石,这些石料往往都需要人工从山里开采再搬运出来,在开采和运输的过程中,势必会对植被造成大规模破坏,如何妥善地解决这一问题是当地政府及群众需要思考的。我们认为,可以在植被被破坏的地方种植适宜的经济林木,这种树生长期较短,对农民来说也有一定的经济保障。

五、建议与思考

(一)建议

1. 加大石产业、石产品宣传力度

根据常山特色石产业发展上下游产业,在主推特色石产业主线的同时,可加强以下三方面的宣传力度:上游的由石产业衍生出的休闲旅游业,上游的精品石、园林石产业,下游的石原料及石产品一级加工业。针对休闲旅游业,应依托现有的赏石小镇资源,根据不同的特色进行有针对性的推广宣传,如博物馆内的奇石可以面向具有一定鉴赏能力的品石者做推广,陨石室可针对较为年轻的群体,而一、二楼的化石等则可结合中小学的科普教育进行推广。赏石小镇内的特色民宿、餐厅及相应的纪念品开发也应尽快跟进,以配合统一的休闲旅游业建设。针对精品石与园林石产业,则应统一规范,打造统一的常山石品牌,以一个更为有力的口径向外进行推广,同时要积极举办、参与相关的产业会议与博览会。针对石原料及一级加工业,则应依托上游产业的发展,有计划、有针对性地面向全国乃至全球石产品加工厂商进行推广宣传。

2. 提升上游石产业发展质量与创新能力

在调研采访中我们注意到,上游石产品加工业仍然停留在园林石或企业、学校等较大的观赏石的加工。应紧跟时代脚步,广纳人才,增强上游石产业的创新能力,如开发石文化相关的文创用品(特色镇纸、砚台等),也可在上游的精品特色石产业中加强与其他文创品牌等的合作或联名设计,具体思路甚至可参照故宫文创的经营创新方式,以真正的特色之路赋予石产业创新活力。

3. 贴近商户与居民需求,在政府规划基础上进行调整改进

针对调研中商户所提及的赏石小镇内门户规模的规划问题,相关职能部门应积极与青石镇各村落内的石产业经营者进行意见收集,并根据真实意见进行反馈与调整改进。

4. 加强与"互联网+"模式的融合发展

如今,在常山特色石产业的销售中已经加入网上销售等新兴渠道,但仍以线下为主。随着"互联网+"模式的盛行与线上支付的快速发展,传统的依靠人脉、人际口头宣传的模式迟早会被取代,或者说石产业在一定意义上将因互联网的发展而面临发展瓶颈。为了特色石产业的长足、可持续发展,应该加强与"互联网+"模式的融合,为石产业的发展增添更强的动力。

5. 注重环境保护与可持续发展

石头作为一种不可再生的资源,每一次挖掘其实都或多或少对山体的结构

造成破坏,资源也在相应减少。一方面,要让这些石头资源发挥其最大的价值;另一方面,要注重对当地山体和环境的保护。

(二)思考

在此次调研中,我们不仅对常山的特色石产业有了一个相对全面的了解,更对如今浙江省各类小镇模式与美丽乡村建设、特色产业发展有了一定的认识。在这一过程中,总结是为了能够更好地理解如今的政策发展,了解这些政策落实到基层时究竟是怎样的、发展如何,在此基础上的反思才是这次调研最重要的意义。一方水土养一方人,一方人又能依靠着一方水土寻找到真正合适且可持续的发展道路,或许这才是特色石产业之于常山的意义所在。

在讨论调研主题时,最初总觉得那些典型的基层案例离我们很遥远,这次调研我们选在了一位小组成员的家乡,才发现实际上这些都贴近我们的生活,这次的调研只是给了我们一个侧过身子、换个角度看待我们脚下这片土地的机会。

石头之于马车村居民、之于青石镇居民、之于常山县居民,都有着非凡的意义。石头作为时间和历史的见证者,陪伴着常山走过了 1800 年的历史,如今常山对于石产业的重视与创新、规模化建设也将其作用和价值发挥到最大。或许在创新发展的过程中依然存在不足和亟待改正的问题,但我们依然相信这一特色石产业能够在一代又一代人的努力下越做越好。

参考文献

[1] 邓洪寿.他让石头唱"富歌":记常山县青石乡砚瓦山村党支部书记徐春阳[J].今日浙江,1996(13):26.

[2] 陈修颖.浙江市场型村落的社会经济变迁研究[M].北京:中国社会科学出版社,2007.

[3] 范丽.浙江小城镇环境景观的整治更新:以常山县"赏石特色小镇"整治提升规划为例[J].住宅与房地产,2016(36):85-87.

[4] 程梦诗.论浙江常山青石镇石文化的特色发展[J].法制与社会,2009(33):274-275.

指导教师:王晓梅

农村基层党组织如何发挥战斗堡垒作用

——以桐庐环溪村为例*

一、调研背景

党的十九大报告鲜明地提出了乡村振兴战略,将其上升为国家的"七大战略"之一,把农业农村发展提升到与教育、就业并列的"三个优先"的布局之一,要求努力实现"产业兴旺、生态宜居、乡风文明、治理有效、生活富裕"的目标。而加强农村基层党组织建设是大力发展农村经济、促进农村民主法制建设、巩固党在农村的执政根基的需要。农村党支部是村级各项工作的领导核心,是党的路线方针政策的具体执行者,是农村经济社会各项事业发展的带头人,是联系群众的桥梁和纽带。实现乡村振兴,组织振兴是关键。

因此,我们小组前往桐庐环溪村,并对环溪村村委会周忠莲主任进行了电话采访,了解环溪村党支部在乡村振兴中的主要做法和经验。

二、环溪村简介

环溪村,地处桐庐县江南镇的最东面,坐落于三国文化的发祥地、著名的天山岗山麓。环溪村三面环水一面靠山,天子源和青源两条溪流汇合于村口,村名由此而来。在过去的 10 多年时间里,环溪村以"千万工程"为契机,在领导班子与村民的共同努力下,成功实施了"十百工程",开展"清洁乡村""特色村""美丽乡村""风情小村"等多项建设活动,不断深化美丽乡村建设,将环溪村从河道黑臭、垃圾遍布的"脏乱差"之地,从农田荒芜、年轻人纷纷逃离的"空心村",打

* 本文由刘一蕙、陈万成、朱悦、许巧巧、汪瑜、李心约、潘泓睿、陈佳栋、骆子扬、储伟佳、朱钏合作完成。

造成以莲文化为核心,第一、二、三产业融合发展的"网红村"。

近年来,环溪村相继获得桐庐县先进基层党组织、浙江省种文化百村赛"群芳奖"、浙江省"千镇万村种文化"活动先进村、浙江省文化示范村、杭州市文化示范村、杭州市体育小康村、远程教育省市级双示范点、打造"国内最清洁城市"示范点等荣誉。2013年11月11日,中华人民共和国住房和城乡建设部将其列入《第一批建设美丽宜居小镇、美丽宜居村庄示范名单》。

三、基本做法

(一)当好"领头雁"

环溪村能够开展一系列美丽乡村建设工作,取得优异成绩的关键在于其村"两委"班子的团结合作。环溪村党委书记周忠平建设美丽新农村的第一件事,就是实施"领头雁"工程,以班长带班子、班子带党员、党员带群众,实现"带动"与"促动"的统一,从严抓好党员队伍建设,增强党组织凝聚力。

没有好班长、好班子、好队伍,就无法建设好家园。周忠平身先士卒,自掏腰包垫资、发动能人捐资、争取立项资金,带领环溪村村民实施"十百工程"、开展"清洁乡村""特色村""美丽乡村""风情小村"建设,为环溪村的发展注入新的活力。

考虑到环溪村的渊源乃是北宋大哲学家、理学鼻祖周敦颐的第十四代后裔族居地,周忠平提出以集体名义通过土地流转,将全村原本分散经营的土地统一流转过来种植莲花。周忠平带领村干部说服村民,同时引入富莲农业开发有限公司开展合作,实现了全村500亩荷花连片开发,逐步开发形成了环溪村特有的产供销一条龙的"莲产业"。同时全村按照"一户一品"的特色,结合本村古樟、古桥、古银杏、古民居和现代景点元素,宣传推介莲文化、体验莲池、欣赏古色故乡等环溪"莲"特色。环溪村还聘请专家团队对村庄进行重新规划设计,与文化发展公司筹备组建项目团队,以打造中国第一生活类非遗传承教育村、非遗文化第一村。

此外,周忠平积极走进农家,倾听党员群众心声,组织党员开展亮身份、亮职责、亮承诺活动,党员干部始终行动在环溪村发展第一线。

借着农家乐、民宿的发展,村干部积极完善村里基础设施,努力打造一个宜居、宜业、宜游的村落。同时,努力保护、利用历史建筑,提升、改造现有建筑,如建成安民桥和安和桥、爱莲文化活动中心,改造村里的老街、小巷,房前屋后无一遗漏,进一步凸显环溪村的"莲"本色。

同时,村"两委"大力推进村庄文化设施的建设,实施"三线入地"、中心大道"白改黑"等一系列工程,重点对一些古建筑进行保护修葺,将一系列公共服务功能站(室)整合到这些古建筑里,不仅实现了古建筑在保护中利用、在利用中保护,还满足了村民日益增长的文化娱乐需求。如尚志堂推出了百寿宴,修吉堂开通了远程协作医疗系统,将古银杏区块改造成一个集休闲、娱乐、旅游于一体的银杏景苑,始建于明嘉靖年间的周氏宗祠"爱莲堂",几经修缮,在内部设置了书社、电子阅览室、远程教育厅,已成为全村人的聚集场所与精神家园。

正是有了这样一位有想法、有拼劲、有谋略、有梦想的"领头雁"书记,环溪村上上下下团结一心,共同将原本脏乱差的村庄建设成为浙江省文化示范村。而周忠平也获得了 2016 年浙江省新农村建设贡献奖,当选为 2017 年浙江省党代会代表。

(二)发挥党员模范作用

曾经环溪村党员干部的模范带头作用不强,党组织的凝聚力、战斗力不足,实事工程难以推进,一度使得环溪村的发展陷入绝境。之后在上级领导下,经过换届整改,村级党组织及各党员的素质和战斗力显著提升,环溪村的发展进入一个新局面。

在实施"领头雁"计划的同时,环溪村加强村委领导班子建设。在村子里发掘具有带动群众致富能力、乐于干事的优秀人才,吸收到党组织中来,并将其作为村里的"一把手"来培养,形成"头雁效应",抓好党员队伍建设,带动村庄经济发展,完善生态结构,促进乡风文明,为环溪村发展提供强大的动力。

党员在环溪村发展过程中扮演了重要角色,尤其是在 2010 年村里开始建设"人工湿地"污水处理池的时候。"人工湿地"模式是先通过管网和窨井把各家各户的污水收集起来,再引导污水进入第一个池,即沉淀池,通过沉淀池把污水中的颗粒物沉淀起来。然后通过第二个池——厌氧池,把污水中的大分子污染物分解成小分子。最后通过第三个池——人工湿地池,对污水中的小分子污染物进行过滤和吸收,使得最后排出的水达到国家一级排放标准。这一方式得到了村民的支持,但真正落实到村民家中的时候,却遭到了村民的抵制。大家都不愿把污水处理池建在自家旁边,工程一直搁置。为了打消村民的怀疑,获得他们的信任,一位老党员主动找到村委会,愿意先从他家试点。试点污水处理池的建成让村民消除了不安,局面也逐渐打开。如今,环溪村建成生活污水池 9 个,全村 600 多户村民每天排放的 200 多吨生活污水全部实现截污纳管、循环利用,达到国家一级排放标准。

环溪村实施村党支部抓基层党建责任清单,强化书记的党建意识,严格落实责任。同时,通过创建"五星级"党组织评定和千家万户直评村干部活动,推动党组织在村庄经济发展、村庄整治、班子和谐建设等方面发挥更大的作用。这一系列行动不仅增强了党组织的战斗力,也提升了党员的先进性。

环溪村结合党员固定活动日,通过党组织示承诺、党员亮身份、群众见行动的形式,以班长带班子、班子带党员、党员带群众,实现"带动"与"促动"相统一,进一步形成发展合力和加强党员队伍建设。党员更好地发挥先锋模范作用,服务群众的意识也越来越强。过去,村民环境卫生意识薄弱,是农村环境难以改善的主要症结。环溪村党组织利用优势资源,重点突破,党员带头,发动全体村民,广泛开展"人人动手、清洁家园"活动,加大对里弄小巷、村里庄外、田间地头、房前屋后等的卫生整治力度,实现了"水清、河畅、岸绿、景美"的目标。如今环溪村每块绿地都有党员包干养护,每家农户都有党员经常联系。一到旅游旺季,就有党员志愿者维护秩序、服务游客。

(三)村民充分监督

环溪村成立了村务监督委员会,对村"两委"落实工作进行全面监督。同时,在村民集中活动区设置了一个村务监督公开栏,从而方便村民了解村务并对相关公开内容进行监督。在工作上,对于村级的重大事务,环溪村严格按照"五议两公开、阳光八步法"的制度执行,每个项目从提出到执行都是经历了党员群众建议、村党组织提议、村务联席会议商议、党员大会审议、村民代表会议决议等一系列过程,该做法确保了村务足够公开、透明和规范,也兑现了村"两委"关于表决结果公开、实施情况公开的承诺。

有效的村务监督不仅可以保证村庄资源的有效使用,而且可以动员群众参与到村集体事务中来。村民越是关心村务、参与村务,村庄治理就越有活力。唯有这样,才能形成村级事务"事事参与,人人知晓"的良好氛围,才能彻底铲除农村腐败土壤,确保乡村振兴战略的政策落地、生根、发芽。

四、总结与启示

美丽乡村美在环境,美在繁荣,美在民风。环溪村本身没有良好的发展基础,但在几年时间里从河道黑臭、垃圾遍布的地方变成了一个环境优美,能不断吸引游客到来的美丽乡村,基层党组织的有效领导和先锋党员的模范带头是关键。

从环溪村的成功转型中,我们可以得出以下三点启示。

首先,农村基层组织干部要有想法。环溪村领导班子从战略规划入手。以改善生态环境为抓手,以发展村文化为依托,大力发展旅游业,推动产业升级。农村基层干部不能只追求短期的发展效益,急功冒进,缺乏基本战略规划素养和管理能力,必须提高自身素质,县级组织部门提供多种平台,帮助提高农村党员干部的执政本领和执政能力。

其次,农村基层组织干部要有拼劲。环溪村领导干部始终行动在美丽乡村建设的第一线,以身作则,投身实干,利用科学方法落实每一项政策和措施,河道改建、污水处理、莲花培育等都在专业人员的帮助下成功实施。此外还与村民积极沟通,环溪村的改造措施都是村里的大事,村干部每家每户走访做工作才使得全村齐心协力,共谋发展。因此,农村基层干部需要有敢为人先的拼搏精神,充分发挥模范带头作用,敢拼敢干,科学落实计划,充分与百姓沟通,获得百姓的理解与支持。

最后,农村基层组织干部要有监督。环溪村有着健全、透明的村委管理制度,给予村民充分的监督权。农村基层组织需要建立健全完善的监督管理机制,一方面组织内部要严格管理,另一方面需要让村民参与管理、参与监督。只有这样,才能保证农村基层党组织真正为民服务,为民谋福利。

实施乡村振兴战略,组织振兴是关键。领导干部要发挥"领头雁"作用,先锋党员发挥模范作用。只有干部党员带头,村民群众支持,全村上下一心,才能克服困难建设好美丽乡村。

参考文献

[1] 陈秋红.深入推进美丽乡村建设[N].人民日报,2017-10-20.

[2] 许亚敏.美丽乡村建设的现状及未来发展模式探索:以河南信阳郝堂村为例[D].北京:北京邮电大学,2017.

[3] 胡莹莹.我国新农村建设现状与对策[J].乡村科技,2016(7):35.

[4] 王卫星.美丽乡村建设:现状与对策[J].华中师范大学学报(人文社会科学版),2014(1):1-6.

指导教师:杨冀辰

后 记

　　本书是浙江大学"毛泽东思想和中国特色社会主义理论体系概论"(以下简称"概论")课近年来推进的教学改革的阶段性成果之一。从 2014 年秋冬学期开始,"概论"教研中心先从部分班级试点,打破传统分班制教学改革,实行统分结合的"大班授课,小班讨论";打破一个教师从头上到尾的传统教学形式,实行团队合作,在不同班级轮换授课;打破思政课教师专职上思政课的传统,请党政干部进课堂上思政课⋯⋯

　　2015 年秋冬学期开始,以"七个结合"为核心的"概论"课综合改革在全校所有课堂全面推进,在教学改革不断取得实效的同时,也获得了浙江省 2015 年度高等教育教学改革研究项目"课程改革"项目立项(项目批准号:jg2015007)、教育部 2016 年度高校思政课教学方法改革项目择优推广计划立项(项目批准号:16JDSZK115)。随着教学改革的不断推进,课堂专题教学和实践案例教学的成果不断积累,本书是继《"七个结合" 学生视野——浙江大学"概论"课综合改革方案及部分成果》(浙江大学出版社,2017)之后,"概论"课教学成果的又一次结集出版。

　　本书选取的教师论文全部来自于"概论"教研中心,汇总了近两年来浙江大学马克思主义学院暑期教学研讨会的部分教学成果,由傅夏仙、林小芳、杨冀辰、宇正香、熊卫平、任凭提供;近 40 个学生案例主要由廖亦宏、任凭、熊卫平、傅夏仙、杨冀辰、宇正香、章前明、林小芳、王晓梅指导,完成案例的学生来自全校不同专业、不同年级,他们自由组成小组,在完成课堂任务的同时,认真完成了课堂外的实践教学。在此,对所有师生的辛勤努力表示最真诚的感谢,没有他们的付出,就没有本书的出版。在案例编选过程中,杨冀辰、林小芳两位老师付出了辛勤劳动,对学生案例进行了初审,本书最后的通读和校对工作由傅夏仙老师完成。由于作者众多，又主要是以学生为主，因此，案例的质量存在参差不齐的现象，教师论文也主要是给同行的教学提供些许建议，并没有严格从学术规范的角度来完成，在此特别说明。

一如既往地感谢浙江大学党委、本科生院、马克思主义学院、竺可桢学院对思政课教学改革的大力支持，特别感谢"概论"教研中心全体老师的积极参与和支持。同时，特别感谢浙江大学出版社徐霞、陈翩编辑的辛勤劳动和付出。

最后，感谢这个时代提供给我们前所未有的舞台，赋予我们崇高的历史使命和强烈的责任担当；在第 35 个教师节来临之际，感谢全社会对教师的尊重。一个尊师重教的民族才有光辉的未来。

傅夏仙

2019 年 9 月 7 日